王骥 撰

道德经

古今有何不同

华文出版社
SINO-CULTURE PRESS

万经之王　国学之巅

向《老子》帛书出土 50 年、楚简出土 30 年致敬！

前　言

本书考校了2000多年来20余部重要的《老子》（即《道德经》）传世版本，参考了近90年来数以百计的研究专著和论文，以大众通俗读物的形式讲述《老子》帛书出土50年、楚简出土30年来学界和民间有关的众多研究成果与争议。在此基础上，本书还对《老子》中关键性的字、词、句进行了重点考校和训诂，并对部分文句作出了特别的甚至颠覆性的诠释，这些考校、训诂、诠释累计上百处，其中有些观点是首次提出。

本书通过对马王堆帛书《老子》甲乙本、郭店楚简《老子》和部分价值很高的传世版本的考校[①]，力求复原《老子》最接近原貌、最本真的版本。在今本《道德经》（即通行本）等传世诸本中存在大量与帛书（特别是帛书甲本）、楚简不同的字句。其中绝大部分内容，当今主流观点认为是后世版本对《老子》原貌的疏漏或脱衍，或是对其文本和思想的发展演变，笔者对这一解释持有完全不同的态度。

[①] 非直接出土的简帛暂未列为校勘依据，如北大汉简《老子》（2009年1月，北京大学接受一批海外汉代竹简捐赠，其中有《老子》篇章，后经整理出版，简称"北大汉简《老子》"）。

| 道德经，古今有何不同 |

　　本书通过大量考证和阐释，得出了以下结论：今本等传世诸本与帛书、楚简的不同内容，除了很少的字词属于误漏、误增等誊写错误外，其他绝大多数都属于后世对《老子》原貌的有意改动，且很多属于篡改。也就是说，不能以疏漏、脱衍或发展演变等说辞来掩盖后世对《老子》改动（含篡改）的本质。通过多年的校勘和梳理，笔者发现这些改动达900余处，近200句的意思发生了重大变化。

　　如果没有1973年12月马王堆帛书《老子》与1993年10月郭店楚简《老子》的出土，我们就不可能发现今本《道德经》对《老子》原貌改动如此严重。如果没有文物整理小组的辛勤工作，没有无数专家、学者、民间人士的大量研究和争论，就不可能有本书的出版。对此，笔者在这里致以由衷的敬意和感激！

　　本书主要设置复原本（以帛书为主、楚简为辅）、释文本（以帛书为主，见附文）、参照本（以楚简为主、帛书为辅）与今本（通行本）四个版本，通过对比，梳理出被后世版本改动的字句，并对突出问题进行一一罗列、校勘与解读，旨在最大限度地接近《老子》原貌，复原《老子》的本意与真谛。同时，本书还对复原本进行了翻译、注释，围绕多个版本的差异进行了详细的阐释，以便读者轻松、愉快地读懂、领会、感悟老子博大精深的思想与智慧。

　　本书对于《老子》字句改动数量的计算方法如下：以帛书

| 前 言 |

复原本（或楚简复原本）为参照，对比今本，文中连贯的句子或词组，如有不同就算一处；不连贯的字或词，每有一处不同就算一处；交换位置的文句，交换一次算一处；被删除的"之乎者也"等语气助词，每删除一处就算一处；断句及标点符号如有不同则不计算在内。这样统计下来，《老子》原貌至少有900余处改动。由于帛书和楚简中有毁损文字，这些文字又是通过其他重要的传世版本补足的（可能与原貌有差异），因此，实际上后世改动处应比本书统计的更多。

老子的思想和智慧，浩浩荡荡、厚重连绵，诸位方家学者已然进行了大量研究，本书难免存在谬误或引发争议，还望同人多多指正与教诲。

本书的出版得益于华文出版社杨艳丽主任、袁博编辑两位老师的辛勤付出，以及审校、排版和营销等部门职工的努力，这里一并表示感谢！

王　骥

2022年5月19日

目 录

凡 例 ·· 001

德 篇

第 一 章（今本38章）上德不德，居实不居华 ·················· 003
第 二 章（今本39章）昔之得一，致誉不誉 ····················· 020
第 三 章（今本41章）大方无隅，大器免成 ····················· 030
第 四 章（今本40章）反也者，道之动 ························· 037
第 五 章（今本42章）万物负阴而抱阳 ························· 042
第 六 章（今本43章）至柔，驰骋于至坚 ······················· 046
第 七 章（今本44章）知足不辱，知止不殆 ····················· 049
第 八 章（今本45章）大成若缺，其用不弊 ····················· 052
第 九 章（今本46章）知足之足，恒足矣 ······················· 056
第 十 章（今本47章）不出于户，以知天下 ····················· 060
第十一章（今本48章）为学者日益，闻道者日损 ················· 064
第十二章（今本49章）圣人恒无心，以百姓之心为心 ············· 068
第十三章（今本50章）不劈咒虎，不被甲兵 ···················· 071
第十四章（今本51章）万物尊道而贵德 ························ 076
第十五章（今本52章）天下有始，以为天下母 ·················· 083

1

章节	标题	页码
第 十 六 章（今本 53 章）	行于大道，唯他是畏	087
第 十 七 章（今本 54 章）	善建不拔，善抱不脱	091
第 十 八 章（今本 55 章）	含德之厚，知和曰明	096
第 十 九 章（今本 56 章）	知者弗言，言者弗知	101
第 二 十 章（今本 57 章）	以正治邦，以奇用兵	105
第二十一章（今本 58 章）	祸福，所倚所伏	110
第二十二章（今本 59 章）	给人事天，有国之母	115
第二十三章（今本 60 章）	治大国若烹小鲜	126
第二十四章（今本 61 章）	皆得其欲，大者宜为下	129
第二十五章（今本 62 章）	道者，万物之注	132
第二十六章（今本 63 章）	为无为，事无事	137
第二十七章（今本 64 章）	为之于未有，治之于未乱	140
第二十八章（今本 65 章）	玄德深远，乃至大顺	147
第二十九章（今本 66 章）	以其无争，天下莫能争	151
第 三 十 章（今本 80 章）	小邦寡民，器而毋用	154
第三十一章（今本 81 章）	利而不害，为而弗争	159
第三十二章（今本 67 章）	天下皆谓我大，大而不肖	164
第三十三章（今本 68 章）	善胜弗与，善用人为之下	168
第三十四章（今本 69 章）	称兵相若，则哀者胜	171
第三十五章（今本 70 章）	知我者希，被褐而怀玉	175
第三十六章（今本 71 章）	以其病病，是以不病	179
第三十七章（今本 72 章）	自知而不自见，自爱而不自贵	182
第三十八章（今本 73 章）	天网恢恢，疏而不失	185

| 目　录 |

第三十九章（今本74章）民不畏死，何以杀惧 ……………189
第 四 十 章（今本75章）无以生为者，是贤贵生 ……………193
第四十一章（今本76章）强大居下，柔弱微细居上 …………197
第四十二章（今本77章）天之道，损有余而益不足 …………200
第四十三章（今本78章）水之胜刚，弱之胜强 ………………204
第四十四章（今本79章）有德司契，无德司彻 ………………208

道　篇

第四十五章（今本1章）名与无名，众妙之门 …………………213
第四十六章（今本2章）皆知善，斯不善矣 ……………………221
第四十七章（今本3章）不上贤，使民不争 ……………………229
第四十八章（今本4章）道盅，用之有弗盈 ……………………234
第四十九章（今本5章）天地不仁，以万物为刍狗 ……………238
第 五 十 章（今本6章）玄牝之门，天地之根 …………………245
第五十一章（今本7章）外其身而身存 …………………………248
第五十二章（今本8章）水善利万物而有静 ……………………251
第五十三章（今本9章）持而盈之，不若其已 …………………257
第五十四章（今本10章）生而弗有，长而弗宰 ………………263
第五十五章（今本11章）卅辐同一毂 …………………………270
第五十六章（今本12章）五色使人目明 ………………………274
第五十七章（今本13章）宠辱若惊，贵大患若身 ……………278
第五十八章（今本14章）以知古始，是谓道纪 ………………283
第五十九章（今本15章）善为道者，微妙玄达 ………………289

第六十章（今本16章）万物旁作，以观其复 ……………294

第六十一章（今本17章）太上下智，成事述功 …………300

第六十二章（今本18章）大道废，安有仁义 ……………306

第六十三章（今本19章）绝圣弃智，见素抱朴 …………309

第六十四章（今本20章）唯与诃，相去几何 ……………313

第六十五章（今本21章）孔德之容，唯道是从 …………321

第六十六章（今本24章）炊者不立，自视不彰 …………325

第六十七章（今本22章）夫唯不争，故莫能与之争 ……329

第六十八章（今本23章）飘风不终朝，暴雨不终日 ……333

第六十九章（今本25章）有物混成，先天地生 …………337

第七十章（今本26章）轻则失本，躁则失君 ……………343

第七十一章（今本27章）善行者无辙迹，善言者无瑕谪 …347

第七十二章（今本28章）知雄守雌，大制无割 …………351

第七十三章（今本29章）天下神器，非可为者 …………356

第七十四章（今本30章）物壮而老，是谓之不道 ………360

第七十五章（今本31章）兵者，不祥之器 ………………364

第七十六章（今本32章）朴虽小而天地弗敢臣 …………369

第七十七章（今本33章）知人智，自知明 ………………374

第七十八章（今本34章）以其不为大，故能成大 ………378

第七十九章（今本35章）势大象，天下往 ………………381

第 八 十 章（今本36章）将欲弱之，必姑强之 …………385

第八十一章（今本37章）道恒守之，万物将自化 ………389

附文 帛书《老子》释文 …………………………………393

参考文献 ……………………………………………………420

凡 例

1. 每章排在第一位的版本，是作者认为最接近《老子》(即《道德经》)本意或原貌的版本，以下简称"复原本"，除少许几章为【楚简复原本】之外，其余均为【帛书复原本】。其中，【帛书复原本】以马王堆汉墓出土的《老子》帛书甲本为底本，残损内容由帛书乙本补充（或两版本互校互补），帛书甲乙本都缺失的少数字句参考楚简和传世诸本补足，并对有争议的文字进行了再校勘与调整。考校顺序大体采用马王堆汉墓帛书整理小组（以下简称帛书整理小组）的校勘顺序。由此，这里的校勘"复原"，旨在最大限度地接近《老子》原貌，而非真正"复原了原著"。

2. 由于本书定位于大众通俗读物，为方便读者阅读，【帛书复原本】中的异体字、古体字、假借字、夺字、衍字，以及涂改过或未写全的废字等不再列示（特别突出的会在【对比说明】与【注释】中解读），主要在帛书整理小组校勘并编撰的《马王堆汉墓帛书老子》（文物出版社，1976年3月第1版）一书的通用规范汉字的基础上，参考 1973 年 12 月以来国内外学者的数百篇（部）相关学术研究成果进行了再考校，重点对其中有争议的文字进行了校勘。

　　同时，本书还在附文中呈现帛书释文版本，以便读者进一步比对研究。该版本可以理解为【帛书复原本】的过渡版本，对帛书校勘中的补文、夺字均标以〔　〕，异体字、古体字、假借字、错字均标以（　），衍字标以〈　〉。

　　3. 本书"楚简"内容以荆门市博物馆（以下简称楚简编撰小组）编撰的《郭店楚墓竹简·老子甲》《郭店楚墓竹简·老子乙、丙》（文物出版社，2002 年 10 月第 1 版）为底本和基础，对于争议问题，广泛地参考了 1993 年 10 月以来众多专家、学者的考证、校勘，多方比对、再校而来。为了方便读者阅读，文中原有的异体字、古体字、假借字、夺字和衍字等经校勘后不再列示（特别突出的会在页底注释），直接选用通用规范汉字。

　　4. 本书参考的"传世诸本"主要包括汉代严遵撰《老子指归》、唐代傅奕校定《道德经古本篇》（明《正统道藏》本）与宋代范应元撰《老子道德经古本集注》（宋刻本），以及景龙本、易玄本、邢玄本、庆阳本、遂州本、敦煌本、河上公本、司马光本、王安石本、苏辙本、吴澄本等 20 余种重要的传世版本。除开特别重要的地方会在页底单独注释之外，其他地方只在文中（主要是【对比说明】或【阐释】中）列示一些版本具体的文字差异、缺失或校勘等内容，不再单独详细注释。

5. 本书所指的"今本"即通行本，指三国时期魏国王弼《老子道德经注》（简称"王弼本"），以清光绪元年（1875年）浙江书局重刻明张之象本为底本，同时参考王弼《道德真经注》（明《正统道藏》本）、《老子道德经注校释》（〔魏〕王弼注，楼宇烈校释，中华书局，2008年12月第1版）等版本。

6. 本书沿用帛书《德篇》在前、《道篇》在后的结构。另外，今本《道德经》少数章节的设置不符合古貌且不合理，但考虑到读者比对阅读的方便，本书暂且沿用今本共81章的设置。

7. 本书【译文】部分，只翻译每章排在第一位的版本（【帛书复原本】或【楚简复原本】）；【注释】部分，亦只对该版本进行注释。

德篇

第一章　上德不德，居实不居华

（今本 38 章）

【帛书复原本】

上德不德[一]，是以有德。下德不失德[二]，是以无德[三]。上德无为而无以为也[四]，上仁为之而无以为也，上义为之而有以为也[五]，上礼为之而莫之应也，则攘臂而仍之[六]。故失道。失道矣而后德，失德而后仁，失仁而后义，失义而后礼。夫礼者，忠信之薄也[七]，而乱之首也[八]。前识者[九]，道之华也[一〇]，而愚之首也。是以大丈夫居其厚而不居其薄[一一]；居其实不居其华。故去彼取此。

【今本】

上德不德，是以有德；下德不失德，是以无德。上德无为而无以为，下德为之而有以为。上仁为之而无以为，上义为之而有以为，上礼为之而莫之应，则攘臂而扔之。故失道而后德，失德而后仁，失仁而后义，失义而后礼。夫礼者，忠信之薄而乱之首。前识者，道之华而愚之始。是以大丈夫处其厚不居其薄；处其实不居其华。故去彼取此。

【对比说明】

复原本与今本有 15 处不同，对照其他重要传世版本（下同，故略），突出的是：

1. 除了帛书甲乙本与《韩非子·解老》之外（楚简缺失本章），几乎所有的传世版本（包括今本）都凭空添加了"下德为之而有以为"（或"下德为之而无以为""下德无为而有以为"）这一句。文中连续用了"上德""上仁""上义""上礼"四个词语领头的排比句，其间突然冒出一句"下德"开头的句子，不论从文意上还是形式上都是唐突的。同时，笔者认为，传世诸本添加这一句有混淆视听、误导并企图掩盖老子所揭露当世某些真相的嫌疑。另外，由于复原本没有这句话，对该句前面文句的理解就发生了根本性的变化。详见【阐释】部分解读。

2. "上德""上仁""上义""上礼"的"上"字，"下德"的"下"字，以及"无以为"的理解与翻译，本书与过往众多解读存在不同，详见【阐释】部分解读。

3. "故失道"句，帛书甲本如此，帛书乙本和几乎所有的传世版本（包括今本）都没有这一句（基本上都直接表述为"故失道而后德"）。本书取用帛书甲本的内容，认为其最能体现老子的本意，原因有四：一是，帛书甲本比乙本更古老。二是，帛书甲本在解决传世诸本中的争议或不能自圆其说的问题方面大多比乙本更合理。三是，从帛书甲本誊写的风格来看，其笔法随意洒脱，很可能属于当时高层贵族私录秘传、不示外人的绝品，否则这样"不入流"的墨迹不可能与笔法工整、质量上乘的帛书乙本一起入土，并和价值连城的伴物放在一起。四是，从文意上来说，"故失道"在这里承前启后，非常重要，被删除后，整章文意陡然转变。老子本来是谈整个社会的德行问题（将上古社会与当下社会作比较），如此一来，则突兀地变为"逃避世事、明哲保身"的个人修行问题。

此处，今本等版本不仅与帛书乙本的误解和改动相同，而且还在前面有意添加了一句"下德为之而有以为"，以佐证这种误解和改动的正确性。显然，这就不再是疏忽或失误了，而是明显的篡改与误导。

4."则攘臂而仍之"的"仍"字，帛书甲乙本为"乃"字，《说文》解释"乃"是"仍"的假借字，另景龙本、易玄本、庆阳本、磻溪本、楼正本、遂州本、河上公本、严遵本、傅奕本、苏辙本及《韩非子·解老》等版本中均为"仍"字，王弼本（今本）、范应元本等版本为"扔"字，帛书整理小组校勘为"扔"字。"扔"虽然有"牵引"

的意思，但也有"强拽"，即强行、不自愿的意思。联系上下文意，此处选用"仍然"的"仍"字可能更符合古貌。那么，这里的"上礼为之而莫之应也，则攘臂而仍之"的意思就变成"以礼行事不求回报（报酬上的回应），依然奋臂相迎（而上）不推辞"。这与过往众多解读截然不同。

5. 复原本中的 8 个"也"字被今本等版本删除，看似变得简洁，但是不妥。一者，有"也"字的原文阅读起来绵柔一些，更能让人体察古风和感应顿挫连绵的意境；二者，这里删除助词"也"后，文意确实没有多少变化，但是《道德经》后面很多章节在删除"者""也"等语气助词后，导致大量文句断句不明、逻辑不通、意思晦涩，有些还出现误解、歧义甚至文意相反的情况；三者，今本等版本删除这些助词，让《老子》失去了气韵上的本真和形式、文字上的古风。

【译文】

上古时代崇尚德行，而不以"德的准则"来约束社会，所以有德；当下社会必须用"德的准则"来约束人民，所以无德。上古君王及其追随者，顺应自然而无私为，仁爱他人作贡献而不图私利，做义理相称的事而有所作为，以礼行事而不求回报，依然奋臂相迎而不推辞。所以说如今不古啊，早已失道了。失去"道"之后就有了虚假的

第一章 上德不德,居实不居华

"德",失去"德"之后就有了虚假的"仁",失去"仁"之后就有了虚假的"义",失去"义"之后就有了虚假的"礼"。这种虚假的"礼",是忠信不足的产物与祸乱的开端。由此,那些所谓的"先知",只不过是"道"的虚华表象,实际上是愚昧的开始。所以大丈夫立身敦厚而不居于浅薄,心存朴实而不虚华。由此要舍弃浅薄虚华而归根于朴实敦厚。

【注释】

〔一〕上:上古时代、上古社会。德不德:崇尚德行而不以"德的准则"来约束社会。

〔二〕下:当下社会或上古之后。德不失德:社会德行不能失去"德的准则",即必须用"德的准则"来约束人民。

〔三〕是以无德:所以无德。

〔四〕无以为:无私为,不图私利。

〔五〕为之:有所作为。

〔六〕攘臂:捋起袖子,伸出胳膊。仍:仍然、依然。

〔七〕薄:不足、衰薄。

〔八〕首:开始、开端。

〔九〕前识者:指有先见之明、先知先觉的人。

〔一〇〕华:虚华。

〔一一〕厚:敦厚、朴实。薄:浅薄,指礼之衰薄。

【阐释】

本书对本章的理解与过往众多观点存在很大的不同，分析如下。

1．"上德不德，是以有德。下德不失德，是以无德"该怎么理解？

整部帛书《老子》，除开本章有一处"下德"之外，其他地方再也找不到这一词语，"上仁""上义""上礼"也只出现过这一次。这里的"上"和"下"应该有特别的指代。

过往主流解读认为，"上"为"上等的、以……为上（崇尚）"等意思，"下"为"下等的、以……为下（不崇尚或悖逆）"等意思。马王堆帛书的出土，让我们明白今本等版本对本章涉及核心问题的关键文句进行了增减，从而产生了如下五大问题：

一是，今本等版本凭空添加了"下德为之而有以为"这一句，将"德"朝向"上等""下等"的方向误导，这一点太过明显，且可判断为后人故意而为。

二是，"故失道"是文中承上启下最具标志性的一句话。如果"上""下"二字分别被理解为"上等的、以……为上（崇尚）"和"下等的、以……为下（不崇尚或悖逆）"的话，那么，"故失道"这三个字不仅多余，而且解读起来很牵强，甚至根本讲不通。由此看来，"故失道"这句

第一章　上德不德，居实不居华

话不宜仅仅局限于"德、仁、义、礼"的范畴来解读，而应该有更深层次的含义。联系上下文意，如果把"故失道"理解为从对上古社会德行的总结转入对当下社会（上古之后）德行的评说的话，应该更为恰当。

然而，今本等版本在删除"故失道"这句话后，几乎彻底将"德行"误导到"上等""下等"这种个人修行层面的解释上来，进而更改了本章老子对古今社会整体"德行评说"的主旨，不仅转移了话题，粉饰了太平，掩盖了真相，而且将整部书的基调改变了。由此可见，这是个非常重要的问题。

三是，如果说老子不是对当下社会"失道、失德"进行抨击（如仅仅局限于个人修行）的话，那么，"夫礼者，忠信之薄也"这句话就很难讲得通。过往的众多解读都显得很牵强，如古今涉及"对外人礼遇、对亲者疏礼"等形式主义的大量解读例证。当然，也有人认为这是老子在批评儒家的"仁义礼智信"等纲常名教，不过即便是这样，这些纲常名教也正是整个社会"失道、失德"的重要缘由和突出表现。由此反推，这里的"上""下"就不宜解读为"上等""下等"了。

四是，在整部书中，这里是老子唯一一次用到"大丈夫"这个充满阳刚之气、如此豪迈而具有气节的词语，由此也反映出老子对当下社会"失道"之后的各种伪劣、丑恶的所谓"仁义礼智信"的痛恨与排斥，进而也印证这里的"上""下"不宜解读为"上等""下等"，而应该解读为"上古崇（德）"与"当下悖（德）"，才最为恰当。

五是，这里将"上""下"解读为"上古崇（德）"与"当下悖（德）"，才能与后文"前识者，道之华也，而愚之首也。是以大丈夫居其厚而不居其薄；居其实不居其华。故去彼取此"形成逻辑上的珠联璧合，否则就缺失了这样的呼应和效果。

既然如此，那么这样的解读成立吗？

《鹖冠子·世兵》称："五帝在前，三王在后，上德已衰矣，兵知俱起。"这里的"上"，指的是君王、统治者。这一趋势也被当时的社会主流所认同，将尧、舜、禹等先王圣贤及他们的时代视为后世不可企及的高峰，这一观点似乎是老子所处时代的共识。例如《墨子·三辩》："周成王之治天下也，不若武王；武王之治天下也，不若成汤；成汤之治天下也，不若尧舜。"孔子在《论语·泰伯》中盛赞："大哉，尧之为君也！巍巍乎，唯天为大，唯尧则之。荡荡乎，民无能名焉。"孟子也认为自尧、舜、禹、汤、文、武、周公至孔子，在知识上是一步一步退化的。①

---

① 郭湛、曹明德：《中国传统文化的前景——从社会价值取向看21世纪中国文化的走向》，《天津社会科学》1993年第3期，第68-71页。

第一章 上德不德，居实不居华

由此，有学者认为这里的"上"应该理解为上古之君、首领或施政者①，这很有道理。而笔者认为，这里的"上"代表整个"上古社会"也很有道理。在远古社会，尧、舜、禹及其追随者（统治阶级）对整个社会的示范与影响作用是巨大的，所以，统治阶级整体的德行基本上就能代表整个社会德行的高低。因此，这里的"上"被进一步理解或翻译为"上古社会""上古君王"或"上古统治阶级"就具有合理性了。

如此，就对两千多年来大家所理解的"上"的释义提出了挑战。以此类推，这里的"下"也就可解读为"上古之后"或"当下社会"了。当然，有人将"下"解读为"上古社会的下层民众"（对应上古君王或统治阶级）也是有道理的。

在上古社会，最能代表君王或社会具备崇高德行的事件，当属"禅让"。不过，有人提出："禅让"之前的时代，天下共主都是依靠武力征伐来实现的，比如炎帝、黄帝与蚩尤之间，共工氏与颛顼之间的残酷战争；而"禅让"之后的社会，朝代的更迭同样通过武力杀伐来完成。那么，为什么在历经无数君主更替的漫长上古时代出现了两次"禅让"呢？有学者经考证认为，"舜"极有可能是一个历经1600多年的"虞舜王朝"，其间，天下共主很可能是通

---

① 尹振环：《帛书老子再疏义》，商务印书馆，2007年5月第1版，第25页。

过不同部落之间的转让（与"禅让"不同）来实现的。另外，西晋出土的《竹书纪年》也有记载，指出尧的帝位为舜所阴谋强夺。由此，不得不让人对"禅让"的真实性产生怀疑，部分学者也对此进行了考证与研究，这里按下不谈。

笔者认为，即使"禅让"是当时儒、墨等显学为了特定目的所作的"粉饰"，也不会影响老子内心深处"崇德重道的标准"，他把这个标准"理想化"地设定为"上古社会"，是有道理的（只能设定在之前的时代）。这就如同陶渊明笔下的"世外桃源"一样。老子以此标准作参照，方能对当下社会因"失道悖德"引发的天下大乱、兵戈四起、民不聊生等残酷现实进行有效的抨击。

所以，老子的"上德"指的既是"上古时代的德"，又是那个时代"崇高的德"，由此，这里的"上"就可以理解为"上古社会（上古君王及其追随者）+崇尚"的意思，"下"就可以理解为"当下社会（当代君王及其追随者）+悖逆"的意思。"上仁""上义""上礼"的意思，也可以此类推。

于是，本书对本章内容的理解与过往的主流解读相比，就发生了重大变化。其中，"上德不德，是以有德。下德不失德，是以无德"也就有了两种比较合理的解读。

第一种解读："上古君王及其追随者（统治阶级）大多

第一章　上德不德，居实不居华

有很高的德行，他们往往以身作则去感化、影响社会，而不以'德的准则'来强推社会的德行，所以有德。下层民众（的德）一直都未曾失去过淳朴的德行，看起来并无特别之处，像无德一样，所以就无所谓德了。"

第二种解读："上古时代崇尚德行，而不以'德的准则'来约束社会，所以有德；当下社会必须用'德的准则'来约束人民，所以无德。"

2."上德无为而无以为也，上仁为之而无以为也"的"无以为"该怎么理解？

有学者指出，《管子·乘马》："无为者帝，为而无以为者王，为而不贵者霸。"范应元及《韩非子·解老》将"无以为"解释为"非求其报也""非以要誉也"。[①] 所以，这里的"无以为"就是"不私为，不图私利"的意思。

当然，我们不要小看"不私为，不图私利"，统治阶级如能做到十之三四，对国家与百姓来说，就是天大的恩德了。

由此笔者认为，本章老子主要讲述了四个方面的问题。

第一，老子把政治和社会风尚分成了两大类型、五个层次。两大类型就是"无为"和"有为"，五个层次就是道、德、仁、义、礼。在这五个层次中，道和德是最高标准中的两个层次，属于"无为"的范畴；仁、义、礼属于

---

① 尹振环：《帛书老子再疏义》，商务印书馆，2007年5月第1版，第25—26页。

"有为"范畴中的不同层次。

第二，老子对当时施政者"失道悖德"的现状提出了严厉的批评。老子认为，正是由于"上梁不正下梁歪"，才导致天下（包括诸侯国）的上层阶级和中层阶级的严重堕落与败坏，进而引发社会大动荡。而最底层的民众由于长期受到上层社会的蒙蔽和误导，所以大多数人还保持着自古以来的淳朴德行（虽然也早已"今不如古"了）。正因为如此，百姓就成了当时动荡社会中最大的受害者。由此可见，老子的"德"与儒家所讲的"德政"是不同的，甚至存在严重的分歧和对立。

老子的"德"讲究"无为"和"无以为"的结合。"无以为"就是施政者没有功利的意图，不单凭主观意愿行事；"无为"就是施政者不能脱离客观实际，要顺应自然造化和事物运行的内在规律行事（并非无所事事或逃避现实的"无为"，后世往往割裂其前提条件，误导至深）。两者结合就能收获"四两拨千斤"的效果。这种结合与效果才是"有德"。老子认为，儒家的"德政"主张仅凭人的主观意志加以强力推行，忽视造化和规律所蕴含的自然力量，结果往往脱离实际，与事物客观趋势背离，这不是"德"，而是"不德"。

第三，由于社会中上层阶级失"道"之后的败坏，那些标榜自己为"有识"之士且满口仁义道德的儒家弟子，

第一章 上德不德,居实不居华

他们的那一套"仁义礼智信"学说就变成了虚伪和居心不良之人用以谋生的手段,进而成为他们骗取施政者信任并让施政者实施更具隐蔽性统治的重要工具。所以,老子对此进行了尖锐的批评。

第四,老子还借此表达了对上述各类丑恶社会现象的极大愤懑与不屑,同时也展示了老子决不随波逐流的决心和意志。这一点,通过"大丈夫"这一豪迈的词语可略见一斑。

下面,我们再来分析一下"道、德、仁、义、礼"的关系,以及"失道矣而后德,失德而后仁,失仁而后义,失义而后礼"该如何解读。

有些人将老子提出的"德、仁、义、礼"理解为"道"的四大维度,这种理解是不正确的,实际上,"道、德、仁、义、礼"是层层包含下的交融关系,如图1所示。

如今的宇宙全息理论、现代基因理论及近年来兴起的

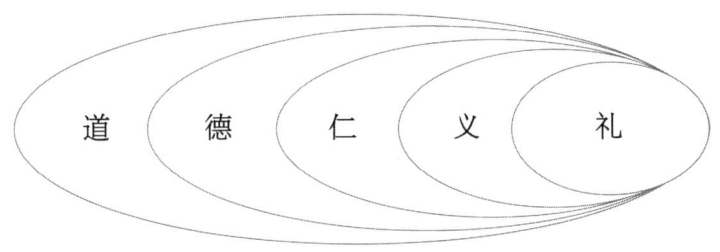

图1 "道、德、仁、义、礼"含义范畴的逻辑简图

区块链技术原理都能印证这种关系。世界上每个物种都是由特定的基因组合而成的，基因图谱就是该物种的"设计图纸"；而在任何一个物种的基因之中，只有很少的部分直接与该物种的形体与性状有关，似乎绝大多数基因都没有什么用处，例如人类有98%的基因被称作"无用基因"。

但实际上不是这样的，根据现代前沿科技理论及老子关于"道"的理论，笔者认为，在个体基因中占比极高的所谓"无用基因"很有可能存储了整个物种演化，以及与其有关的（注意不是全部）整个世界乃至宇宙的知识与历史的"压缩信息"或"信息导航"，它们都是全息的。如此庞大的全息信息，微小的基因怎么存储得下呢？如果用区块链理论中的区块头存储方式去理解的话，这个问题就变得非常简单了。再者，万物皆可被信息化，信息化后被打上区块标签，于是万物皆可被数字压缩、区分与解码，或许只是人类如今还不具备将这些所谓"无用基因"进行解码的科技而已。

类推到老子的"道"上来，造就万物与宇宙的"道"的"全息信息或导航"同样被存储在"德、仁、义、礼"之中，这些"信息或导航"并不会因为其层级递减而消失。所以，"道、德、仁、义、礼"的关系就如图1所示，层层包含且交融。老子的思想及其"道"是何等伟大与浩瀚，由此可见一斑！

第一章 上德不德,居实不居华

在明白这种深邃关系之后,我们再来解读"失道矣而后德,失德而后仁,失仁而后义,失义而后礼",就会有与过往截然不同的理解。既然"德"包含了与其有关的(注意不是全部)"道"的一切全息信息,如果将"道"的全息信息抽去("失道")的话,那么"德"显然就不能成其为"德"了,就是虚假的、伪劣的、可以被人利用的"德"了。以此类推,老子最终揭示了事物(当下社会)的本质:"夫礼者,忠信之薄也,而乱之首也。"

由此,"失道矣而后德,失德而后仁,失仁而后义,失义而后礼"就存在两种与过往截然不同的解读。

第一种解读:"失去'道'之后就有了虚假的'德',失去'德'之后就有了虚假的'仁',失去'仁'之后就有了虚假的'义',失去'义'之后就有了虚假的'礼'。"

第二种解读:"不能达到'道'的境界则可次求其'德',不能达到'德'的境界则可次求其'仁',不能达到'仁'的境界则可次求其'义',不能达到'义'的境界则可次求其'礼'。"即"退而求其次"的释义方法。

上述两种释义各有道理,联系上下文意和老子对儒家"仁义礼智信"的看法,第一种解读应该更合理些。一些学者认为,"失道矣而后德,失德而后仁,失仁而后义,失义而后礼"在第一个"德""仁""义""礼"前分别脱失了一个"失"字,而王弼以"不能无为而贵博施,不能博施而贵正直，不能正直而贵饰敬"来解读"失德而后仁，失仁而后义，失义而后礼"①，笔者认为都难以自圆其说。

另外，复原本中的几十个"无"字（包括本章中的"无"），有学者研究认为，其中只有5处是"無"字（即规范汉字"无"的意思），其余全部都是"无"字（非规范汉字"无"的意思）。② 今本及传世诸本将其全部改为"無"字，彻底湮没了老子区别使用"无"和"無"二字的深意。其中的"无"字，老子用来描述"万物初生萌始的状态"。"初生萌始"有两种情形，一种是循环往复、周而复始；另一种是单向而动，开始之后就再也回不到从前了。老子对"无"的这个定义，目的是让读者能够准确理解与"始"相关的一系列词语的含义，如"无道""无德""无为""无欲""无知""无事""无敌""无不治"，也是为了让读者能够区别书中"无为"与"弗为"、"无名"与"弗名"、"无有"与"弗有"等不同内涵。

如果是这样的话，那么，联系到今本及传世诸本对"弗"（40多处）与"弗为""弗有""弗知""弗欲"等的改动（参见第三章解读），以及本书对今本及传世诸本中

---

① 高明：《帛书老子校注》，中华书局，1996年5月第1版，第5—6页。
② 肖钢：《〈道〉论：帛书〈老子〉破译报告》，上海三联书店，2014年12月第1版。

第一章　上德不德，居实不居华

"静""清静"等概念的质疑（参见第六十章），由此或将颠覆老子《道德经》两千多年来所传承的思想根基和核心构架，如著名的"无为""不争""清静""虚空"（即万物之本源的虚空）等。由于这个问题争议太大，本书暂不展开，未来有机会将再予以深入探讨。

第二章　昔之得一，致誉不誉

（今本 39 章）

【帛书复原本】

昔之得一者^{〔一〕}，天得一以清，地得一以宁，神得一以灵^{〔二〕}，谷得一以盈，侯王得一而以为正^{〔三〕}。其至之也^{〔四〕}，谓天毋已清将恐裂^{〔五〕}；谓地毋已宁将恐发^{〔六〕}；谓神毋已灵将恐歇^{〔七〕}；谓谷毋已盈将恐竭^{〔八〕}；谓侯王毋已贵以高将恐蹶^{〔九〕}。故必贵而以贱为本，必高矣而以下为基。夫是以侯王自谓曰孤寡不穀^{〔一〇〕}。此其贱之本与？非也。故致数誉无誉^{〔一一〕}。是故不欲禄禄若玉^{〔一二〕}，硌硌若石^{〔一三〕}。

【今本】

昔之得一者，天得一以清，地得一以宁，神得一以灵，谷得一以盈，万物得一以生，侯王得一以为天下贞。其致之，天无以清将恐裂，地无以宁将恐发，神无以灵将恐歇，谷无以盈将恐竭，万物无以生将恐灭，侯王无以贵高将恐蹶。故贵以贱为本，高以下为基。是以侯王自谓孤

第二章　昔之得一，致誉不誉

寡不穀。此非以贱为本邪，非乎？故致数舆无舆，不欲琭琭如玉，珞珞如石。

【对比说明】

复原本与今本有30处不同，突出的是（或其他说明）：

1. 本书对"一"的理解与过往几乎完全不同，详见【阐释】部分解读。

2. "其至之也"句，帛书甲本为"其致之也"，帛书乙本为"其至也"，其中的"致"与"至"字，帛书整理小组校勘为"致"字，与今本等版本相同。"至"是"窒"的假借字，堵塞、壅塞之意①，"致"是导致、致使的意思，这里讲不通。所以复原本取用帛书乙本的"至"字，这里是"堵塞、断开得一"的意思。

3. 今本等版本添加了"万物得一以生""万物无以生将恐灭"两句，帛书甲乙本、敦煌本、严遵本等版本都没有这两句。添加这两句，让人更容易将"一"与"道"混淆，误导严重。

4. 今本等版本将文中所有的"毋已"改为"无以"，意思变得不再坚决，这是因为："弗"表示不太确定的"不"，"不"表示确定的"不"，"勿"表示明确的拒绝，

---

① 尹振环：《帛书老子再疏义》，商务印书馆，2007年5月第1版，第32-33页。

"毋"表示坚决的"不"。①

5."故必贵而以贱为本，必高矣而以下为基"句，帛书甲本如此，帛书乙本脱失第一个"而"字，其他相同，今本等版本改为"故贵以贱为本，高以下为基"。复原本取用帛书甲本文字，符合古貌。

6."此其贱之本与？非也"句，被今本等版本改为"此非以贱为本邪，非乎？"这个"非也"的肯定句被改成了反问句"非乎？"意思就彻底反转了，这也导致后人对"故致数誉无誉。是故不欲禄禄若玉，硌硌若石"意思的歪曲理解。详见【阐释】部分解读。

7."故致数誉无誉"的"数誉无誉"，帛书甲本为"数與无與"，帛书乙本为"数舆无舆"，帛书整理小组将甲本校勘为"数与无与"，傅奕本、范应元本等版本将"舆"作"誉"字②，而今本等版本为"数舆无舆"，"舆"即"车"的意思。联系上下文意，"数誉无誉"最为恰当。

8."不欲禄禄若玉，硌硌若石"的"禄禄"，帛书甲本缺失，帛书乙本为"禄禄"，今本等版本改为"琭琭"和"珞珞"，意思大变了。详见【阐释】部分解读。

---

① 《姬氏道德经》（珍藏版），姬英明译注，朝华出版社，2019年12月第1版，前言第9页。
② 高明：《帛书老子校注》，中华书局，1996年5月第1版，第17页。

| 第二章　昔之得一，致誉不誉 |

【译文】

过往达到仅次于道的"一"的境界：天达到"一"的境界所以就清明，地达到"一"的境界所以就宁静，神达到"一"的境界所以就灵验，河谷达到"一"的境界所以就充盈，侯王达到"一"的境界所以就会公正无私。反之，如未能达到"一"的境界，那么，天就不再清明，恐怕将会崩裂；地就不再安宁，恐怕将要震废；神就不再灵验，恐怕将会消散；河谷就不再充盈，恐怕将要枯竭；侯王就难以保持高贵，恐怕将会被倾覆。所以保证尊贵需要以谦卑为根本，保持高位需要以卑下为基础，因此，侯王们才自称为"孤""寡""不穀"。这是以谦卑为根本吗？不是。所以招引来的频频赞誉就不再是赞美与称誉了。因此，不要像宝玉那样对大众无用（仅供少数人观玩），宁愿像山石因坚硬（且普遍）而为众人所用（诸如修房理屋、磨铁筑路等）。

【注释】

〔一〕一：在老子的哲学里，"一"是仅次于"道"的存在，并非过往众多版本理解的"一"即为"道"。

〔二〕灵：灵验或灵妙。

〔三〕正：公正。

〔四〕至：同"窒"，不畅通、阻塞。"其至之也"就是"它们得一的情况被截断了的话"，在文中可翻译成"反之"。

〔五〕谓：假如说。清：清明。

〔六〕发：通"废"，荒废。

〔七〕歇：消失、停止。

〔八〕竭：干涸、枯竭。

〔九〕高：高贵。蹶：跌倒、失败、挫折。

〔一〇〕自谓：自己称呼自己。孤、寡、不榖：古代帝王用以自称的谦辞。"不榖"即不善的意思。

〔一一〕致数誉无誉：招来了太多的赞赏，就等于不是赞赏了。

〔一二〕禄禄：无用，无所作为。

〔一三〕硌硌：意为坚硬。

【阐释】

这里辨析两大问题。第一大问题是对于"一"的理解。

过往有人将本章的"一"解读为"一致"，即与"道"保持一致的意思，这是不正确的。因为这里有个程度的问题：是大体一致还是高度一致呢？如果是大体一致，肯定不能得出"地得一以宁，神得一以灵"等结论。当然，还有人将这里的"一"解读为"德"，除此之外，其他绝大多数人都认为"一"代表的是"道"，所谓"得一"即"得道"。笔者认为：老子没有必要硬是要在《道德经》里专门挑选几处用"一"字来代表"道"，他既没有作相关说明或暗示，也没有什么忌讳的特殊用意，直接用"道"

第二章 昔之得一，致誉不誉

这个字就行了，干吗还要绕来绕去弄出个"一"来代表"道"呢？捉迷藏啊？这样的话，老子这个"圣人"不就成了一个玩文字游戏的老头了！所以，后世很多人将"一"解释为"道"的说法有问题。

我们将眼光放到第五章（今本42章），这章老子讲宇宙生成论，明确的结论是"道生一，一生二，二生三，三生万物"。既然老子给出如此明显而简单的结论，为何后世主流解读依然还要将"道"与"一"混为一谈呢？或许大家被老子的"高深理论"弄得云里雾里，舍近求远，竟然忽视了他的这一明确结论，不然该怎么解释呢？这里我们联动《易经》、阴阳五行与数理易学等神秘领域的跨界知识来简要分析分析。

根据老子上述"道生一"的认识论可知，"道"是在"一"之上的最高法则、主宰和原动力，"一"是比"道"低一个层次的东西，但是它又不是直接生发万物，它与万物之间隔了"二"（对应《易经》中的"两仪"，或阴阳五行说中的"阴阳"，或数理易学中的计算机二进制思维）和"三"（《易经》"四象"之上生发万物的数）两个数，所以"一"比生发万物的"三"还要高级，比天地万物的"阴阳"和构成万事万物的五行即"水、火、木、金、土"这五个基本元素也要高级，应该对应《易经》中的"太极"，当然，"道"就对应《易经》中的"易"了。

由此，再联系解释《易经》的《易传·系辞》演绎出的宇宙生成论"易有太极，是生两仪，两仪生四象，四象生八卦"（后人有"八卦衍万物"一说），就可大致理解"一"不能代表"道"，而是仅次于"道"而高于其他一切的存在，由此，也就明白"一"字在老子《道德经》中的重要位置和重大意义了。

我们继续回到"道生一，一生二，二生三，三生万物"上来，"二"相当于"阴阳"，即万物负阴抱阳，是对抗与合一的"动"，而"三"是极具活力的"生发万物"的数，所以"二"与"三"是动的、变化的，而"一"则是博大、磅礴而浑厚的"静"。"一"是世俗中"桃李不言，下自成蹊"的静，是修行者祈求"静而无我"的至高境界，也是老子所说的"上善似水""水善利万物而有静"中的静，更是老子倡导的"善居下"而彰显厚重、大气的"居众之所恶""能为百谷王"里的静，它是纯一、专一的，属于盘古开天辟地之前的混沌与唯一，是酝酿"洪荒之力"的开始，所以，先秦诸子百家大多将"一"解读为"纯一、专一、一贯、始终唯一"等内涵[①]，这是有一定道理的。当然，后世众人将其与"道"混淆，这也正说明"一"的高级和重要。

结合上面的简要分析，如果将"一"理解为"德"的

---

① 尹振环:《帛书老子再疏义》，商务印书馆，2007年5月第1版，第34—36页。

话,还基本上说得过去,因为"德"是由"道"所生,遵循"道"的"德"才是最高的德,而"德"是统领世间万物而不直接生发万物的,是物质层面的真正开始(非"道"的原动力、主宰与规律)。所以"一"正好与"德"的地位相当,也是统领万物而不直接生发万物,是物质层面的真正开始。

但是,它们又有所不同,"德"更偏重于人类社会,更多地与人联系起来,即人所能感知、认知的东西,也就是老子所说的"有名"范畴;而"一"更偏重于自然世界,还包含了人不能感知和认知的东西,即老子所说的"无名"范畴。

换句话说,"德"是从人本论的角度来说的,带有人的感情色彩,如"阳春布德泽,万物生光辉"中的"德泽";而"一"是从客观性和存在论的角度来说的,不带任何感情色彩。所以,虽然"德"与"一"的位置和作用相当,但是,最好不要将它们混为一谈。

注意,人们日常所说的或者很多典籍里所讲的"一生万物""德生万物""道生万物"这类提法,是省略了上述分析中的"很多中间环节"的一种简略性讲法,仅为彰显"一""德"与"道"的重要地位与巨大力量而已,严格意义上讲是不准确的。

第二大问题是对于"致数誉无誉"与"是故不欲禄禄

若玉，硌硌若石"的理解。

有人认为，老子在《道德经》第五章（今本42章）中指出了侯王们自称的缘起："人之所恶，唯孤寡不穀，而王公以为称。"即天下所厌恶的是"孤""寡""不穀"，但王公却用这些字来称呼自己。也就是王公表示自己愿意"受国之垢"，即处众人之所恶，以下为根基，以贱为根本。王公这个自称，表示不忘本，向来是广受赞赏的，但是实际上他们往往是做不到的，仅仅说说而已。

问题是，一个自称，相对于真正做出的行为，算得了什么呢？然而能招来这么多的赞赏，这说明了什么呢？这只能说明这些王公没有其他可以赞扬的了，所谓"致数誉无誉"，即招来了太多的赞誉，就等于不是赞誉了。

为了说明这个问题，老子拿玉和石来作比喻。美玉只能供极少人把玩观赏，它很美，所以赢得无数赞誉。粗糙坚硬的石头可以修房理物、筑基建路，以及用于磨刀等日常生活必需的铜铁器物的维护，人们受用无穷，但是它是很容易得到的东西，所以人们反而不去赞誉它了。就像水和空气，人们离不开它们，但是很少听到有人赞誉它们。

对芸芸众生来说，到底是玉贵重呢，还是空气、水和粗糙的石头贵重？被赞誉太多的东西，不一定会普惠大众，那又有什么值得赞誉的呢？这就是"至誉不誉"的道理。

第二章　昔之得一，致誉不誉

由此也可推断出，"不欲禄禄若玉，硌硌若石"句中，帛书乙本的"禄禄"最为合理，意思是"无用，无所作为"，显然今本等版本将其改为"琭琭"是没有领会老子的深刻思想，当然换成其他版本的"碌碌"也可以，但是"禄禄"更符合古貌。

第三章　大方无隅，大器免成

（今本 41 章）

【帛书复原本】

上士闻道，勤而行之。中士闻道，若存若亡。下士闻道，大笑之。弗笑，不足以为道。是以建言有之曰〔一〕：明道如费〔二〕，进道如退，夷道如类〔三〕。上德如谷，大白如辱〔四〕，广德如不足，建德如偷〔五〕，质真如渝〔六〕。大方无隅〔七〕，大器免成〔八〕，大音希声，大象无形，道褒无名。夫唯道，善始且善成。

【楚简本】

上士闻道，勤能行于其中。中士闻道，若闻若亡。下士闻道，大笑之，弗大笑不足以为道矣。是以建言有之：明道如孛①，夷道如类，进道如退。上德如谷，大白如辱。广德如不足，建德如偷，质真如渝。大方无隅，大器曼

---

① "孛"，原文为"孛"，"孛"同"悖"，一些版本校勘为"昧"。参见廖名春：《郭店楚简老子校释》，清华大学出版社，2003年6月第1版，第434-435页。

成①,大音希声,大象无形,道。

【今本】

上士闻道,勤而行之。中士闻道,若存若亡。下士闻道,大笑,不笑不足以为道。故建言有之:明道若昧,进道若退,夷道若颣,上德若谷,大白若辱,广德若不足,建德若偷,质真若渝。大方无隅,大器晚成,大音希声,大象无形,道隐无名。夫唯道,善贷且成。

【对比说明】

复原本与今本有18处不同,突出的是:

1. 本章内容,帛书甲本毁损严重,主要以帛书乙本补足,乙本毁损的七八个字,以傅奕本等版本补充,同时重点参考楚简进行了校勘。

2. "弗笑"的"弗"字,被今本等版本改为"不"字,一者是为了避讳汉昭帝刘弗陵的"弗",二者是书中的绝大部分"弗"字的改动,很有可能是后世借避讳之名有意为之(可以掩盖、转移或误读老子的本意,从而维护一些阶层、学派的利益)。据《汉语大字典》,"弗"为甲骨文字形,中间是两根不平直的棍子,用绳索束缚住,使它们变得平直,本义就是"有所约束的矫枉、校正"。所

---

① 蒋瑞:《说郭店简本〈老子〉"大器曼成"》,《中国哲学史》2000年第1期。

以，有人将"弗"字解释成"不确定的不"是有些道理的。（"约束、矫枉"能是"不"吗？）当然，这里的"弗笑"就是"由不屑、嘲讽等约束住的笑，而非真正的笑"，这个肯定与"不笑"的意思不同。由此可知，《老子》全书多达40多处的"弗"字被改为"不"字，将会引发多少歧义。

3."明道如费"的"费"字，帛书乙本为"费"，王弼本（今本）、河上公本、傅奕本等版本均为"昧"字[①]。《说文通训定声·履部》："费，假借为拂。""费"是"拂"的假借字[②]，意为违背、乖戾，与楚简的"孛"（同"悖"）意思相似，此处取用帛书乙本的"费"字最为恰当。而"昧"的意思是"昏暗、不明显"，与"拂"字意思有明显不同。

4."夷道如类"的"类"字，帛书乙本、楚简为"类"字，说明河上公本、傅奕本等版本的"类"字是正确的，符合古貌。而王弼本（今本）、严遵本等版本为"纇"（意思是崎岖不平），很可能是后人妄改。河上公注"生之徒"为"生之类"，反过来，那么"类"亦"徒"，引申为维护、奉行的意思。[③]

[①] 《老子帛书校注》，徐志钧校注，学林出版社，2002年5月第1版，第15页。
[②] 尹振环：《帛书老子再疏义》，商务印书馆，2007年5月第1版，第42页。
[③] 尹振环：《帛书老子再疏义》，商务印书馆，2007年5月第1版，第42页。

| 第三章　大方无隅，大器免成 |

5. 帛书乙本的"大器免成",被今本及传世诸本改为"大器晚成"。一字之差,谬以千里,详见【阐释】部分解读。

【译文】

上士听了道,勤勉而践行;中士听了道,将信将疑;下士听了道,哈哈大笑。好像"道"不被嘲笑就不足以成其为道。所以古来就有这样的说法:懂得道的好像违背了道;接近道的好像在退步;伤害道的好像在维护道。崇高的德行虚怀若谷,洁白的器物易见污垢,恩德广布好像不足,建功立德好似怠惰,质朴纯真好像混浊。方正的物件好似没有棱角,雄才大略不是刻意而成,宏大的声响反而难于听到,伟大的形象反而难见形迹。道总是褒奖不求名分的人。只有像道那样安于"无名",才有好的开端与好的结局。

【注释】

〔一〕建言:立言。

〔二〕费:通"拂",违背、乖戾,详见【对比说明】中的解读。

〔三〕夷:同"痍",伤害。类:视为同类,意为维护,详见【对比说明】中的解读。

〔四〕辱:黑垢、污垢。

〔五〕偷：意为惰。

〔六〕渝：变污、混浊。

〔七〕隅：角落、墙角。

〔八〕免成：非刻意而成。

【阐释】

本章老子以"上士""中士""下士"对道的不同反应来讲述"道"的本质是隐藏在表象的后面的，浅薄之士是无法看到的。随后列举了一系列构成矛盾的事物，其双方互相对立，又互相依存，彼此具有统一性，说明相反相成是事物发展变化的规律。

这里重点谈一谈"大器晚成"这个成语。今本等版本将"大器免成"改为"大器晚成"，大错而特错。为什么呢？

很多人将此处的"大器晚成"解释为"只要持之以恒，大才都是很晚才成就出来的"。这实际上是违背自然规律与社会规律的。比如没有运动天赋的人，不论你怎么训练、努力，都不可能成为一流运动员，即大器；不过你不停地努力训练，是可以在运动方面提高成绩的，也就是说"小器"是可以通过努力实现的。

类比到自然界，比如柳树无论怎么长也不可能长到云杉那么高大。这也是主观能动性与客观现实的矛盾

第三章 大方无隅，大器免成

之所在。知道真相肯定比被蒙蔽对人的伤害要小得多得多。

在现实生活中，这种情况比比皆是。小草有小草的价值，大树有大树的优势。不能成为大树，成为小草也行；不能成为太阳（大器），成为月亮（小器）也行。这与人自身的努力和积极性没有必然联系。

另外，从上下文意思的连贯上来看，"大器晚成"很突兀，上无依下无靠，而"大器免成"却与整章文意默契而贯通。

联系老子在第八章（今本45章）所说到的"大巧如拙"。人们总觉得自然界的素材不够完美，想要人为去改造它，将其制作成器物。但我们制作出来的任何器物，都远远比不上自然界的一片树叶、一只蚂蚱或一片雪花那么精巧和完美。所以，自然成就之才才是大才；人为造就的才，大多只能成为小才，甚至拙才。

这里需要注意一个概念，只要一提到自然或自我学习，人们往往以为是个封闭的概念，即不需要名师指导，不需要各类丰富的资源和严格的训练，这个理解是片面的。自然与自学强调的是个体的差异与主观能动性。

比如说甲的智商高达160，情商只有75，乙的智商只有75，而情商高达160，显然甲比乙更容易成为顶尖学者，乙比甲更容易成为社会活动家（如是顶尖，也需要高智商）。由于这种个体差异，你是很难将甲培养成社会活动家，将乙培养成顶尖学者的，即便是他们有着极强的主观能动性（即努力）。不过，你可以用"大器晚成"安慰他们。

第四章　反也者，道之动

（今本40章）

【帛书复原本】

反也者，道之动也[一]。弱也者[二]，道之用也。天下之物生于有[三]，生于无[四]。

【楚简本】

反也者，道动也；弱也者，道之用也。天下之物生于有，生于无。

【今本】

反者，道之动；弱者，道之用。天下万物生于有，有生于无。

【对比说明】

复原本与今本有5处不同，需要说明的是：

1.本章与第三章（今本41章）被今本等版本调换了位置。

2. 文中，帛书甲乙本、楚简都有"也"字，今本等版本全删除。复原本从古貌。

3. 楚简中"天下之物生于有，生于无"的"生于无"，前面没有"有"字。《老子》中对立的事物一般有三种关系：一是并存而不相关（如此处），二是"互为其根"并相互转化，三是"一方生另一方"（如有从无而来）。[①] 帛书甲本中毁损了"下之物生于有，生于无"，帛书乙本有"有于无"。这里取用楚简字句，或最为准确。

4. 特别需要注意的是，"反也者，道之动也。弱也者，道之用也"句，可能真正揭示了"道"的本质，只是几乎无人注意而已。为何这样说呢？

"道"融汇于宇宙、天地与万事万物之中，但它不可见。"道"是从最微弱处体现它无法估量的力量，比如受精卵微小到几乎不可见，但是它从此时开始分化、成长成各种各样的生物，所以，"弱也者，道之用也"揭示的是物质层面"道主宰一切的本质与力量"，而"反也者，道之动也"就非常微妙了。

首先要谈第五章（今本42章）中"道生一，一生二"的观点，这里的"二"代表"阴阳"，由此可推"道"的反面肯定不是"阴"，也就是说，"道"既不是物质层面的对立统一关系（本章【阐释】依然按照主流观点，把"道"

[①] 张祥龙：《有无之辨和对老子道的偏斜——从郭店楚简〈老子〉甲本"天下之物生于有／无"章谈起》，《中国哲学史》2010年第3期。

第四章 反也者，道之动

解读为物质），也不是唯心主义的"阴间"观念。那么，"道之动的反面"就只能是"道"的镜像。意思是说，我们所处的物质世界是"道"的镜像及其所衍化出来的幻象（这里合称"镜幻世界"），这个"镜幻世界"之所以浩瀚无边、精彩纷呈，是因为其反面世界中"道"的运动。这将颠覆我们对物质世界本质的认知。这与"超弦理论""M理论"或许有某些对应关系。根据"超弦理论""M理论"，我们可以这样理解：在超越三维的空间（如四维空间、五维空间）中有一种存在，这种存在于三维空间的投射或映射便是"道"，由此产生的镜像和幻象（镜幻世界）便是我们的物质世界。如果真的是这样的话，那就太不可思议了。

由此，也让笔者对第六十九章（今本25章）"吾强为之名曰大。大曰逝，逝曰远，远曰反"中"逝""远"两字的过往一切主流考校产生了极大的怀疑。或许楚简《老子》中这两个字的原貌（如图2、图3所示）就为我们揭

图2　楚简编撰小组将该字校勘为"潜"，而今本等版本为"逝"，笔者表示怀疑。老子或许造了一个可以描述宇宙的字。（图片来源：《郭店楚墓竹简》[①]）

---

① 荆门市博物馆编《郭店楚墓竹简》，文物出版社，1998年5月第1版。

图3 楚简编撰小组将该字校勘为"速",而今本等版本为"远",笔者表示怀疑。(图片来源:《郭店楚墓竹简》)

示了老子"宇宙论"的本质。这一点太过颠覆,此处不再展开,未来有机会再详细探讨。

【译文】

事物向相反方向变化,是道的运动;万物从柔弱开始发展变化或守住"弱能胜强"的态势,是道在发挥作用。天下万物产生于可见的"有",产生于不可见的"无"。

【注释】

〔一〕反也者:向着对立面变化。

〔二〕弱也者:保持柔弱(胜强)的状态,或从柔弱、渺小开始发展变化。

〔三〕有:这里指道的有形质。

〔四〕无:这里指道的无形。

【阐释】

本章言简意赅地阐述了"道"的变化。前两句分别从事物的对立面和弱小面,于反方向说明了这都是"道"的作用的道理。后两句从天下万物溯源的角度,追根到

"道"这个孕育万事万物的原动力。

"天下万物生于有"的"有"与第四十五章（今本1章）中"有名，万物之母也"的"有"是相同的意思。"生于无"的"无"与第四十五章（今本1章）中"无名，万物之始也"的"无"的概念相同。

第五章　万物负阴而抱阳

（今本 42 章）

【帛书复原本】

道生一〔一〕，一生二〔二〕，二生三〔三〕，三生万物。万物负阴而抱阳〔四〕，冲气以为和〔五〕。天下之所恶，唯孤、寡、不穀，而王公以自名也。物或损之而益，益之而损。故人之所教，亦我而教人。故强梁者不得死，我将以为学父〔六〕。

【今本】

道生一，一生二，二生三，三生万物。万物负阴而抱阳，冲气以为和。人之所恶，唯孤寡不穀，而王公以为称。故物或损之而益，或益之而损。人之所教，我亦教之。强梁者不得其死，吾将以为教父。

【对比说明】

复原本与今本有 12 处不同，突出的是（或其他说明）：

1."天下之所恶"的"天下"，帛书甲本为"天下"，

第五章 万物负阴而抱阳

帛书乙本与今本等版本均为"人"。由于老子是针对王公而言的,所以取用帛书甲本的"天下"更恰当些。

2."冲气以为和"的"冲"字,帛书甲本为"中",范应元本为"盅",其余版本多为"冲","中"是"冲"字的借用。

3."亦我而教人"句,帛书乙本毁损,帛书甲本为"夕议而教人","夕"通"亦","议"通"仪",引申为照样[①],而有学者将"议"解读为"我"的假借字,那么"夕议而教人"就变成"亦我而教人"[②]。这两种释义意思相同,都是"我亦教之"(王弼本,即今本)的意思,这里取用"亦我而教人"。

【译文】

"道"产生混沌不分的一,"一"再分化为阴阳二气,阴阳交合形成"天、地、人"三才,三才进而生成万事万物。万物负阴而抱阳,阴阳二气互相激荡形成新的和谐。天下所厌恶的是"孤""寡""不穀",但王公却用这些字来称呼自己。有的事物,减损了却反而收获了增益,增益了却反而受到了减损。所以别人这样教导我,我也这样去教导别人。强横凶暴、刚愎自用的人没有好结果,我把这

[①] 《老子帛书校注》,徐志钧校注,学林出版社,2002年5月第1版,第24页。
[②] 高明:《帛书老子校注》,中华书局,1996年5月第1版,第33—34页。

句话当作行事的根本。

【注释】

〔一〕一：混沌不分，形变之始。

〔二〕二：指阴气、阳气。

〔三〕三：阴阳对立的"二"互相作用产生了"三"，进而生发万物。《史记·律书》："数始于一，终于十，成于三。"

〔四〕负阴而抱阳：古代君见臣或尊长见卑幼，均面南而坐，另建都建房讲究坐北朝南；南方为离卦，代表火、太阳、光明，朝南向阳，背北向阴，故有"负阴抱阳"一说，意为万物由阴阳构成。

〔五〕冲：冲突、交融。和：和谐，即均匀和谐状态。

〔六〕父：根本，即指导思想。

【阐释】

这一章老子讲解了"道"创生万物的过程，即"道生一，一生二，二生三，三生万物"，与解释《易经》的《易传·系辞》中"易有太极，是生两仪，两仪生四象，四象生八卦"的讲法有些不同，但是意思是一样的。这里的"易"与"道"相对应，"两仪"与"二"相对应，四方的各种物象、时象、星象等对应着数理上代表"多"的生发、生长之数"三"，最后，就是"八卦"推演万物了。

这里需要重点提到的是关于"一"的解读。很多人

第五章 万物负阴而抱阳

都将"一"理解为"道",笔者不是很认同。笔者很赞同《列子·天瑞》的解读:"一者,形变之始也。""道"是"一"形成的原动力,远高于"一"。否则,老子就不会说"道生一"了,他完全可以说"道者,一也"。这里我们拿《易经》的"易"来对应"道",拿"太极"来对应"一",那么"易有太极"对应过来,也就是"道有一",即"一"是"道"这个巨大范畴内的一个开始而已。

另外,老子在本章中重点谈到了"阴阳"的概念,这里提示了一个重要的辩证原则,即"万物负阴而抱阳",因此就有了"物或损之而益,益之而损",即物极必反。所以,我们为人处世需要考虑"适可而止""过犹不及""满招损,谦受益"等成语或箴言的意义,这才符合"道"阴阳中和的辩证道理。

第六章　至柔，驰骋于至坚

（今本43章）

【帛书复原本】

天下之至柔，驰骋于天下之至坚[一]。无有入于无间[二]，吾是以知无为之有益也。不言之教，无为之益，天下希能及之矣[三]。

【今本】

天下之至柔，驰骋天下之至坚。无有入无间，吾是以知无为之有益。不言之教，无为之益，天下希及之。

【对比说明】

复原本与今本有5处不同，意思大致相同。

【译文】

天下最柔弱的事物，驰骋穿行于最坚硬的事物之中。无形的力量可以穿透没有间隙的事物。我因此认识到"无为"的好处。"不言"的教导,"无为"的好处,普天之下很少有人能够做到啊。

【注释】

〔一〕驰骋:形容马奔跑的样子。

〔二〕无有:指不见形象的事物,或无形的力量。无间:没有间隙的事物。

〔三〕希:同"稀",稀少。

【阐释】

本章老子讲了三层意思。

第一,在老子看来,万事万物都是从无到有、从柔弱开始的,所以,"柔弱"是"道"的基础性或基本的表现和作用,它不仅仅局限于与"刚强"相对立的狭义概念,而是《道德经》概括的天地之间的一个普遍性的规律与哲学概念。

第二,老子认为新的东西代表新的开始,新的开始是最柔弱的,不过它可以蓄积着人们看不见的巨大力量,所以,"柔弱"是万物具有生命力的表现。有句古话叫作"莫欺少年穷",就印证了老子的这个哲学思想。

第三,老子在强调事物转化必然性的同时,并非一味要求人"守柔""处静",而是认为"天下之至柔,驰骋于天下之至坚""水之胜刚也,弱之胜强也",即柔弱可以战胜刚强，使最坚强的东西都无法抵挡。由此老子再次论证了"无为"的行事智慧和思想理念，即"柔弱"发挥出来的作用就在于"无为而无不为"。

第七章　知足不辱，知止不殆

（今本44章）

【帛书复原本】

名与身孰亲？身与货孰多[一]？得与亡孰病[二]？甚爱必大费[三]，多藏必厚亡[四]。故知足不辱[五]，知止不殆，可以长久。

【楚简本】

名与身孰亲？身与货孰多？得与亡孰病？甚爱必大费，厚藏必多亡。故知足不辱，知止不殆，可以长久。

【今本】

名与身孰亲？身与货孰多？得与亡孰病？是故甚爱必大费，多藏必厚亡。知足不辱，知止不殆，可以长久。

【对比说明】

帛书与楚简基本一致,复原本与今本有 2 处不同,意思大致相同。

【译文】

声名和生命相比哪个更为亲近?生命和财富相比哪个更为贵重?获取名利和丢失生命相比哪个更为有害?过分爱好名利就会付出更大的代价,过分积敛财富就会招致更大的损失。所以懂得满足就不会遭受困辱,懂得适可而止就不会遭遇危险,这样才能保持长久。

【注释】

〔一〕货:财富。多:重,重要。

〔二〕得:指获取名利。亡:指丧失性命。病:有害。

〔三〕甚:过分、过于。大费:很大的耗费。

〔四〕多藏:丰厚的藏货。厚亡:惨重的损失。

〔五〕辱:困辱。

【阐释】

老子针对人的尊严讲述两个方面的问题。

一方面,人们需要选择珍惜自身的价值与尊严,不要贪图虚荣与名利，不可自贱其身。老子用了三个排比句"名与身孰亲？身与货孰多？得与亡孰病？"拿虚名与人的生命、货利与人的价值、获取名利与丢失生命来比较，让人们自己来判断孰重孰轻。

另一方面，"知足不辱，知止不殆"，这是老子对处世为人的精辟见解和高度概括。每个人都应该对自己的言行举止有清醒的、准确的认识，凡事不可求全。贪求的名利越多，付出的代价也就越大；积敛的财富越多，失去的也就越多。

老子进而提出了"知足"与"知止"的观念和思想，这一思想可谓安身立命的重要智慧。

第八章　大成若缺，其用不弊

（今本 45 章）

【帛书复原本】

大成若缺[一]，其用不弊；大盈若盅[二]，其用不穷。大直如屈[三]，大巧如拙，大赢如绌[四]。躁胜寒，静胜热。清静，可以为天下正[五]。

【楚简本】

大成若缺，其用不敝，大盈若盅，其用不穷。大巧若拙，大盛若诎，大直若屈。噪胜苍，青胜燃，清静为天下定①。

---

① 此处争议很大。原文为"桑胜苍，青胜然，清清为天下定"。结合学者尹振环（《楚简老子辨析》）、丁四新（《郭店楚竹书〈老子〉校注》）、廖名春（《郭店楚简老子校释》）、丁原植（《郭店竹简老子释析与研究》）与刘信芳（《荆门郭店楚简老子解诂》）等的考校，本书校勘为"噪胜苍，青胜燃，清静为天下定"。意思是"蝉噪鸟鸣胜过满目苍凉，青葱原野胜过如同燃烧的花朵，清静（无为）才能让天下安定"，所谓"蝉噪林逾静，鸟鸣山更幽"，花朵如燃属于躁动，青葱原野属于宁静，这样才能与后面的"清静"相吻合。

第八章　大成若缺，其用不弊

【今本】

大成若缺，其用不弊。大盈若冲，其用不穷。大直若屈，大巧若拙，大辩若讷。躁胜寒，静胜热，清静为天下正。

【对比说明】

复原本与今本有5处不同，突出的是（或其他说明）：

1."大盈若盅"的"盅"字，帛书甲本为"湓"，帛书整理小组释文为"冲"，帛书乙本与今本等版本均为"冲"，傅奕本、范应元本等版本均为"盅"，"冲"通"盅"，同时又与楚简相同，所以这里取用"盅"字更符合古貌。

2."大赢如绌"句，今本等版本无此句，帛书甲本为"大赢如炳"，帛书整理小组注释为"炳即讷字之误"[①]，难圆其说；帛书乙本只剩一"绌"字，严遵在《老子指归》中说"是以赢而若绌"，由此推断，帛书甲本的"炳"应该是"绌"的误写。[②]所以，这里取用乙本的"绌"，即欠缺、不足的意思。

3."其用不弊"的"弊"字，帛书甲本为"幣"，帛书乙本毁损，傅奕本、范应元本等版本为"敝"，王弼

[①] 马王堆汉墓帛书整理小组编《马王堆汉墓帛书老子》，文物出版社，1976年3月第1版，第14页。
[②] 尹振环:《帛书老子再疏义》，商务印书馆，2007年5月第1版，第61页。

本（今本）、河上公本、严遵本等版本为"弊"。这里取用"弊"字。

4."静胜热"句，帛书甲本为"靓胜炅"，帛书乙本缺失，学者与传世诸本大多校勘为"静胜热"。不过，也有人采用楚简的释文（参见第52页脚注），还有人认为本应为"靓胜炅"。待考。

5."清静，可以为天下正"的"清静"，帛书甲本为"请靓"，帛书乙本缺失，学者与传世诸本大多校勘为"清静"。不过，也有人采用楚简的释文（参见第52页脚注），还有人认为本应为"请靓"，意思是表里如一，即内在有慈爱、有本领，外在有魅力的人，就能成为天下人都拥护的统治者。待考。

【译文】

最成功的事情，把它看似存在缺陷，它的作用就不会有弊端；最充盈的东西，把它看似空虚，它的作用就不会穷尽。最正直的东西好似弯曲，最灵巧的东西好似笨拙，最丰盛的东西好似欠缺。运动能够战胜寒冷，安静能够避免燥热。清静无为，才可以统治天下。

【注释】

〔一〕大成：最为完满、最为成功。

第八章 大成若缺，其用不弊

〔二〕盅：古时盛酒或茶的一种器皿，器物虚空，比喻空虚。

〔三〕屈：曲。

〔四〕绌（chù）：欠缺、不足。

〔五〕正：同"政"。

【阐释】

我们从三个层次来看待老子在本章中的观点和思想。

第一层，参考学者任继愈的观点："老子认为有些事物表面看来是一种情况，实质上却又是一种情况。表面情况和实际情况有时完全相反。"[1]

第二层，完美的人格和成就，不在外形上显露，而为内在生命的含藏内收，所以有"大直如屈，大巧如拙，大赢如绌"的情况。

第三层，在事物盛极的情况下，只有看到它的缺陷，才能避免物极必反，避免事物衰败下去，所以才有"大成若缺，其用不弊；大盈若盅，其用不穷"。

这三个层次对治理天下的领导者尤其重要，若没有这种认识，很可能一不小心铸成大错。所以，老子最终将文章收在"清静，可以为天下正"的主题上，便是这种用心与告诫。

---

[1] 任继愈：《老子新译》（修订本），上海古籍出版社，1985年5月第2版，第157页。

第九章　知足之足，恒足矣

（今本46章）

【帛书复原本】

天下有道，却走马以粪〔一〕；天下无道，戎马生于郊〔二〕。罪莫大于可欲，祸莫大于不知足，咎莫憯于欲得〔三〕。故知足之足，恒足矣。

【楚简本】

罪莫重乎甚欲，咎莫险乎欲得，祸莫大乎不知足。知足之为足，此恒足矣！①

【今本】

天下有道，却走马以粪；天下无道，戎马生于郊。祸

---

① "罪莫重乎甚欲"的"重"字，原文为"𦤝"，有人校勘为"厚"字，有人校勘为"重"字，争议很大，难成定论，笔者偏向认同"重"字。各类争议可参考丁四新：《郭店楚竹书〈老子〉校注》，武汉大学出版社，2010年3月第1版，第34-36页。"咎莫险乎欲得"的"险"字，原文为"金"，笔者赞同学者廖名春与尹振环的观点，这里暂时校为"险"字。

第九章 知足之足,恒足矣

莫大于不知足,咎莫大于欲得。故知足之足,常足矣。

【对比说明】

复原本与今本有 3 处不同,突出的是:

1."罪莫大于可欲"句,帛书甲乙本(乙本无"于"字)、楚简、河上公本、严遵本、傅奕本、范应元本及《韩非子·解老》《韩非子·喻老》等版本中都有此句,王弼本(今本)等少数传世版本删除此句,整章文意彻底转变了。老子把"罪""祸""咎"作为统治者的三大警戒线,其中以"罪"为最:统治者如果一心追求个人利益最大化,而不顾民众的死活,就等于对人民犯下了大罪。而今本等少数版本删除此句后,便将重大的治国问题变成了个人的修行问题(不应该把"罪"这一条列入修行者的惩戒范畴)。因此,本章的解读与过往有很大的不同。

2."恒足矣"的"恒"字,为了避讳汉文帝刘恒的"恒",今本等版本改为"常"字(或借避讳有意为之),意思变了。

【译文】

天下有道而太平,连战马都会退还田间耕种;天下无道而不太平,连怀胎的母马也要送上战场。(统治者)罪孽莫大于任情纵欲,祸害莫过于不知满足,罪过莫惨过于贪得无厌（而不顾民众的死活）。所以（统治者）要懂得满足的限度，才能获得长久的丰足（才能长久统治，而不被推翻）。

【注释】

〔一〕却：屏弃、退还。走马：战马。粪：耕种、播种。

〔二〕戎马：战马。生于郊：指母马在战场边郊产下马驹。

〔三〕憯：惨。

【阐释】

在本章中，老子表述了三个方面的观点和思想，有两个与战争有关：一是引起战争的根源；二是对战争的区分。这都体现了老子强烈的反战思想，与他在第七十四章（今本 30 章）、第七十五章（今本 31 章）中的观点是一致的。

老子认为："以道佐人主，不以兵强于天下。""夫兵者，不祥之器也。物或恶之，故有欲者弗居。"意思是辅佐君主的人，不能弄反了主次，千万不要以兵来逞强于世道；用兵打仗，是不祥的事情，谁都讨厌它，所以有志向的人绝不能停留在用兵打仗上。

同时，老子还强调打仗是不得已而为之的事情，即便是打胜了仗，也要用丧礼的仪式来对待。那为什么还是有没完没了的仗在打呢？

| 第九章　知足之足，恒足矣 |

老子一针见血地指出，根源就是统治者的贪欲与不知足，正如学者张松如所说的那样："老子认为战争是由于封建统治者不知足、贪心重所引起的，只要是能知足，满足于现状，不贪求什么，就不会发生战争：'知足之足，恒足矣。'这是一种唯心史观。至于'寡欲''知足'的提出，对当时封建贵族领主集团的无餍欲求，无异于是一个强烈的抗议。"[①]

[①] 张松如:《老子校读》，吉林人民出版社，1981年5月第1版，第271页。

第十章　不出于户，以知天下

（今本 47 章）

【帛书复原本】

不出于户，以知天下；不窥于牖[一]，以知天道[二]。其出也弥远，其知弥少。是以圣人弗行而知，弗见而明，弗为而成[三]。

【今本】

不出户，知天下；不窥牖，见天道。其出弥远，其知弥少。是以圣人不行而知，不见而名，不为而成。

【对比说明】

复原本与今本有 9 处不同，突出的是：

"不出于户，以知天下"句，被今本等版本改为"不出户，知天下"。前者暗含不出门，就可以凭借能力（过往知识、经验的积累及超强的推理判断能力等）推知天下大事的意思，而后者根本没有上述意思，变成了不掌握知识就能知晓一切,这属于唯心主义的先验论。其他以此类推。

【译文】

智者贤达,不出门户,就能推断、明晓天下大事;不望窗外,就能推导日月星辰的运行轨迹。而凡夫俗子,外出得越远,看到的越多,就越容易被浮华表象所迷惑,懂得的真知反而越少。所以,圣人(本身就具备丰富的知识、经验,又有超于常人的推理判断能力等)不经历就能推知事理,不必眼见就能明晓缘由,不妄为就能有所成就。

【注释】

〔一〕窥:从小孔隙里看。牖(yǒu):窗户。

〔二〕天道:天行之道,即天理、天意,泛指万物运行的规律。

〔三〕弗为:不妄为。

【阐释】

关于老子在本章中阐述的认识论,学术界存在两种批评的观点:一是老子是个彻头彻尾的唯心主义先验论者,所谓足不出户,就能知晓天下大事;二是老子并不轻视实践所获取的感性知识,只是夸大了理性认识的作用,甚至还否定实践的作用，比如"其出也弥远，其知弥少"，这与民间俗语"读万卷书，不如行万里路"的实践论完全相左。

这种理解是错误的。一方面，正如【对比说明】中所说的那样，由于今本等版本将复原本中原有的大量助词删除，往往引发很多歧义和误解。另一方面，任何理论都要在一定条件下成立，这个世界上没有绝对的真理。

还有一点，就是生活中的智者贤人，面对很多道理、问题，他们在脑子里便能推演事情的发展脉络，凭借高智商的洞察明晓事理；同时，他们还能通过所掌握的信息、知识及曾经的实践，准确地排除干扰项，把握事物的内在逻辑，推断出外部正在发生的或者即将发生的事情，所谓"运筹帷幄之中，决胜千里之外"。

所以，这类智慧贤达的人，他们"不出于户，以知天下；不窥于牖，以知天道"，这在一定情况下是可能的，也是很有道理的，更不用说像老子这样的"圣人"了。

"其出也弥远，其知弥少"谈的又是哪类人呢？是那些没有达到智慧贤达的人，有些人行走得越远，看得越多，结果往往是"乱花渐欲迷人眼"，反而被庞杂的信息弄得摸不着门。

例如三国赤壁之战前夕探望周瑜的蒋干，就是因为他当晚住宿在周瑜的营帐之中，看得太多（思维行得太远），

第十章 不出于户,以知天下

反而中了周瑜的反间计。所以才有老子所说的"是以圣人弗行而知,弗见而明,弗为而成",即无为而无所不为。

当然,老子在本章提出了一个重要的认识论观点,那就是:在认识上纯凭感觉、经验等一些表面功夫是靠不住的。因为这样做无法深入事物的内部,不能认识事物的全貌,而且还会扰乱人的心灵。要洞悉事物本质与内在根本,我们的功夫需要下在自我修炼、内在自省上,以知晓事物发展与变化的规律,进而达到触类旁通的效果。

第十一章　为学者日益，闻道者日损

（今本48章）

【帛书复原本】

为学者日益[一]，闻道者日损[二]。损之又损，以至于无为，无为而无不为。将欲取天下也[三]，恒无事[四]，及其有事也[五]，又不足以取天下矣。

【楚简本】

学者日益，为道者日损。损之或损，以至无为也。无为而无不为。

【今本】

为学日益，为道日损。损之又损，以至于无为，无为而无不为。取天下常以无事，及其有事，不足以取天下。

| 第十一章　为学者日益，闻道者日损 |

【对比说明】

复原本与今本有 9 处不同，突出的是（或其他说明）：

1."为学者日益，闻道者日损。损之又损，以至于无为，无为而无不为。将欲"字句，帛书甲本基本全部毁损，后九个字帛书乙本也毁损，用傅奕本补足[①]，其中的"则"字改为"而"字（见第 2 点说明）。另外，"闻道"被今本等版本改为"为道"，一字之差，整章文意就发生了变化。

2."无为而无不为"句，有学者校勘为"无为而无以为"，但是，楚简《老子》中却是"亡（无）为而亡（无）不为"，这个早帛书约 150 年的版本印证了傅奕本等版本的正确性。

3."恒无事"的"恒"字，今本等版本为了避讳汉文帝刘恒的"恒"而更改为"常"字，显然，"恒""常"是有区别的。

【译文】

求学的人，其私欲妄见天天增加；求道的人，其私欲妄见则日日减少，减少又减少，最后达到"无为"的境地。无为即不妄为，于是任何事情都可以有所作为。想要

[①] 《老子帛书校注》，徐志钧校注，学林出版社，2002 年 5 月第 1 版，第 38 页。

治理国家，要以不扰民为准则，如果繁杂苛政不断扰害民众，那就难以取信天下而使之归顺了。

【注释】

〔一〕益：增加。

〔二〕损：减少。

〔三〕取：治、摄化。

〔四〕无事：不生事，不扰攘民生。

〔五〕有事：繁杂苛政骚扰民生。

【阐释】

"无为而无不为"是老子极富智慧的重要观点和思想。老子的"无为"是尽最大可能地弄清事物的本质，掌握与运用本质之上的规律和法则，顺应自然而因势利导，即"不妄为"，这样事物就会轻易流转向符合自然规律的方向发展，进而创造出巨大的功绩。这一思想的奥妙用"庖丁解牛"来理解或许最为恰当。

庖丁解牛追求的是道，起初宰牛的时候，眼里看到的是一头完整的牛；三年以后，再未见过完整的牛了。之后，他凭精神和牛接触，而不用眼睛去看，感官停止了而精神在活动。依照牛的生理上的天然结构，挑入牛体筋骨相接的缝隙，顺着骨节间的空处进刀。依照牛体本来的构造，筋脉经络相连的地方和筋骨结合的地方，尚且不曾拿刀碰到过，更何况大骨呢！这样以很薄的刀游刃于有间隙的牛体筋骨之间，轻松完结，牛的骨和肉一下子就解开了，就像泥土散落在地上一样。所以，庖丁的刀用了19年，所宰的牛有几千头了，而刀刃锋利得就像刚在磨刀石上磨好的一样。

庖丁不是用技巧去解牛，而是用"道"去解牛，达到了"四两拨千斤"的效果。老子传授的"无为而无不为"便是希求人们达到这种境界，治理国家的人更需要这样。

为了佐证"无为而无不为"这一重要结论并为其做铺垫，老子在本章开篇就辨析了"为学"和"闻道"的概念和内涵。老子轻视对于外在知识的"为学"，认为这种知识掌握得越多，就会产生越多的机智巧变，进而私欲妄见也就层出不穷。老子重视直观深入内在体悟的"闻道"，强调把握事物未分化的状态或审视自身虚静的心境，不断地除去私欲妄见，使人返璞归真，最终达到"无为"的境界。

第十二章　圣人恒无心，以百姓之心为心

（今本 49 章）

【帛书复原本】

圣人恒无心[一]，以百姓之心为心。善者善之，不善者亦善之，德善也[二]。信者信之，不信者亦信之，德信也。圣人之在天下，歙歙焉[三]，为天下浑心[四]。百姓皆属耳目焉，圣人皆孩之。

【今本】

圣人无常心，以百姓心为心。善者，吾善之，不善者，吾亦善之，德善。信者，吾信之，不信者，吾亦信之，德信。圣人在天下歙歙，为天下浑其心。百姓皆注其耳目，圣人皆孩之。

【对比说明】

复原本与今本有 13 处不同，突出的是：

1."圣人恒无心"的"恒无心"，帛书甲本毁损，以帛

书乙本补足，今本等版本为避讳汉文帝刘恒的"恒"而改为"无常心"。因"常"字还有一般、平常的意思，意思变了。

2."善者善之"等句，今本等版本添加"吾"字，意思就变了。这样就有意拉开"圣人"形象与当世社会生活的距离，使人们尽可能地神圣化君王，以便维护他们的统治。

3."圣人之在天下，歙歙焉"句，今本等版本将助词"焉"删除，断句就出问题了。

【译文】

圣人没有私心，以百姓的意愿为自己的意愿。善良者的意愿要善待，不善良者的意愿也要善待，这样就会获得善良并使人人向善。守信的人要信任他们，不守信的人也要信任他们，这样就会得到诚信并使人人守信。圣人在位治理天下时，收敛妄欲，使天下人的心思归于浑朴。百姓就会成为他们的视听耳目，因此圣人要像爱护自己的孩子一样爱护百姓。

【注释】

〔一〕恒：长久。无心：无私心。

〔二〕德：通"得"。

〔三〕歙（xī）：吸气，这里指收敛妄欲。

〔四〕浑心：使人的心思归于浑朴。

【阐释】

本章老子阐述的政治思想，包含了四个层级。

第一个层级，统治者需要首先做到无私心，要以百姓的意愿作为自己的意愿，也就是要将民心放在治理天下的第一位。

第二个层级，统治者在做到"视民心为己心"的前提下，要有很大的包容心，"善者善之，不善者亦善之"；"信者信之，不信者亦信之"。所谓"宰相肚里能撑船"，无论好人坏人都得善待他们，做到对好人鼓励、对坏人教化，这样就会达到"德善""德信"，使天下人人向善，人人守信。

第三个层级，在达到上述效果的情况下，好的统治者绝不能自鸣得意、贪欲妄为，甚至无故扰民，而是要更加收敛政举，从而使天下人的心思归于浑朴。这样百姓就会爱戴、信任统治者，相当于让天下百姓成为自己的耳目，统治者就会轻松知晓天下的一切真实情况了。

第四个层级，这时的统治者就得像对待自己的孩子一样对待百姓，那么这样的盛世就会长久保持。

第十三章　不劈兕虎，不被甲兵

（今本 50 章）

【帛书复原本】

出生入死[一]，生之徒十有三[二]，死之徒十有三[三]，而民生生，动皆之死地之十有三[四]。夫何故也？以其生生也[五]。盖闻善执生者[六]，陵行不劈兕虎[七]，入军不被甲兵[八]。兕无所揣其角，虎无所措其爪，兵无所容其刃。夫何故也？以其无死地焉[九]。

【今本】

出生入死。生之徒十有三，死之徒十有三，人之生动之死地，亦十有三。夫何故？以其生生之厚。盖闻善摄生者，陆行不遇兕虎，入军不被甲兵，兕无所投其角，虎无所措其爪，兵无所容其刃。夫何故？以其无死地。

【对比说明】

复原本与今本有 11 处不同，突出的是：

1."而民生生"的"民"字，被今本等版本改为"人"。这样一改就把老子这篇"反映当时民众生死实情的调查分析报告"变成"讨论人之生死哲学"的文章了，真可谓闲情逸致啊！

2."以其生生也"句，今本等版本添加"之厚"二字，变成了"以其生生之厚"。意思截然相反，详见【阐释】部分解读。

3."陵行不劈兕虎"的"陵行"，被今本等版本改为"陆行"。显然，"陵行"更准确，比"陆行"更容易遇到野兽。其中的"劈"字，帛书甲本毁损，帛书乙本为"辟"字。《说文》："劈，破也，从刀，辟声。"有学者认为"辟"为"劈"的假借字[①]，笔者认同，故取用"劈"字。"劈"意为"用刀、斧等破开"，这里意为"用劈刀招惹"。

4."入军不被甲兵"的"被甲兵"，帛书甲本为"被甲兵"，帛书乙本为"被兵革"。意思一样，取用甲本。

【译文】

当今民众从生到死，能生存下来的占十分之三，夭亡的占十分之三，而民众为了谋生动辄陷入死地死亡的占十

---

① 尹振环：《帛书老子再疏义》，商务印书馆，2007 年 5 月第 1 版，第 83 页。

分之三。为什么会这样呢？因为民众是在严苛恶劣的生存条件下求生啊。据说善于养护自己生命的人，在山林中行走不用劈刀招惹犀牛和猛虎，在战争中不会披坚执锐吸引敌人的注意。因而犀牛用不上它的角，猛虎用不上它的爪，敌人用不上他的刀刃。这是什么原因呢？这是因为他们没有置身于死地啊（所以，好的社会及其统治者不会把民众置于死地）。

【注释】

〔一〕入死：到死。

〔二〕徒：应释为"类"。十有三：十分之三。

〔三〕死之徒：属于夭折的一类。

〔四〕动皆：动辄。之死地：陷入死亡之地。

〔五〕生生：指在恶劣的条件下谋生。

〔六〕执：执掌，这里是擅长的意思。

〔七〕兕（sì）：古时指犀牛。

〔八〕被（pī）：披挂。甲兵：兵革，盔甲、武器等。

〔九〕无死地：直译为"没有死亡的地域"，即没有置身于死亡的境地。

【阐释】

老子在本章中谈到，人们的生活环境极其恶劣，民众存活率极其低下，更有甚者，各方诸侯征战四起，给人们制造了更多的"死亡之地"。在这种情况下，保全民众生命尤其重要。

所以，老子在开篇提出民众极高的死亡率之后，连续用了两组排比句，以因果对应近乎"问答"的方式来谈什么才是"不置身于死地"，进而保全民众生命这一大主题；反映出老子强烈主张不要依靠战争、抢夺来保护自己，而是要恪守"道"的原则，不妄为，不伤害别人，这样别人也就找不到对自己下手的机会，进而才能长久保证远离"死亡之地"。

另外，帛书"以其生生也"句，今本等版本添加"之厚"二字，变成了"以其生生之厚"。前者的意思是"因为人们要与严苛的生存条件抗争才能得以生存"，后者变成了"这是因为人们用来保养生活的办法太过分、太花哨"的意思。

根据前文"出生入死，生之徒十有三，死之徒十有三，而民生生，动皆之死地之十有三"的意思，承接的"夫何故也？以其生生也"中的"以其生生也"句显然是对上面文字的总结，也是在谈人民生存不易而导致死亡率极高的原因。

今本等版本这么一改，整章的内容就变成了：

人从生到死这一生，让人生存下来的生活方式占十分之三，让人死亡的生活方式占十分之三，人民为了更好地

第十三章　不劈兕虎，不被甲兵

生存而尝试各种办法最后反而让自己陷入死亡的方式也占十分之三。为什么会这样呢？这是因为他们保养生活的手段太过分了。据说，善于养护自己生命的人，在陆地上行走，不会遇到凶恶的犀牛和猛虎，在战争中也受不到武器的伤害。犀牛无处投角，老虎无处伸爪，武器无处展示锋利。为什么会这样呢？这是因为他没有进入死亡的领地。

然而，在老子生活的那个时代，诸侯割据一方，相互征战，加之社会生产力低下，自然环境和生活条件非常恶劣，人民（平民）生存下来非常不容易。老子展示的是一幅残酷的社会场景图，却被今本等版本改成了"讨论人之生死哲学"的闲情逸致的散文。

第十四章　万物尊道而贵德

（今本51章）

【帛书复原本】

道生之而德畜之，物刑之而器成之〔一〕。是以万物尊道而贵德。道之尊，德之贵也，夫莫之爵，而恒自然也〔二〕。道生之，畜之，长之，遂之〔三〕，亭之〔四〕，毒之〔五〕，养之〔六〕，覆之〔七〕。生而弗有也，为而弗恃也，长而弗宰也，此之谓玄德〔八〕。

【今本】

道生之，德畜之，物形之，势成之。是以万物莫不尊道而贵德。道之尊，德之贵，夫莫之命而常自然。故道生之，德畜之：长之、育之、亭之、毒之、养之、覆之[①]。生而不有，为而不恃，长而不宰，是谓玄德。

[①]《老子道德经注校释》，〔魏〕王弼注，楼宇烈校释，中华书局，2008年12月第1版，第137页。当今很多流行版本为"长之遂之，亭之毒之，养之覆之"，本书采用王弼本的原版断句。

第十四章　万物尊道而贵德

【对比说明】

复原本与今本有19处不同，突出的是（或其他说明）：

1．"物刑之而器成之"的"刑"和"器"，帛书甲乙本均为"刑"和"器"，今本等版本改为"形"和"势"。两字之差，谬以千里。详见【阐释】部分解读。

2．在"畜之"句前，帛书甲乙本、易玄本、庆阳本、磻溪本、赵孟頫本、楼正本、司马光本、范应元本、苏辙本、吴澄本等版本都没有"德"字，今本等版本添加了"德"字，意思大变，详见【阐释】部分解读。

3．"毒之"的"毒"字，帛书甲本缺失，帛书乙本为"毒"，王弼本（今本）、傅奕本、范应元本等版本也是"毒"字，其他版本有"熟""孰"等字，帛书整理小组难定故空缺[①]。根据上下文意，取用帛书乙本的"毒"最为恰当（详见【阐释】部分对"刑""器"的解读），且符合古貌。《说文》："毒，厚也，害人之草，往往而生。"《易经·噬嗑》："六三，噬腊肉，遇毒。"此毒为苦恶之意，即小毒，此处引申为苦难之意。[②]

4．"覆之"的"覆"字，《说文》："覆，覂也。一曰盖

[①] 马王堆汉墓帛书整理小组编《马王堆汉墓帛书老子》，文物出版社，1976年3月第1版，第14页。

[②] 尹振环:《帛书老子再疏义》，商务印书馆，2007年5月第1版，第87页。

也。"而"覂"意为翻车、倾倒。结合万物"生、长、衰、退"的自然规律,以及《说文》的两种释义,这里将其理解为"倾覆",即"道""德"通过"刑""器"等力量使"万物衰老消退",这个意思可能最为恰当(参见【阐释】部分对"刑""器"的解读),这或许才符合老子对事物认知的本意。这就否定了过往绝大多数版本(包括今本)对此字的解读,因为这些版本只释义了万物"生长育护"的一面,而没有解释万物还有"衰老消退"的另一面。

【译文】

道生化万物,德养育万物。万物"刑克"成就各种形态,万物"成器"才有不同属性。故此,万物以道为尊,以德为贵。道之所以被尊崇,德之所以被珍重,是因为道和德一起生养万物而没有谁给它们名分(封爵),永远顺其自然啊。道,生化万物,畜养万物,使其生长,使其发育,使其安定,使其苦难,使其保养,使其倾覆。对于万物来说,生养而不据为己有,助推而不自恃有功,导引而不主宰,这就是玄妙深远的德。

【注释】

〔一〕刑:"五行"作用关系之一,意为万物相刑而成不同形态。

〔二〕自然:自化自成。

第十四章　万物尊道而贵德

〔三〕遂：养育。《广雅·释言》："遂，育也。""遂"还有遂心、通达、成就等意思。

〔四〕亭：安定。《说文》："亭，民所安定也。"

〔五〕毒：引申为苦难之意，详见【对比说明】中的解读。

〔六〕养：爱养、护养。

〔七〕覆：倾覆，详见【对比说明】中的解读。

〔八〕玄德：玄妙深远的德。

【阐释】

本章老子讲述了"道"与"德"之间的关系，以及它们相互作用演化成"生而弗有""为而弗恃""长而弗宰"的玄德的奥秘。各种典籍已经阐述得太多了。这里，我们把重点放在对"刑"和"器"的解读上。

天地混沌未开之时，"道"便开始孕育了，它在"德"的配合下生化出了万物。万物为何被称作万物呢？这是因为它们具有不同的外形，还有不同的属性。又是什么成就了物质的外形和属性呢？这就涉及"刑"和"器"的问题了。

先讲"刑"字。根据我国古代的阴阳五行说，世间万物都是由水、火、木、金、土这五种元素构成的，这就叫作五行。五行之间的作用关系有"生克制化、刑冲破害"，这八种关系相互作用就形成了万物转化而成就了新生事物,并衍生了万事万物。

其中的"刑"字,《说文》:"刑,罚罪也。从井从刀。"《易经》:"井,法也。"意思是按照一定的规则用刀"刑伤"万物,即雕刻、砍削的意思。"道"以自然之力,将万物雕刻成了不同形状,这些形状的成因就在于"刑"字。

再讲"器"字。"器"是个会意字,本义是狗的叫声。金文的"器",字形中间是"犬",四周各有个"口"字,代表一只狗正在破口大叫。小篆的"器",字形和金文相近。后来,"器"的本义消失,多指器具。因为器具能容纳物品,所以"器"也引申为才华,如"庙堂之器",意思就是有治理国事的才能。"器"也常用来表示人体的器官。

上文讲了"器"的三种意思。一是器具,指生活中各种物件。这些物件之所以有分别,就在于它们有不同的特点,即属性。二是才华、功用。器具有功用,人物、动物有功用或才华,就可以被称为器,这也是由其特有的属性决定的。三是各类器官。人体的器官肯定功用不同,这是由其属性决定的。人有器官,万物也有部件,天地更有其组成部分。这些部件、部分是不是也可以用人体的器官来衍生、类比或想象呢?由此可知,器是区分万事万物属性的根本所在。

我们生活中常听到的一句话"这人不成器",就是指

第十四章 万物尊道而贵德

这人不约束自己，不能培养某些生存技能或其他有用的才能与品格。技能、才能与品格等，都是区别于他人的属性啊。所以，"成器"是需要以"刑"进行约束、磨砺甚至大力修正的。

综上所述，"刑"成就了万物的形态，"器"区分了万物的属性。这二者合一，才真正成就了天地间可分、"可名"的万事万物。

所以，帛书甲乙本"物刑之而器成之"才是正确的，而今本等版本不知其一，更不知其二，将其更改变成"物形之，势成之"，可谓谬以千里啊。

我们来看复原本的后半段："道生之，畜之，长之，遂之，亭之，毒之，养之，覆之。生而弗有也，为而弗恃也，长而弗宰也，此之谓玄德。"先是写"道"的至高性、主宰性（通过万物及其现象而非直接主宰，有"桃李不言，下自成蹊"的感觉）和普遍性，之后写"德"与"道"的配合及其玄妙性，即"道"统领"德"，但需要在"德"的配合下才能表现出"生克制化"万物的力量（非直接），"道"是至高规律与准则，"德"是"刑""器"万物具体的导向之力（非主宰）。关于"道""德"之间的关系，参见本书第二章（今本39章）【阐释】部分对"一"（与"德"平级）的详细解读。

当然，也只有弄懂"道""德"之间的这种奥妙关系，方能明白今本等版本添加"德畜之"是对《老子》本意的严重歪曲,同时也表明很多人远远未能领会"老子所处境界"的高妙。

第十五章　天下有始，以为天下母

（今本52章）

【帛书复原本】

天下有始^{〔一〕}，以为天下母^{〔二〕}。既得其母，以知其子^{〔三〕}，既知其子，复守其母，没身不殆。塞其兑，闭其门^{〔四〕}，终身不勤^{〔五〕}。启其兑，济其事，终身不救。见小曰明^{〔六〕}，守柔曰强。用其光，复归其明^{〔七〕}，毋遗身殃^{〔八〕}，是谓袭常^{〔九〕}。

【楚简本】

闭其门，塞其兑，终身不勤①。启其兑，塞其事，终身不救。

---

① "勤"，原文为"孞"，有人校勘为"悔"，有人校勘为"务"，有人校勘为"危"，有人校勘为"楙"，莫衷一是，这里暂取用帛书与今本的"勤"字，待考。

【今本】

天下有始，以为天下母。既得其母，以知其子，既知其子，复守其母，没身不殆。塞其兑，闭其门，终身不勤。开其兑，济其事，终身不救。见小曰明，守柔曰强。用其光，复归其明，无遗身殃，是为习常。

【对比说明】

复原本与今本有4处不同，意思几乎没差别，需要说明的是：

1. 楚简只有本章中间部分。

2. "塞其兑"与"启其兑"两处的"兑"字，帛书甲本分别为"闧"（"闷"的异体字）和"闷"，帛书乙本为"堄"，"堄"是"兑"的假借字。这里取用楚简的"兑"字，符合古貌。

3. "终身不救"的"救"字，帛书乙本为"棘"，楚简为"救"，这里从楚简。

【译文】

天地万物都有起源，这个起源就是万物的根本。既然知道了事物的根本，就能明白事物的结果；弄懂了事物的结果，还要坚守事物的根本，那么终身就不会有危险。塞住妄念孔穴，紧闭贪欲门径，终身都不会有烦扰。打开妄念孔穴，滋生嗜欲纷杂之事，终身都不可救治。能够细致入微的叫作精明，能够坚守柔弱的叫作刚强。运用智慧之光，复返质朴之明，不给自己留下祸殃，这就叫作遵循"常道"。

【注释】

〔一〕始：开始、本始。

〔二〕母：根源、根本。

〔三〕子：派生物，这里指万物。

〔四〕兑：口，引申为孔穴。门：门径。塞其兑，闭其门：塞住妄念的孔穴，闭上贪欲的门径。

〔五〕勤：劳作。

〔六〕小：细微。明：精明。

〔七〕光：智慧之光。明：质朴之明。

〔八〕殃：殃祸。

〔九〕袭常：沿袭常道。

【阐释】

本章老子继续论述"道"与"万物"之间的关系。他以"母"与"子"作类比，反复强调了掌握根本规律的重要性。"既得其母，以知其子"，即弄懂了事物的根本，就可以推导出事物的结果。如果既明白了结果，又能坚守事物的根本的话，那么就上升到了一个新的层次。

接下来，该是如何面对活生生的现实的问题了。毕竟人们生活在物质世界，各种诱惑、贪念、杂欲是不可能不面对的，所谓"吃五谷杂粮，保不住不生病"。那么该怎么办呢？

老子提出，阻塞诱惑、贪念和杂欲进入生活的孔隙和门径，运用自己对"道"与"万物"关系深刻理悟而得到的智慧之光芒，透过浮华虚假的表象看透事物的根本，坚守柔弱，渐进而强，见微知著，让自己返回到质朴的精明与明智当中，这样就会跳出"诱惑、贪念与杂欲"，就不会为自己遗留下祸殃。

对于老子用"堵"而不用"疏"的办法来阻止人们面对诱惑、贪念与杂欲，历来争议很大。这里强调一点："疏"肯定是上策，但是也要看针对什么样的事情。可能在某些情况下针对某些特定的事情，"堵"也不失为一种好办法。

第十六章　行于大道，唯他是畏

（今本53章）

【帛书复原本】

使我挈有知也[一]，行于大道，唯他是畏[二]。大道甚夷[三]，民甚好解[四]。朝甚除[五]，田甚芜，仓甚虚，服文采，带利剑，厌食，货财有余，是谓盗夸[六]。盗夸，非道也。

【今本】

使我介然有知，行于大道，唯施是畏。大道甚夷，而民好径。朝甚除，田甚芜，仓甚虚。服文彩，带利剑，厌饮食，财货有余，是谓盗夸。非道也哉！

【对比说明】

复原本与今本有10处不同，突出的是：

1."使我挈有知也"的"挈"字，帛书甲本为"㩼"字，帛书整理小组释文为"挈"，意为束缚，而帛书乙本为"介"字。这里取用"挈"字,与今本等版本的意思大相径庭。

2."唯他是畏"的"他"字,帛书甲本缺失,帛书乙本为"他"字,指大道旁边的小道①,意为歧路、邪路,这里取用乙本的"他"字。今本等版本改为"施"字,虽然意思差不多,但是"他"更符合古貌。

3."民甚好解"的"解"字,帛书甲本为"解",帛书乙本为"儶",今本等版本改为"径"。"解"通"嶰",即山谷间的意思。

【译文】

假如我管束有头脑的人,行走在大道上,唯一担心的是他们走上邪路。大道很平坦,而民众却爱走山间小道。朝政极其腐败,农田极其荒芜,仓库十分空虚,而王公仍然穿着锦绣衣服,佩带锋利宝剑,吃厌了精美饮食,搜刮富余财货,这就叫作奢侈的强盗。奢侈的强盗,多么无道啊!

【注释】

〔一〕我:指有道的人。挈:带领、约束。

〔二〕他:他人、他们。

---

① 《老子帛书校注》,徐志钧校注,学林出版社,2002年5月第1版,第55页。

第十六章 行于大道，唯他是畏

〔三〕夷：平坦。

〔四〕解：通"嶰"，指山谷间的小道。

〔五〕朝（cháo）：朝政。除：败坏。

〔六〕夸：奢侈。

【阐释】

本章表现了老子对底层民众陷入农田荒芜、仓库空虚、饥饿困苦的水深火热现实的强烈同情，同时尖锐地控诉了统治者的横征暴敛、肆意妄为，指责其终日过着奢侈无度、荒淫腐朽的生活。而这种两极化的生活对照，正是统治者"无道"的结果。这里引用学者杨兴顺的评价。

杨兴顺在《中国古代哲学家老子及其学说》（科学出版社，1957年5月第1版）一书中说，"盗夸"之人过着奢侈生活，而人民却在挨饿，按照老子的学说，这类不正常的情况是不会永远存在下去的，人类社会迟早会恢复它自己最初的"天之道"。老子警告那些自私的统治者，他们永远渴望着财货有余，这就给自己伏下极大的危机。"祸莫大于不知足，咎莫大于欲得。"（今本46章）他们违背了"天之道"的法则，而"不道早已"（今本30章）。老子让早已忘却先王的金科玉律的自私的统治者不要这样，不要以为他们的力量是不可摧毁的，否则统治者将因自己的一切恶行而受到惩罚,因为在世界上,"柔弱胜刚强"(今本36章)。老子对于压迫者的炽烈仇恨,对于灾难深重的人民的真挚同情,以及对于压迫人民、掠夺人民的政治制度必然崩溃的坚定信念——这些是老子社会伦理学说的主要特点。

第十七章　善建不拔，善抱不脱

（今本54章）

【帛书复原本】

善建者不拔，善抱者不脱〔一〕，子孙以祭祀不绝〔二〕。修之身，其德乃真。修之家，其德有余。修之乡，其德乃长〔三〕。修之邦，其德乃丰〔四〕。修之天下，其德乃博〔五〕。故以身观身，以家观家，以乡观乡，以邦观邦，以天下观天下。吾何以知天下之然兹？以此。

【楚简本】

善建者不拔，善保①者不脱，子孙以祭祀不顿②。修之身，其德乃真。修之家，其德有余。修之乡，其德乃长。修之邦，其德乃丰。修之天下③，其德乃溥。故以身观身，以家观家，以乡观乡，以邦观邦，以天下观天下。吾何以

---

① "保"，原文像"休"，校勘为"保"字简写。
② "顿"，原文像"屯"，又似"毛"字少中间一横，有人校勘为"辍"，有人校勘为"顿"字简写。这里暂取用"顿"字。
③ "修之天下"之后，有两处毁损，对照上文与帛书等补足。

知天下之然也？以此。

【今本】

善建者不拔，善抱者不脱，子孙以祭祀不辍。修之于身，其德乃真；修之于家，其德乃余；修之于乡，其德乃长；修之于国，其德乃丰；修之于天下，其德乃普。故以身观身，以家观家，以乡观乡，以国观国，以天下观天下。吾何以知天下然哉？以此。

【对比说明】

复原本与今本有12处不同，突出的是（或其他说明）：

1."子孙以祭祀不绝"的"绝"字，帛书甲本毁损，用乙本"绝"字补足，今本等版本改为"辍"字，意思变了。

2."修之身"等句，帛书甲本毁损严重，王弼本（今本）、河上公本、严遵本等版本在其中添加了"于"字，变成"修之于身"等，而帛书乙本、楚简、傅奕本等版本都没有"于"字，这里采纳帛书乙本的内容。今本等版本添加了"于"字，就把老子所表达的从个人修养到社会整体素养的提升限定在个人品德上了，意思和目的大变。

3."其德乃博"的"博"字，帛书甲本缺失，帛书乙本为"博"（"博"的异体字），而今本等版本改为"普"字，意思改变了。

第十七章 善建不拔，善抱不脱

4."故以身观身"的"故"字，帛书甲乙本与诸多版本均无此字，参考楚简，添加此字符合古貌，让文意上下连贯。

5."吾何以知天下之然兹"的"兹"字，帛书甲本缺失，帛书乙本为"兹"，取用乙本符合古貌。

【译文】

善于建立的就拔除不掉，善于抱持的就不会失去，因而子孙的祭祀就不会断绝。把这个道理用于自身，他的德行就会纯真。把这个道理用于家庭，他的德行就会使家族富裕。把这个道理用于乡里，他的德行就会使乡里长久。把这个道理用于国家，他的德行就会使国家富强。把这个道理用于天下，他的德行就会使天下广受恩泽。所以应从自身是否擅长此理来观察这个人，以家族是否擅长此理来观察这个家族，以乡里是否擅长此理来观察这个乡，以国家是否擅长此理来观察这个国家，以天下是否擅长此理来观察这个天下。我是怎么知道天下是与非的呢？就是采用了这个方法。

【注释】

〔一〕抱：抱住、抱持。

〔二〕绝：停止、断绝。子孙以祭祀不绝：遵守"善建""善抱"的道理，子孙的祭祀就不会断绝。

〔三〕长：长久。

〔四〕丰：丰盛、富强。

〔五〕博：广大、丰富，此处的意思是广大的恩泽。

【阐释】

在这个世界上，有些东西是需要变的，不停地变，才能体现它的活力；而有些东西是不能变的，而且永远不能变，因为它是根，是本。老子在本章中专门讲到了这个不变的东西，那就是"善建"与"善抱"。真的就只有"善建"与"善抱"不能变吗？我们不能简单地理解老子思想的高度与深度。

老子只是用了一个比喻而已，他讲的核心是"道"，也就是由"道"衍生出的涉及事物根本的东西都是不能变的。而在现实生活中，要保持这种透明、朴拙的本真不变，实在太难了，这就涉及修身养性的问题，修身以养其坚，养性以增其韧。如果能做到这一点，就会"永垂不朽"了，即老子所谓的"子孙以祭祀不绝"。

我们知道儒家有著名的"八条目"，即儒家经典《大学》中所讲的"格物""致知""诚意""正心""修身""齐家""治国""平天下"。其中有两方面的内涵。一方面就是不变的东西，诸如坚韧的毅力、善良的品质、抵挡诱惑

第十七章　善建不拔，善抱不脱

与私欲的定力，以及洞悉事物本质的愿望是永恒不变的。另一方面，我们所面对的事物的所处场景、大小、难度、层次、水准等这类"表"是在变的，甚至千变万化。不管"表"怎么变，只要抓住了根本的"纲"，一切问题都很容易解决，所以就有"治大国若烹小鲜"的说法。

回到本章，对应老子的思维和观点，就是"修之身""修之家""修之乡""修之邦""修之天下"，那么就会自然达到"其德乃真""其德有余""其德乃长""其德乃丰""其德乃博"了。

由此，老子回过头来，再次强调这种修为的能力，道出了"故以身观身，以家观家，以乡观乡，以邦观邦，以天下观天下"，应和了《庄子·让王》中"道之真，以治身，其绪余，以为国家"的说法。

最后，老子还不厌其烦地得出了一个结论："吾何以知天下之然兹？以此。"不一样的味道，却是一样的配方啊！由此可见老子对修身养性最关键点的把控与对后学者的谆谆教导。当然，这也让我们了解到老子构思文章的高妙水平。

第十八章　含德之厚，知和曰明

（今本 55 章）

【帛书复原本】

含德之厚者，比于赤子。蜂虿虺蛇弗螫〔一〕，攫鸟猛兽弗搏〔二〕。骨弱筋柔而握固。未知牝牡之会而朘怒〔三〕，精之至也。终日号而不嚘〔四〕，和之至也。和曰常〔五〕，知和曰明，益生曰祥〔六〕，心使气曰强〔七〕。物壮即老〔八〕，谓之不道，不道早已。

【楚简本】

含德之厚者，比于赤子。螝蛮虫蛇弗蛰①，攫鸟猛兽弗扣。骨弱筋柔而捉固，未知牝牡之合然怒，精之至也。终日乎而不忧，和之至也。和曰常，知和曰明，益生曰祥，心使气曰强。物壮则老，是谓不道。

---

① "螝蛮虫蛇"的"螝蛮"，争议有些大，参考楚简编撰小组及多位学者校勘成果，暂用此二字。

第十八章　含德之厚，知和曰明

【今本】

含德之厚，比于赤子。蜂虿虺蛇不螫，猛兽不据，攫鸟不搏。骨弱筋柔而握固，未知牝牡之合而全作，精之至也。终日号而不嗄，和之至也。知和曰常，知常曰明，益生曰祥，心使气曰强。物壮则老，谓之不道，不道早已。

【对比说明】

复原本与今本有8处不同，参考楚简，突出的是：

1."蜂虿虺蛇弗螫"的"虿"字，帛书甲本为"𧕍"，帛书乙本为"疠"，参考楚简，取用楚简的"虿"字，与今本等版本相同。

2."攫鸟猛兽弗搏"句，被今本等版本改为"猛兽不据，攫鸟不搏"后，雕饰痕迹明显，没有原句朴拙、简练。

3."未知牝牡之会而朘怒"的"朘怒"，被今本等版本改为"全作"，文意大变。

4."和曰常，知和曰明"句，帛书甲本与楚简相同，与帛书乙本不同，取用甲本和楚简。该句被今本等版本改为"知和曰常，知常曰明"，意思大变，同时，这样一改，便将事物总体表现出"和"的普遍性变成了个人对"和"的认知，从而服务于"个体修行"的总基调（即他事莫问，一心修炼）。

【译文】

具有浑厚德行的人（或事物），好比初生的婴儿。蜂虫毒蛇不螫咬他，凶禽猛兽不袭击他。他筋骨柔弱，拳头却握得紧紧的。他不懂得男女交合之事，但生殖器却常常勃起，这是因为他的精气很充沛。他整天啼哭而不会气逆，这是因为他的元气纯和。纯和叫作"常道"，知道纯和的叫作明智。有益于生命的叫作吉祥，任性使气的叫作逞强。事物生长迅猛就容易衰老，这就叫不合"道"，不遵守"道"的就会加速衰亡。

【注释】

〔一〕虿（chài）：一种毒虫。虺（huǐ）：一种毒蛇。螫：用毒刺扎人。

〔二〕攫（jué）鸟：鸷鸟，凶猛的鸟。

〔三〕牝牡（pìn mǔ）：阴阳，雌性和雄性。牝牡之会：男女交合之事。朘（zuī）：男孩的生殖器。朘怒：男孩的生殖器勃起。

〔四〕嗄：气逆。

〔五〕和：纯和，指阴阳二气合和的状态。常：常道，事物运行的规律。

〔六〕益生：有益于生命。

〔七〕心使气：任性使气。

〔八〕物壮：强壮，这里是快速成长的意思。

第十八章　含德之厚，知和曰明

【阐释】

有个成语叫作"赤子之心"，赤子就是刚刚出生的婴儿。婴儿看起来很柔弱，却有着两方面的特点。

一方面，蜂虿毒蛇不螫咬他，凶禽猛兽不袭击他，这是因为他受到了保护，他就不可能去招惹蜂虿毒蛇与凶禽猛兽了。这里讲到了人要长存，就不要去招惹那些对自己可能形成巨大伤害的人或事，这样就会获得天然的保护，就像婴儿受到父母的保护一样。这个道理很微妙，有点"荫庇后世"的意思，但不完全是；又有点"自助者天助"的意思，但也不完全是。

另一方面，包括两个显著的现象：一是婴儿不懂得男女交合之事，但生殖器却常常勃起，这是因为他的精气很充沛；二是婴儿整天啼哭而不会气逆，这是因为他的元气纯和。这一细致入微的观察和发现很重要，老子以此作了生动而意味深长的比喻，更能给人以启发。

我们回到"赤子之心"这个成语。可能我们通常对它的理解已经变得很狭隘了，它应该还包含上述两方面衍生出来的深刻内涵，即让自己元气纯和，结果就会精气充沛；不招惹极端之物，结果就会得到更好的荫庇。这里的"心"当然不仅仅是指"精神"，还包含有"自然心使"而非"任性心使"的主动与积极的成分。

接下来，老子将"赤子之心"升华到"和曰常，知和曰明"上来。过往的有关论述，笔者认为有位名叫车载的学者讲得很有道理，这里引述于后。

车载在其著述《论老子》中说，老子谈到"和"字，有三处应予重视，一为"和其光"，一为"冲气以为和"，一为"终日号而不嗄，和之至也"。以"和光""冲气""婴儿"来说明"和"，都是在谈统一，都是在谈"混成"的状态。"和光"就"复归其明"说，当光射到了物件的时候，有射到的一面与射不到的另一面，"和其光"是把两者统一起来，恢复到"明"的"混成"的状态。"冲气"是万物的开端，万物含有负阴、抱阳的两方面，两者经常是统一的，表现出用之不盈、无所不入的状态。婴儿是人的开端，少年、壮年、老年都以之为起点，但婴儿混沌无知，与天地之和合而为一。"和"所表示的统一，包含着对立在内，是有永恒性的，所以说"知和曰常"。[①]

[①] 车载：《论老子》，上海人民出版社，1959年6月第1版，第69页。

第十九章　知者弗言，言者弗知

（今本 56 章）

【帛书复原本】

知者弗言，言者弗知。塞其兑，闭其门，和其光〔一〕，同其尘〔二〕，挫其锐〔三〕，解其纷〔四〕，是谓玄同〔五〕。故不可得而亲，亦不可得而疏；不可得而利，亦不可得而害；不可得而贵，亦不可得而贱。故为天下贵。

【楚简本】

智①之者弗言，言之者弗智。闭其兑，塞其门，和其光，同其尘，挫其锐，解其纷，是谓玄同。故不可得而亲，亦不可得而疏；不可得而利，亦不可得而害；不可得而贵，亦不可得而贱。故为天下贵。

---

① "智"，原文为"智"，有人校勘为"知"，可能原文更准确。

【今本】

知者不言，言者不知。塞其兑，闭其门，挫其锐，解其纷，和其光，同其尘，是谓玄同。故不可得而亲，不可得而疏；不可得而利，不可得而害；不可得而贵，不可得而贱，故为天下贵。

【对比说明】

复原本与今本有6处不同，突出的是：

1."塞其兑"的"兑"字，帛书甲本为"闷"，帛书乙本为"垸"，"垸"是"兑"的假借字，参考楚简，取用"兑"字。

2."和其光，同其尘，挫其锐，解其纷"四句，被今本等版本交换了位置。不过帛书更为合理些。

【译文】

懂得多的人不会轻易言谈而炫耀，夸夸其谈的人往往懂得不多。塞住妄念孔窍，关闭嗜欲门径，融合于光并调和万物光辉，使他们混同于尘俗之中，消挫他们的锋芒，解除他们的纷争，这就叫作深奥的玄同。得此"玄同"境界，便会超脱于世俗中的亲疏、利害和贵贱，所以就会被天下人尊重。

第十九章　知者弗言，言者弗知

【注释】

〔一〕和：融合、调和。

〔二〕同：混同、同一。

〔三〕挫：抑制、折断。锐：锐利、锋利。

〔四〕解：消解、消除。纷：纠纷。

〔五〕玄同：玄妙混同的境界。

【阐释】

承接上一章老子讲的"和曰常，知和曰明"，即以和为事物的常态的道理，本章讲述了人们怎样才能达到和保持这一"常态的和"的问题。

老子讲了个前提，要塞住妄念孔窍，关闭嗜欲门径。这个前提要从自身做起，格物先格己，正人也得先正己，就是要清理出自身的妄念杂欲。然后老子讲了过程，要"入世"，要调整自己的光色以求与世俗相同，这样才能进入他们的世界之中并与他们混迹而行，融入进去，研究他们，同时使自己受到磨炼。接下来老子讲了效果，即在尘世之中经过长时间的打磨、熔炼，这样就会消挫他们的锋芒，解除他们的纷争，进而达到深奥的玄同境界。最后老子讲述达到玄同境界的人的优势和回报，即会超脱亲疏、利害、贵贱的世俗范围，故而能为天下人所尊重。

这一章针对的受众不仅仅是执政的领导者，还包括世间所有层次和阶级的人群，老子提供了一个为人处世的绝佳人生哲理与修为方式，所以内涵厚重隽永。

另外，这里谈谈文中两处内容的解读问题。

关于"知者弗言，言者弗知"的意思历来有三种解读。第一种是知道的人不说，爱说的人不知道。第二种是聪明的人不多说话，到处说长道短的人不聪明。第三种是得"道"的人不强施号令，一切顺乎自然；强施号令的人没有得"道"。此处采用第一种解释。

关于"不可得而亲，亦不可得而疏；不可得而利，亦不可得而害；不可得而贵，亦不可得而贱"这段文字的解读，有人认为是说"玄同"的境界已经超出了亲疏、利害、贵贱等世俗的范畴。笔者认为很有道理，故采纳。

第二十章　以正治邦，以奇用兵

（今本57章）

【帛书复原本】

以正治邦[一]，以奇用兵[二]，以无事取天下[三]。吾何以知其然也哉？夫天下多忌讳，而民弥贫；民多利器，而邦家滋昏；人多智[四]，而奇物滋起[五]；法物滋章[六]，而盗贼多有。是以圣人之言曰："我无为也，而民自化[七]，我好静而民自正，我无事而民自富，我欲不欲而民自朴。"

【楚简本】

以正之邦①，以奇用兵，以无事取天下。吾何以知其然也？夫天多忌讳而民弥叛②，民多利器而邦滋昏，人多智而奇物滋起，法物滋彰，盗贼多有。是以圣人之言曰：我无事而民自富，我无为而民自化，我好静而民自正，我欲不欲而民自朴。

---

① "以正之邦"的"之"字与帛书甲本相同。
② "夫天多忌讳而民弥叛"的"叛"字，与其他版本不同。

【今本】

以正治国，以奇用兵，以无事取天下。吾何以知其然哉？以此。天下多忌讳，而民弥贫；民多利器，国家滋昏；人多伎巧，奇物滋起；法令滋彰，盗贼多有。故圣人云："我无为而民自化，我好静而民自正，我无事而民自富，我无欲而民自朴。"

【对比说明】

复原本与今本有14处不同，参考楚简，突出的是：

1. "以正治邦"的"治邦"，帛书甲本为"之邦"，与楚简相同，帛书乙本为"之国"，"之邦"可能为古貌。清吴昌莹在《经词衍释》卷九中说："之，犹为也。""之，犹有也。"所以，"之"的意思与今本等版本的"治"字差不多，复原本采用"治邦"。

2. "吾何以知其然也哉？"句，磻溪本、楼正本、王弼本（今本）、傅奕本、范应元本等版本在后面增加了"以此"，帛书甲乙本、楚简、严遵本、司马光本、苏辙本、吴澄本等版本均无此二字。今本等版本的更改，就把"以此"前后的文意有意割裂开来，从而突出了最后圣人所说的话，误导大众对"无为""好静""欲不欲""自朴"等含义的正确理解。老子这里的"无为"是说统治者对民众的搜刮要适可而止，"好静"是说不要过分干预民众，"欲不欲"是要统治者节制私欲,"自朴"是指民风自然淳朴。今本等版本这么一改,就把老子"借用圣贤的话来教训统治者"变成了针对个体修炼的精神指导。

3."法物滋章"的"法物",帛书甲本毁损,帛书乙本毁损"法"字,楚简为"法物",与景龙本、敦煌庚本、河上公本、严遵本等版本相同,以楚简补足。而今本等版本改为"法令滋彰"。"法物"内涵更为广泛,更符合文意。

【译文】

以正直之道治理邦国,以出奇制胜去用兵打仗,用顺应自然不扰民的方式去治理天下。我是怎么知道是这个道理的呢?天下的禁忌越多,百姓就越会贫穷;人民的锐利武器越多,国家就越会陷于混乱;人们的智巧越多,奇物怪事就越会滋生;法令刑具越是繁多,盗贼就越会不断增加。所以圣人说:"我无私为,民众就会自然归化;我好静,民众就会自然端正;我无多事扰民,民众就会自然富足;我无私欲,民众就会自然淳朴。"

【注释】

〔一〕正:正直,指正直之道。

〔二〕奇:奇巧、诡秘。

〔三〕取天下:治理天下。

〔四〕智：智巧。

〔五〕奇物：奇巧的物与诡秘的事。

〔六〕章：显赫。

〔七〕自化：自我化育。

【阐释】

老子在本章中提出了重要的治理天下的思想。

第一个思想是以正为国、以奇用兵，而这是两种截然相反的政策。治理国家就好好地治理国家，打仗就好好地打仗，干吗要厚此薄彼呢？大家会觉得很奇怪。实际上，这与老子一贯的思想是相通的，即围绕重心而动的问题。这与他在第七十五章（今本 31 章）所说的"夫兵者，不祥之器也。物或恶之，故有欲者弗居""兵者不祥之器也，不得已而用之"等观点是一脉相承的；又与第七十四章（今本 30 章）"以道佐人主，不以兵强于天下，其事好还"的担忧与良苦用心相对应，即用"道"来辅佐君王，不以兵力逞强于天下，穷兵黩武必遭受报应。

然而在现实中，有时又不得不用兵打仗。由此老子再次强调以奇取胜，以最少的资源和最小的损失获取战争的主动权。

而治理国家就不同了，一定要用正道，绝对不能用奇巧来敷衍，要一步一个脚印，稳扎稳打，循序渐进。正道真的是非常费力的事情吗？老子认为不是，这就涉及他的第二个重要的治国思想："无为""好静""无事""欲不欲"。

老子这里的"无为"是说统治者对民众的搜刮要适可而止，"好静"是说不要过分干预民众，"欲不欲"是要统治者节制私欲。统治者如能做到这些，就不再有"非常费力的事情"了，民风也就自然淳朴了。

本章中关于老子反对民众工艺技巧的问题，历来争议很大。就当时的社会形势而言，统治者借工商积敛财货，过奢侈豪华、醉生梦死的荒淫生活，而民众们往往处于流离失所、饥寒交迫、死亡率居高不下的困窘之中。

老子提出的这一观点虽然存在某些局限性，但是也有一定道理。道理就来自老子的"无为""好静""无事""欲不欲"，即对统治者的约束机制，而非对于个体修行、修仙的歪曲理解。由此，本章反映出老子对民众痛苦生活甚至铤而走险等行为的感同身受的同情、怜悯与关切。

第二十一章　祸福，所倚所伏

（今本58章）

【帛书复原本】

其正闵闵[一]，其民屯屯[二]；其正察察[三]，其邦夬夬[四]。祸，福之所倚；福，祸之所伏。孰知其极？其无正也[五]。正复为奇，善复为妖[六]。人之迷也[七]，其日固久矣。是以方而不割[八]，廉而不刺，直而不肆，光而不耀。

【今本】

其政闷闷，其民淳淳；其政察察，其民缺缺。祸兮，福之所倚；福兮，祸之所伏。孰知其极？其无正？正复为奇，善复为妖，人之迷，其日固久。是以圣人方而不割，廉而不刿，直而不肆，光而不耀。

【对比说明】

复原本与今本有12处不同，突出的是：

1."其正闵闵"的"正"字，帛书甲本毁损，帛书乙

第二十一章 祸福，所倚所伏

本为"正"，"闵闵"二字取用傅奕本与范应元本文字。今本等版本为"其政闷闷"，意思大变。虽然"正"同"政"，但不完全等于"政"（严遵就将"人主之政"与"人主之正"分开），此章的前三个"正"字，是对上一章"以正治邦"的承接与对本章"正复为奇"的印证[①]，帛书整理小组校勘为"政"字不妥，故此处用"正"字最合原意。《左传·昭公三十二年》："余一人无日忘之，闵闵焉如农夫之望岁，惧以待时。""闵闵"意为忧愁、关切。《素问·灵兰秘典论》："闵闵之当，孰者为良？"王冰注："闵闵，深远也。"所以，"闵闵"比"闷闷"（糊涂的意思）更符合古貌，更恰当。

2."其民屯屯"句，帛书甲本毁损，取用乙本，今本等版本改为"其民淳淳"，失去原貌。"其邦央央"句，帛书甲本如此，乙本基本毁损，今本等版本改为"其民缺缺"，意思大变。"廉而不刺"的"廉"字，帛书甲本缺失，帛书乙本为"兼"字，帛书整理小组校勘为"廉"字，"刺"字取用帛书乙本。"光而不耀"的"耀"字，帛书甲本缺失，帛书乙本为"眺"字，帛书整理小组校勘为"耀"字，与今本等版本相同。

3."是以方而不割"句，今本等版本添加了"圣人"二字，把老子主张的治国方针的辩证思想，指定在了圣人身

---

① 尹振环：《帛书老子再疏义》，商务印书馆，2007年5月第1版，第113页。

上，变成了圣人个体的行为原则。

【译文】

以正治国做得深远，人民就会淳朴仁厚；以正治国做得明晰，国家就会强盛刚健。灾祸，幸福依傍其上；幸福，灾祸藏伏其中。谁知道它的极限呢？这里并没有确定的标准。方正转化为机巧，善良转变为邪恶。人们对它的迷误，由来已久。所以要方正而不固执，谦虚而不伤人，直率而不放肆，光亮而不能太过。

【注释】

〔一〕正：正直。闵闵：深远，关切。

〔二〕屯屯：仁厚。

〔三〕察察：明辨、清晰。

〔四〕夬夬（guài）：果决、强健。

〔五〕其：代指福、祸的变换。正：合乎法度，此处为标准、确定的意思。此句意为：它们并没有确定的标准。

〔六〕正：方正、端正。奇：反常、邪。善：善良。妖：邪恶。

〔七〕人之迷：指人在祸、福之间迷惑。

〔八〕割：割伤，意为生硬、固执。

第二十一章　祸福，所倚所伏

【阐释】

本章承袭前一章"以正治邦"的思想，进一步深入探讨相关主题。所以，这里的"正"被今本等版本改为政治的"政"，完全是对老子思想连贯性的一种曲解与误导。老子用了三个层次来讲述"守正"的道理。

首先，老子用了两组排比句，分别阐述"守正"做得深远扎实和做得明辨清透，会对国家和民众带来哪些好处。

接着，老子讲了一个著名的辩证思维案例"福祸相依"，这个福祸转换的极限，是人们很难辨析和把控的，人们迷误其间由来已久。既然"福祸关系"如此难以辨析和把控，又是个与人形影相随的长久性问题，那么，我们是不是就没有办法对付它们了呢？老子在此机智地提出一个高明的解决办法，那就是回归"守正"的主题，这也是所谓"允执厥中"的智慧和高度。

最后，老子顺势而下，阐释了"守正"的具体操作方法，文中归纳了四个方面的内容，即方正而不固执，谦虚而不伤人，直率而不放肆，光亮而不能太过。这都是两千多年来后人修身的重要内容、方法和智慧。

注意，本书很多章节都分析了老子是如何向读者呈现观点、如何剖析问题，以及如何谋篇布局的。这样做的主要目的就是尽可能地还原老子梳理问题的方式与思考问题的逻辑模式，期求尽可能地接近老子思想的深度和高度，力求把事情看得准确些。

另外，关于"其正闵闵，其民屯屯；其正察察，其邦夬夬"的翻译，争议很大。主要有以下两种。第一种翻译是："政治宽厚清明，人民就淳朴忠诚；政治苛酷黑暗，人民就狡黠抱怨。"可能主要采用了今本的内容进行翻译。第二种翻译是："对能否以正治国忧心忡忡，人们就会仁厚；对以正治国一味标榜，国家就会刚愎自用。"不过，笔者经过反复考量，认为"闵闵"的意思应该是深远，"察察"的意思应该是明辨、清晰，而"夬夬"的意思应该是果决、强健。那么，本句的翻译就变成了："以正治国做得深远，人民就会淳朴仁厚；以正治国做得明晰，国家就会强盛刚健。"这就与之前所有版本的翻译都不一样甚至发生矛盾了，读者如有异议可以提出并讨论。

第二十二章　给人事天，有国之母

（今本 59 章）

【楚简复原本】

给人事天莫若啬[一]。夫唯啬，是以早备，是以早备是谓重积德[二]，重积德则无不克，无不克则莫知其极[三]，莫知其极可以有国。有国之母[四]，可以长久。是谓深槿固氐，长生久视之道也[五]。

【帛书本】

治人事天莫若啬。夫唯啬，是以早服。早服是谓重积德。重积德则无不克，无不克则莫知其极。莫知其极可以有国。有国之母，可以长久。是谓深槿固氐，长生久视之道也。

【今本】

治人事天莫若啬。夫唯啬，是谓早服。早服谓之重积德，重积德则无不克，无不克则莫知其极，莫知其极，可以有国。有国之母，可以长久。是谓深根固柢，长生久视之道。

【对比说明】

笔者认为，1993年10月郭店楚简的出土，得以纠正两千多年来的误解（整章误解，不像其他众多篇章，只是出现字、句或段落的误解或争议），故本章以楚简作为范本，尽可能复原《老子》本意。复原本与今本有8处不同，突出的是（或其他说明）：

1."给人事天"的"给"字，学者尹振环校勘为"给"字，笔者认为合理，详见【阐释】部分解读《说文》："给，相足也。""给人事天"的意思就变成"富足民众、侍奉上天"了，几乎与所有版本释义都不同。

2.文中的"啬"字，学者尹振环校勘为"通'穑'"，这与前文对于"给"字的考证同理，可谓纠正了千年误解，意义重大。本书解读详见【阐释】。

3."是以早备"的"备"字，楚简为"备"字没有异议。《说文》："备，慎也。"因为慎重，就得有戒备心，早做预防和准备，故为"准备"的意思。"备"不与"服"相通，详见【阐释】。

4."重积德，重积德则无不克，无"字句，楚简、帛书甲本均缺失，帛书乙本只存有"重积"二字，这里以傅奕本补足。

5."久。是谓深槿固氏"字句，楚简缺失，以帛书甲乙本补足。其中的"深槿固氏"，帛书甲本为"深槿固氏"，帛书乙本缺失"深"字，为"根固氏"，帛书整理小组校勘为"深根固柢"，与今本等版本相同，实为不妥。《集韵》："槿，音堇，柄也。"《玉篇·木部》："槿，柄也。""柄"意为国柄、权柄，所以"槿"解读为国柄、权柄。《说文》与《玉篇·氏部》都说："氏，本也。""柢"虽然通"氏"，但主要是指树木的主根。联系上下文意，那么"深槿固氏"就是"深藏国柄、巩固根本"的意思。[①] 所以，今本等版本将其改为"深根固柢"，可谓谬以千里。

6."知其极""长生久视"的"知"与"久"，楚简原本为"智"与"旧"，其他版本校勘为"知"与"久"；文中第一个"备"字，楚简疑夺，被补回。

【译文】

富足民众、侍奉上天，没有比农耕更重要的了。唯有农耕是需要尽早安排的（不能错过时令），所以早准备、早安排可谓累积德行（国以民为本，民以食为天），累积德行就没有什么困难不能克服，什么困难都能克服就意味

[①] 尹振环：《帛书老子再疏义》，商务印书馆，2007年5月第1版，第120页。

着拥有无法估量的力量,具备无法估量的力量就可以掌控国家,也就掌握了国家的根本,那么国家才可能长存久远。这就叫作深藏国柄、巩固根本,是使国家长久的道理。

【注释】

〔一〕给:使富足。给人事天:富足人民、侍奉上天。啬:同"穑",农耕、农事、农业。

〔二〕早备:早准备、早安排。重积德:重复积德,意为不断积德,累积德行。

〔三〕其:代指力量。莫知其极:没有人知道力量的极限,即拥有无法估量的力量。

〔四〕母:根本。有国之母:掌握国家的根本。

〔五〕久视:长久、长存。长生久视:指长存长生。

【阐释】

什么才算得上是国柄(槿)、国之根本(氐)?什么才算得上是巩固根本、深藏国柄?什么才算得上是累积德行?怎样才能"无不克",才能"莫知其极"(难以估量力量的极限),进而"可以有国"(配得上拥有一个国家)?什么才敢称作"国之母"(国之根本)?什么才算是一个国家长存久远的终极力量呢?

第二十二章　给人事天，有国之母

老子在本章之中，用了众多极端的词语，夸张地来表述某种东西（主题）。然而，后世几乎所有的版本（包括帛书研究版本）都说这种东西（主题）就是"吝啬、节俭"或"清静、节俭（质朴）"，说"清静、节俭（质朴）"还需要提前安排、早做准备，说"清静、节俭（质朴）"就是符合"道"，属于"重积德"。

请问："清静、节俭（质朴）"属于需要一直修炼的好品性，何谈提前安排、早做准备呢？比"清静、节俭（质朴）"好得多的品性、修养数不胜数，为何单单就它才算是"重积德"（《老子》一书唯一一次这样表述）？为什么说"清静、节俭（质朴）"算是"无不克"（无所不能攻克），属于"莫知其极"（无法被估量出力量的极限）呢？该怎么论证？拥有"清静、节俭（质朴）"就配拥有一个国家，甚至可以保证国家的长存久远，这算不算是小题大做呢？老子最后还总结说，只要不断修炼"清静、节俭（质朴）"，就等同于"深槿固氐，长生久视之道"（深藏国柄、巩固根本，是让一个国家长久的道理），请问这难道是老子的脑子糊涂了吗？

记得20多岁时笔者认真读完一遍《道德经》后，就有一个大问题，那就是一部代表中国古代最高智慧，"尊道贵德、攻守固本、治国安邦"的伟大典籍，居然不涉及一丝一毫有关"经济与农耕"的问题，实在说不过去吧？

我当时提问，就有人反驳说《道德经》是哲学书，是兵法书，是修炼书，是谈智慧的书籍，云云。现在看来，这些都是对《道德经》的片面理解。

即便是今天，一个国家的综合实力依然主要体现在经济、文化等方面。在一个以农耕为主、战乱不断的古代社会，一方面，经济基本上依靠农业，只有农业发展了，依附于其上的手工业才能繁荣，人民吃饱了饭，才有精力干其他事（包括发展文化、提升国民素质、开拓创造力等）。另一方面，在一个随时都可能被消灭的国家，有三件事非常重要，一是土地，二是人口，三是农耕。这三者中，有了人就可以保卫国土，打仗获得土地；有土地就可以耕种，养活更多的人口，就可以发展经济、文化，提高国家的综合实力；一个国家的综合实力提升了，反过来就能生育更多的人口和获得更多的土地。国以民为本，而民以食为天，所以说到底，在古代社会，农业就是最根本的国家大事。

比如秦国之所以能够统一华夏，就在于当时它控制了八百里秦川（关中平原）与天府之国（成都平原）这两大粮仓，当时的秦民主要做两件事，一是参军打仗，一是种地，连耕牛养瘦了都要受到官府的处罚，可见当时对农耕的重视程度。

由此说来，在以农耕为主的古代社会，一个国家的综合实力归根到底主要依靠的就是农业的发展。

第二十二章　给人事天，有国之母

所以，在老子那个年代，人民才是国之根本（国以民为本），以农耕（民以食为天）为经济命脉的综合实力（即国力）才能叫作国柄，只有国力的强弱（农耕经济的发达与否）才能谈得上"莫知其极"，才能谈得上"克不克"。只有持续发展农耕经济，一直保持、提升国力才能叫作"深藏国柄、巩固根本"，才能配得上"可以有国"，才配称作"国之母"，才能保证国家的长存久远。

因此，从理论推导及文意的连贯、延伸等方面分析，本章应该是谈农耕的。接下来，我们从校勘文字的角度来继续论证。核心就落在"给人事天莫若啬"的"给"和"啬"字、"是以早备"的"备"字、"深槿固氐"的"槿"和"氐"字上。其中"槿"和"氐"在【对比说明】中已经论证，这里重点考证"给""啬""备"三个字。对于这三个字的校勘，学者尹振环做了大量的工作，这里主要引述他的考证成果。

关于"给"字，笔者查看《郭店楚墓竹简》①中竹简照片的影印文字，其右上的"人"字，左撇短而指向绞丝旁，右捺长，如图4所示，似"给"字，而不太像楚简编撰小

图4　郭店楚简中的"给"字，楚简编撰小组释文为"给"字。（图片来源：《郭店楚墓竹简》）

---

① 荆门市博物馆编《郭店楚墓竹简》，文物出版社，1998年5月第1版。

组的释文"給"字。

再查看表1和图5郭店楚简中的"給"字写法,以及《孙子兵法》竹简、睡虎地竹简、马王堆帛书、银雀山竹简、《说文》中的"給"字写法,基本可以判断,楚简"給人事天"的第一个字就是"给"字。

而"給"是"给"的繁体字。《说文》:"丝劳即給,从丝,合声。"也就是破旧的丝。"給"又通"诒",是欺诈的意思,显然意思也讲不通,楚简编撰小组释文"給"通"治",没有根据。图6即表1中郭店楚简"治"字的放大图。"目前出版的许多本《楚简老子》校读、释析、解诂,无不照样框套帛、今本之文字。注'給人'为'治人',岂不是用帛、今本之错纠楚简之正吗?"[1]

表1 "給""治"写法的比较简表[2]

字	郭店楚简	子弹库帛书	包山楚简	马王堆帛书	银雀山竹简	《说文》
給						
治						

---

[1] 尹振环:《帛书老子再疏义》,商务印书馆,2007年5月第1版,第122页。
[2] 尹振环:《埋没千古的老子重农思想》,《中州学刊》2002年第4期,第149页。

第二十二章 给人事天，有国之母

图 5　前两个字是郭店楚简中的"给"字，后两个字分别为《孙子兵法》竹简与睡虎地竹简中的"给"字。（图片来源：《楚简老子辨析》①）

图 6　郭店楚简中的"治"字（图片来源：《楚简老子辨析》②）

"是以早备"的"备"字，查看表 2 和图 7，郭店楚简、子弹库帛书与包山楚简的写法相同，所以，该字被楚简编撰小组和其他版本校勘为"备"没有争议，争议在于众多版本将"备"字解读为"服"的通假字。如表 2 和图 7 所示，查看郭店楚简、子弹库帛书、马王堆帛书、银雀山竹简与《说文》中的"服"字写法，显然与"备"的字形差异巨大，而且，没有论据证明"备"与"服"通假。备，意为预备、防备，对于农耕，这里用"早备"才能文通理顺。

---

① 尹振环：《楚简老子辨析——楚简与帛书〈老子〉的比较研究》，中华书局，2001 年 11 月第 1 版，第 141 页。
② 尹振环：《楚简老子辨析——楚简与帛书〈老子〉的比较研究》，中华书局，2001 年 11 月第 1 版，第 142 页。

| 道德经，古今有何不同 |

表2 "备""服"写法的比较简表①

字	郭店楚简	子弹库帛书	包山楚简	马王堆帛书	银雀山竹简	《说文》
备						
服						

图7 郭店楚简中的"备"字（图片来源：《楚简老子辨析》②）

另外，"啬"同"穑"。《字汇补·口部》："啬，与穑同。"《说文》："田夫谓之啬夫。""啬"指的就是"穑"，泛指耕耘收种，释义为农耕、农事或农业。③

到这里，可能有人会问，两千多年来，历代的各种版本都一致性地产生了如此巨大的误解，到底是什么原因造成的呢？笔者认为可能有三种原因：

一是《韩非子·解老》的诠释："啬之者，爱其精神、啬其智识也。"意思是"治理人民、侍奉上天，没有比啬

---

① 尹振环:《埋没千古的老子重农思想》,《中州学刊》2002年第4期,第150页。
② 尹振环:《楚简老子辨析——楚简与帛书〈老子〉的比较研究》,中华书局,2001年11月第1版,第142页。
③ 尹振环:《埋没千古的老子重农思想》,《中州学刊》2002年第4期,第150页。

第二十二章　给人事天，有国之母

啬精神更好的了"，如此，误导了世人两千多年。

二是，那时的书籍全是人手传抄，能读到这类重要著作的人，少之又少。关键是郭店楚简是在1993年才出土的，估计两千多年来，读过楚简这样高规格的、如此接近《老子》真本的文献的人，是没有多少的。

三是，一直以来，《老子》往往被世人误读为"修行"（如道家）、修身养性、纯哲学，甚至兵法的范本，这种"偏颇理解"也是一种重要的误导。

当然，上述第二点是关键。这里再次回到"给人事天莫若啬"的"给"字。笔者发现，即便是校勘为"给"字，如与"啬"（同"穑"）字联动起来，本章也有可能被判定为涉及"农耕、农事"，这是因为：

"给"通"诒"，"诒"有两种读音，一是"dài"，二是"yí"。当"诒"读作"yí"时，有赠予、给予的意思，如"诒尔多福"。这样的话，"给人事天莫若啬"也就与"诒人事天莫若啬"的意思一样了。当然，有人可能会说，"给"通"诒"时读作"dài"，此时的"诒"不能读作"yí"。这确实也是一个问题。这里就交给读者自己去判断吧，本书不再深入探讨。

第二十三章　治大国若烹小鲜

（今本60章）

【帛书复原本】

治大国若烹小鲜[一]，以道立天下[二]，其鬼不神[三]。非其鬼不神也[四]，其神不伤人也。非其神不伤人也，圣人亦弗伤也。夫两不相伤，故德交归焉[五]。

【今本】

治大国若烹小鲜，以道莅天下，其鬼不神。非其鬼不神，其神不伤人；非其神不伤人，圣人亦不伤人。夫两不相伤，故德交归焉。

【对比说明】

复原本与今本有7处不同，需要说明的是：

1."治大国若烹小鲜"句，帛书甲本毁损，取用帛书乙本补足。

2."以道立天下"句，帛书甲本毁损"以道立"三字，以帛书乙本补足，今本等版本将"立"字改为"莅"字，意思变化不大。

3."非其神不伤人也"的"神"字，帛书甲本为"申"，帛书乙本为"神"。因为"神"与后面的"圣人"并不构成递进关系，所以，可能此处的"神"确实应该是"申"字，意为申明、表明原则（或许后世解读的"鬼神"本身就违背了老子的本意）。此处待考。

【译文】

治理大国好像煎烹小鱼。用"道"治理天下，鬼魅都不灵验。不但鬼魅不灵验，神也不会伤害人。不但神不会伤害人，圣人也不敢伤害人。由于鬼神和圣人都不伤害人，他们的德行就交汇在一起了，人民就会享受德泽。

【注释】

〔一〕小鲜：小鱼。烹小鲜：多翻滚则鱼易脆烂，意指不折腾则事顺且易。

〔二〕立：立身，这里意为治理。

〔三〕神：灵验、起作用。

〔四〕非：不唯、不仅。

〔五〕故德交归焉：德行就交汇，意思是人民享受恩德。

【阐释】

"治大国若烹小鲜"是一句影响深远而意义深刻的哲理箴言,流传了两千多年。

这句话的意思要与后面老子的阐释联动起来讲。一层意思是"不折腾而以道立天下",鬼神不侵,治理国家就会显得很容易,就像烹制小鱼一样,由此可以看出"道"的巨大力量。另一层意思是鬼神和圣人都不伤害人,他们的德行就交汇在一起使人民享受恩德,这样才能达到天下大治。

大治之中,一切都会顺水顺风,这才能体现出"治大国若烹小鲜"。否则国家与民众、民众与民众之间矛盾重重,争斗与不和谐此起彼伏,如果折腾到了这地步,"烹小鲜"都会难上加难,更何况治国。所以这句流传千年的哲言是有前提和因果关系的,否则就会成为一句笑话。

第二十四章　皆得其欲，大者宜为下

（今本61章）

【帛书复原本】

大邦者[一]，下流也，天下之牝[二]。天下之交也[三]，牝恒以静胜牡。为其静也，故宜为下[四]。大邦以下小邦，则取小邦。小邦以下大邦，则取于大邦。故或下以取，或下而取。故大邦者不过欲兼畜人[五]，小邦者不过欲入事人。夫皆得其欲，则大邦者宜为下。

【今本】

大国者下流。天下之交，天下之牝。牝常以静胜牡，以静为下。故大国以下小国，则取小国；小国以下大国，则取大国。故或下以取，或下而取。大国不过欲兼畜人，小国不过欲入事人。夫两者各得其所欲，大者宜为下。

【对比说明】

复原本与今本有 24 处不同,突出的是:

1. 今本等版本把"邦"改为"国",把"恒"改为"常",分别为避讳汉高祖刘邦的"邦"、汉文帝刘恒的"恒"。

2. "天下之牝""天下之交也"两句,被今本等版本交换位置。

3. "为其静也,故宜为下"句,被今本等版本简化成"以静为下",前后文意的因果关系变得不太连贯了。

【译文】

大国就像处在江河的下游,是天下雌柔的位置。普天下的交往(如国之外交),好比雌柔常以沉静战胜雄强。因为它的沉静,所以应当谦让守下。大国对小国谦让,就会取得小国的依附;小国对大国谦让,就会取得大国的信任。所以,或者以谦让取得小国的依附,或者以谦让取得大国的信任。大国不要过于想支配小国,小国不要过于想依附大国。两者各取所需,大国应该谦让。

【注释】

〔一〕邦:国家。

〔二〕牝:雌性的鸟兽,这里是雌柔的意思。

〔三〕交：汇集、交汇。

〔四〕下：谦让、谦下。

〔五〕兼畜人：愿意把人聚在一起加以养护，这里是支配的意思。

【阐释】

本章阐述了国家之间的关系，这符合老子一贯的治国思想：一是小国寡民；二是悯民。

学者任继愈在《老子新译》中说："这里老子讲的大国领导小国，小国奉承大国，是希望小国大国维持春秋时期的情况，不要改变。他希望社会永远停留在分散割据状态。这是和历史发展的方向背道而驰的。"[1] 这个观点有些道理，但是，在老子生活的年代，战乱四起，民不聊生，对于"悯民"而又强烈反对通过战争来解决争端的老子来说，这种"谦让守下"的思想代表当时众多阶层（特别是平民阶层）的理想和利益。

这种局限性既是理想主义的无奈与宽慰，也是面对现实的一种智慧策略。

---

[1] 任继愈：《老子新译》（修订本），上海古籍出版社，1985年5月第2版，第191页。

第二十五章　道者，万物之注

（今本62章）

【帛书复原本】

道者，万物之注也〔一〕，善人之宝也，不善人之所保也。美言可以市，尊行可以加人〔二〕。人之不善也，何弃之有？故立天子，置三卿〔三〕，虽有共之璧以先驷马〔四〕，不若坐而进此〔五〕。古之所以贵此者何也？不谓求以得，有罪以免与？故为天下贵。

【今本】

道者万物之奥，善人之宝，不善人之所保。美言可以市，尊行可以加人。人之不善，何弃之有！故立天子，置三公，虽有拱璧以先驷马，不如坐进此道。古之所以贵此道者何？不曰以求得，有罪以免邪？故为天下贵。

第二十五章 道者，万物之注

【对比说明】

复原本与今本有 12 处不同，突出的是（或其他说明）：

1."万物之注也"的"注"字，帛书甲乙本均为"注"，今本等版本改为"奥"，意思有些变化。

2."不谓求以得"句，被今本等版本改为"不曰以求得"，不符合古貌。

3."宝""保""尊行""加人""不若"等文字的校勘是参考众多学者研究与古籍而来的，是当下被广泛认同的内容，但是本书将提供另一种不同的考校结论，以供读者参考，详见【阐释】。

【译文】

"道"是万物荫庇的处所，善良之人把它当作宝贝，不善良的人也能靠它来保护。美好的言辞可以换来尊重，良好的行为可以见重于人。不善的人，怎能舍弃它呢？所以天子即位，设置三卿，虽然有拱璧在前、驷马在后的礼仪，还不如用"道"来献礼呢。自古以来"道"之所以被看重，原因是什么呢？难道不是因为它有求必应，有罪也可以避免吗？所以天下人才如此珍视"道"。

【注释】

〔一〕注：属、归属。

〔二〕加人：见重于人。

〔三〕三卿：司徒、司马、司空。

〔四〕共之璧：即拱璧，大璧，为圆形玉石，中间有孔。驷马：指由四匹马拉的车。古代献礼，重礼在后，轻礼在前。

〔五〕坐而进此：献上"道"。

【阐释】

本章老子讲了"道"的三重好处。

一是，"道"是善良之人的法宝，也能让不善良的人获得保护，而且一视同仁，绝不厚此薄彼。二是，只要懂得了"道"，在现实中按照"道"的规律去行事为人，对善良的人，它就好像有求必应一样，对不善良的人，它就好像有意在赦免罪过一样，所以"道"是荫庇任何人的，当然也包括万物。三是，既然天下人如此看重"道"，那么作为一国之君和贵为三卿的统治者，就应该更加尊崇"道"，而且要把它看得比君主即位、三卿进爵时送的任何礼物都要重要，也就是说其他礼物都不要送了，送"道"就是了。

老子在本章中以近乎理想主义的方式来阐述问题，一言以蔽之，目的就是晓谕君臣要顺应自然、顺应民心和以

第二十五章 道者，万物之注

民为上，行"道"这个"无为而无不为"的治理天下的智慧方略。

另外，这里提出一种重要的置疑性解读。

"善人之宝也"的"宝"字，帛书甲乙本均为"琛"（《说文》无此字），不可能都错，可能是"葆"字之假借，有学者校勘"葆"通"宝"，或不妥。"尊行可以加人"的"加人"，帛书甲乙本均为"贺人"，也不可能都错，另有说考辨原文墨迹，"尊行"当为"奠行"。"不若坐而进此"的"若"字，帛书甲本为"善"字，或本该为"善"字。于是，有人进行了如下解读①，笔者认为很有道理，放在此处，供读者研判，其大意是：

本章老子讲述的是要发挥"道"对民众的教育引导作用，老子所宣扬的"道"，就像是注入了万物的能量，这种能量是善人行善的资本，也是不善人向善的依据。所以，帛书中用的是"注"字和"葆"字，"美言""奠行""市""贺人"都是教育手段。其中，"美言"指的是使用动听的语言做宣传，"奠行"指的是树立模范做榜样，"市"字表示用有声的宣教来形成广泛的社会影响，"贺人"表示用无声的示范教育来感染、激励人。原文后面以古代

---

① 《真正的道德经》，文墨中文网，2019年4月10日，https://www.maxreader.net/novel/zhenzhengdedaodejing1/read_62.html。下文中所引帛书和今本字句与本书校勘有差异。

"立天子、置三卿"时所举办的"虽有共之璧以先四马"的隆重仪式来进一步说明，这种无声教育对"不善"者心灵所产生的"坐而进此"和"有罪以免"的震撼效果。

而今本等版本将"注"字改为"奥"字，将"葆"字分别改为"宝"与"保"字，以标记的形式表明"善人"与"不善人"是有区别的，还将"不善坐而进此"改为"不如坐进此道"，将"不曰求以得，有罪以免与"改为"不曰：求以得，有罪以免邪"。这样，就描绘出一幅以"道"为偶像，号召百姓求拜以免罪的景象，这与老子从教育入手，以改造主观世界为目标，强调"人之不善，何弃之有"的教育理念，是完全不同的两回事。

第二十六章　为无为，事无事

（今本63章）

【帛书复原本】

为无为[一]，事无事，味无味。大小多少[二]，报怨以德[三]。图难乎其易也，为大乎其细也。天下之难作于易，天下之大作于细。是以圣人终不为大[四]，故能成其大。夫轻诺者必寡信，多易必多难。是以圣人犹难之，故终于无难。

【楚简本】

为无为，事无事，味无味。大小之，多易必多难。是以圣人犹难之，故终无难。

【今本】

为无为，事无事，味无味。大小多少，报怨以德。图难于其易，为大于其细。天下难事必作于易，天下大事必作于细，是以圣人终不为大，故能成其大。夫轻诺必寡信,多易必多难,是以圣人犹难之,故终无难矣。

【对比说明】

复原本与今本有9处不同,不过意思大致相同。

【译文】

以无为的方式去有所作为,以不滋事的方法去处理事情,把清淡无味当作有味。这样就会大事化小,多事化少,用这种德行去化解他人的怨恨。处理困难的事情要从容易的地方入手,干大事要从细微的事情做起。天下的难事都是由简易构成的,天下的大事都是从细微开始的。因此,圣人做事始终不好大喜功,所以才能成就大事业。那些轻易许诺的人往往失信于人,料事太过容易往往困难重重。因此,圣人总是充分估计困难,所以最终能够克服困难。

【注释】

〔一〕为无为:以无为的方式去有所作为。

〔二〕大小多少:大事化小,多事化少。

〔三〕报怨以德:用德行去化解他人的怨恨。

〔四〕不为大:不自以为大,引申为不好大喜功。

第二十六章　为无为，事无事

【阐释】

老子在本章中具体阐述了如何做到"无为而无不为"，分四个层次。

第一层，要时时琢磨三件事：如何用无为的方式做有为的事，如何以不滋事的方法去处理事情，如何从清淡无味中尝到滋味。弄明白了这个，就进入第二层了，那就是能把大事化成小事，把繁杂多样的事化解成简单少量的事，以此类推，就能够使用恩德去化解他人对自己的怨恨了。

第三层，老子开始升华了，也就是要将实践上升到理论的高度。处理困难的事情要从容易的地方入手，干大事要从细微的事情做起。为什么呢？这是因为天下的难事都是由简易构成的，天下的大事都是从细微开始的。既能实践，又明白了其中的道理，那么就能进入第四层，即可以成就大事业了，而且还能够因事而异，举一反三，甚至达到圣人的境界。

第二十七章　为之于未有，治之于未乱

（今本64章）

【帛书复原本】

其安也，易持也。其未兆也，易谋也。其脆也，易判也[一]。其微也，易散也。为之于其未有，治之于其未乱也。合抱之木，生于毫末[二]；九成之台[三]，作于蠃土[四]；百仞之高，始于足下。为之者败之，执之者失之[五]。圣人无为也，故无败也；无执也，故无失也[六]。民之从事也，恒于其成事而败之。故慎终若始，则无败事矣。是以圣人欲不欲，而不贵难得之货；学不学，而复众人之所过；能辅万物之自然，而弗敢为。

【楚简本】

其安也，易持也。其未兆也，易谋也。其脆也，易判也，其几也，易散也。为之于其无有也，治之于其未乱。合抱之木，生于毫末。九成之台，作于累土。百仞之高，始于足下。为之者败之，执之者远之。是以圣人无为故无

第二十七章 为之于未有，治之于未乱

败，无执故无失。临事之纪，誓终如始，此无败事矣。圣人欲不欲，不贵难得之货。教不教，复众之所过。是故圣人能辅万物之自然，而弗能为。

【今本】

其安易持，其未兆易谋，其脆易泮，其微易散。为之于未有，治之于未乱。合抱之木，生于毫末；九层之台，起于累土；千里之行，始于足下。为者败之，执者失之。是以圣人无为，故无败；无执，故无失。民之从事，常于几成而败之。慎终如始，则无败事。是以圣人欲不欲，不贵难得之货；学不学，复众人之所过。以辅万物之自然，而不敢为。

【对比说明】

复原本与今本有30处不同，参考楚简，突出的是：

1."其安也，易持也。其未兆也，易谋也。其脆也，易判也。其微也，易散也。为之于其未有，治之于其未乱也。"这段文字，帛书乙本全部毁损，帛书甲本只剩下"其安也，易持也"和"易谋"八个字，毁损部分参考楚简，以傅奕本补足。内容与今本等版本出入很大，但是意思大致相同。

2."易判也"的"判"字，被今本等版本改为"泮"（溶

解的意思），不准确。《广雅·释诂》："判，分也。"即分离、破碎的意思。[①] 参考楚简，用"判"不仅符合文意，而且符合古貌。

3."九成之台，作于蠃土"的"成"与"作"字，帛书甲乙本、楚简均为"成"（傅奕本也是"成"字）和"作"字。句中的"蠃"字，帛书甲本为"蠃"字，根据前面的"成"和"作"字可推断"蠃"字为原貌。此句被今本等版本改了三个字，变成了"九层之台，起于累土"，意思大变。详见【阐释】部分解读。

4."百仞之高，始于足下"句，帛书甲本为"百仁之高，台于足下"，帛书整理小组将"仁"和"台"分别释文为"仞"和"始"，帛书乙本为"百千之高"，联系前文的"九成之台，作于蠃土"，可以推断"百仞之高"符合原貌。该句翻译过来的意思是"即便有百仞的高度，那也得从脚下开始算起（或从脚下开始测量）"。这句被今本等版本改为"千里之行，始于足下"，虽然道理是对的，但是被误传了两千多年，且雕琢痕迹过于明显，不符合原貌。

【译文】

事物稳定时，容易维持。事物尚未形成前，容易采取对策。事物脆弱时，容易破碎。事物微小时，容易散失。

[①] 《老子帛书校注》，徐志钧校注，学林出版社，2002年5月第1版，第99页。

第二十七章　为之于未有，治之于未乱

防止事故发生要在它没有形成之前，治理祸乱要在未乱之时。合抱的大树，由幼苗萌芽开始。高台虽雄壮，九成都是由贫瘠的泥土筑成。百仞虽高，也得从脚下算起。干违背"道"的事就会导致失败，想做掌控"道"的事更会招来损失。圣人无为而治，不做过分的事就不会有失败，不执拗就不会有损失。民众做事，常常在事情快要成功的时候失败了。所以办事要慎始慎终，这样就不会有失败的事情了。所以圣人追求常人所不能追求的境界，不稀罕难以得到的货物，学习常人所不能学的东西，用以弥补众人经常犯的过错，能够顺应万物的自然发展而不会妄自干预。

【注释】

〔一〕脆：脆弱。判：分离、破碎。

〔二〕毫末：细小的萌芽。

〔三〕九成之台：高台的九成成分。

〔四〕羸：贫弱、贫瘠。羸土：贫瘠的泥土。

〔五〕为之者败之，执之者失之：这里指"道"是不能掌控或更改的。一说是第七十三章（今本29章）错简于此。

〔六〕圣人无为也，故无败也；无执也，故无失也：这里指不做过分的事情就不会有失败，不执拗于事物之中就不会有损失。一说是第七十三章（今本29章）错简于此。

【阐释】

本章内容庞杂，很多学者认为不应该属于一章，甚至有人认为将其分为五章更为合理，还有人认为文中的句子，诸如"为之者败之，执之者失之。圣人无为也，故无败也；无执也，故无失也"，很可能是第七十三章（今本29章）的内容，被错误地选拣在这里了。这些说法都有一定的道理，不过，这些内容之间还是有一定的逻辑关系的。

本章老子讲了四层意思。第一层，用了三个排比句，得出"为之于其未有，治之于其未乱也"的结论，意思是说凡事预则立，不预则废。第二层，用生活中的"合抱之木""九成之台""百仞之高"三个生动的例子讲解了万物都是从微弱的第一步开始的，所谓"风起于青萍之末"，后来荀子总结为"不积跬步，无以至千里；不积小流，无以成江海"。

在前两层铺垫之后，老子在第三层迅速将这些道理上升到"道"与圣人该怎样做的高度，进一步阐明了万事万物从无到有、从微弱到强大都是"道"所决定和衍生的，而"道"是不可掌控或胡乱更改的，要弄懂万物都是从无到有、从微弱到强大的演变过程，顺应"道"的自然并做好"无为"之事，这样就会避免挫败和损失。这与部分学者的观念相反，比如荀子在《劝学》中沿用老子的论据，在论述"积土成山""积水成渊""不积跬步，无以至千里；

第二十七章 为之于未有，治之于未乱

不积小流，无以成江海"之后，得出的结论为"锲而不舍，金石可镂"，且要像蚯蚓那样虽"无爪牙之利，筋骨之强"，而能"上食埃土，下饮黄泉"，"用心一也"。这一主张很好，但是在许多重大事情上，或许比老子的智慧低几个层次。

第四层，老子又回到平民的生活之中，提出了大众常犯的错误，告诫人们需要像圣人一样"欲不欲，而不贵难得之货；学不学，而复众人之所过"，这样就会达到一种很高的境界了。

另外，这里再谈一下"九成之台，作于蔂土"的问题。为何笔者判断"九成之台，作于蔂土"符合《老子》原貌呢？这里讲一讲常识。

台，高而平的建筑，一般筑成方形。台是最古老的建筑形式之一，台上可以有建筑，也可以没有建筑。古代的台有些是由土直接筑成，这类属于临时使用或低矮简陋的台；还有些是石头砌在外围，泥土筑在内部，这类属于高大或者需要保持长久的台。

台无论再高大，几乎都是按照一层来修筑的，这是因为多设置一层台，不仅废料，而且不稳固，还多一层危险。就连明清帝王祭天用的"天坛"，其圜丘坛也只有三层，更不用说台了。台不像塔可以多层，"九层"的台是没有的（九层的塔是存在的），古代建筑水平低下，更不

可能有，改动者忽视了常识。

那么，怎么理解老子"九成之台，作于蔂土"这句话的意思呢？这里是说"高台虽然高大，但是它的九成成分都是由贫瘠的泥土筑就的"。这样解读，既接近（甚至就是）《老子》的原貌，又不会与后面"百仞之高"的意思重复。而今本等版本将这句改为"九层之台，起于累土"，意思就变成了"九层的高台，是由一堆堆泥土筑起来的"。虽然道理是一样的，但是违背了常识，且曲解了文意。

第二十八章　玄德深远，乃至大顺

（今本65章）

【帛书复原本】

故曰：为道者，非以明民也[一]，将以愚之也[二]。民之难治也，以其知也[三]。故以知知邦，邦之贼也[四]；以不知知邦，邦之德也。恒知此两者[五]，亦稽式也[六]。恒知稽式，此谓玄德。玄德深矣，远矣，与物反矣[七]，乃至大顺。

【今本】

古之善为道者，非以明民，将以愚之。民之难治，以其智多。故以智治国，国之贼；不以智治国，国之福。知此两者，亦稽式。常知稽式，是谓玄德。玄德深矣，远矣，与物反矣，然后乃至大顺。

【对比说明】

复原本与今本有21处不同，突出的是：
1."故曰：为道者"句，帛书甲本为"故曰：为道者"，帛书乙本为"古之为道者"。帛书甲本符合古貌，故取用甲本文字。显然，老子本章所讲的内容，是对接上一章的内容来谈的，这里被今本等版本改为"古之善为道者，非以明民，将以愚之"之后，老子原本"对'为道者'官僚主义、主观主义作风的批判"被篡改、误导成"宣扬愚民政策的政治主张"，这让老子背了千年的黑锅。

2."以其知也"的"知也"，帛书甲乙本均为"知也"，傅奕本是"多知"，今本等版本改为"智多"。显然"智"比"知"内涵狭隘，容易与"愚"对应起来。这里的"知"为知晓智巧心机的意思，更符合上下文意。

3."故以知知邦"与"以不知知邦"两句的"知知"，帛书甲乙本均为"知知"，帛书整理小组校勘为"智知"，有些道理，但是可能不符合古貌。"以知知"的意思是"以知晓智巧的方式来治理"，也就是"以教会民众智巧心机的方式来治理"的意思，而"以智知"的意思是"以智巧来治理"，显然，前者更符合老子本意，故采用"知知"二字。

【译文】

所以说，为道的人不是教导民众明晓智巧心机，而是使人们敦厚朴实。人们之所以难于统治，是因为他们知晓智巧心机。所以用使民众知晓智巧心机的方式来治理国家，那就是国家的祸害；不用使民众知晓智巧心机的方式

第二十八章　玄德深远，乃至大顺

来治理国家，那才叫作国家的德福。始终记住这两点，也是一条法则。永远明白这个法则，这就是玄妙的大德。玄德又精深又悠远，如能与万物一起返璞归真，那就能达到大顺的境界。

【注释】

〔一〕明：知晓巧诈。

〔二〕愚：这里指敦厚、朴实，没有巧诈之心。

〔三〕知：这里指知晓智巧心机。一说同"智"，巧诈、奸诈。

〔四〕贼：祸害、伤害。

〔五〕两者：指上文"故以知知邦，邦之贼也；以不知知邦，邦之德也"。

〔六〕稽式：法式、法则。

〔七〕反：同"返"。与物反矣：与万物返璞归真。

【阐释】

本章内容争议非常之大，主要有如下五种观点：

第一种观点认为，老子的"非以明民也，将以愚之也"就是明显的愚民政策。

第二种观点认为，老子站在统治阶级的立场，是为统治阶级出谋划策的，而且谋划的都是阴险狡诈之术，所谓"地道"的"人君南面术"。

第三种观点认为，老子所说的"将以愚之也"的

"愚"虽然不是愚弄的意思，但是，自古及后两千多年的封建统治者对人民群众实行的"愚民政策"，与老子"非以明民也，将以愚之也"的观点脱不了干系，即便是"误解"，也算是既成事实的误解与误导。

第四种观点认为，就老子的本意来讲，他绝对不是为迎合统治者的需要而提出一套愚民之术的。

第五种观点认为，老子"是愿人我同愚，泯除世上的一切阶级，做到物我兼忘的大平等。这样，自可减少人间的许多龃龉纷争"①。

笔者联系上下文意，特别是结合老子的政治主张，赞同学者陈鼓应的观点，他说："老子认为政治的好坏，常系于统治者的处心和做法。统治者若是真诚朴质，才能导出良好的政风，有良好的政风，社会才能趋于安宁；如果统治者机巧黠滑，就会产生败坏的政风。政风败坏，人们就互相伪诈，彼此贼害，而社会将无宁日了。居于这个观点，所以老子期望统治者导民以'愚'。老子生当乱世，感于世乱的根源莫过于大家攻心斗智，竞相伪饰，因此呼吁人们扬弃世俗价值的争纷，而返归真朴。老子针对时弊，而作这种愤世矫枉的言论。"②

---

① 张默生编著：《老子》，胜利出版社，1944年，第61—62页。
② 陈鼓应：《老子注译及评介》，中华书局，1984年5月第1版，第315页。

第二十九章　以其无争，天下莫能争

（今本 66 章）

【帛书复原本】

江海之所以能为百谷王者[一]，以其善下之[二]，是以能为百谷王。是以圣人之欲上民也，必以其言下之；其欲先民也，必以其身后之。故居前而民弗害也，居上而民弗重也[三]。天下乐推而弗厌也，非以其无争与，故天下莫能与争。

【楚简本】

江海所以为百谷王，以其能为百谷下，是以能为百谷王。圣人之在民前也，以身后之；其在民上也，以言下之。其在民上也，民弗厚也；其在民前也，民弗害也。天下乐进而弗厌，以其不争也，故天下莫能与之争。

【今本】

江海所以能为百谷王者，以其善下之，故能为百谷王。是以欲上民，必以言下之；欲先民，必以身后之。是以圣人处上而民不重，处前而民不害，是以天下乐推而不厌。以其不争，故天下莫能与之争。

【对比说明】

复原本与今本有 17 处不同，突出的是：

1. 参考楚简，今本等版本主要是把"故居前而民弗害也，居上而民弗重也"两句交换了位置，显然没有原文更符合逻辑。

2. "非以其无争与，故天下莫能与争"句，被今本等版本改为"以其不争，故天下莫能与之争"之后，整章的重心便发生了转移。老子原本要表达的"要使民众感到'弗害''弗重''弗厌'"的重心变成了"与世无争"的重心，这样就扭曲了老子的"不争"理念，将其变成了消极避世的思想。

【译文】

江海之所以能够成为百川之王，是因为它善于处在低下的地方，所以能够成为百川之王。因此，圣人要领导百姓，必须用言辞对人民表示谦下；圣人要领导百姓，必须把自己的利益放在后面。所以圣人居于百姓之前，百姓并不感到有害；圣人高居百姓之上，百姓并不感到压迫。天下的百姓都乐意拥戴他而不厌弃他，还不是因为他不与民

第二十九章　以其无争，天下莫能争

争，所以天下没有人能和他竞争。

【注释】

〔一〕百谷王：百川之王，百川峡谷所归附。

〔二〕下：低下，意思是处于低下的地方。

〔三〕重：累、压迫、不堪重负。

【阐释】

本章老子讲了三大主题。一是，江海之所以能够成为百川之王，是因为它善于处在低下的地方，它不与百川百谷相争，故莫能与之争。这是在讲述哲学道理，同时为下面引出"君轻民重"的道理做铺垫。二是"君末民本"，这与儒家思想是相通的。三是，统治阶级想领导人民，居占于领导地位，就得处下、居后，这样才能对百姓宽厚、包容，进而获得人们的爱戴而不是排斥。

上述最后一点往往被后人评价为老子在讨好统治者，在为他们献计献策。关于这一点，笔者认为，在老子那个时代及之后的整个封建社会，由于阶级分层与社会关系的固化大潮，这正是百姓唯一能看到希望的地方。只不过历经了两千多年，很少有统治者对百姓真正做到"以其身后之"和"以其无争与"。所以，从这个角度来说，老子讲述的主题更多地体现了他的悯民思想，并非所谓的讨好统治者。

第三十章　小邦寡民，器而毋用

（今本 80 章）

【帛书复原本】

小邦寡民[一]。使十百人之器毋用[二]，使民重死而远徙[三]，有车舟无所乘之，有甲兵无所陈之[四]。使民复结绳而用之[五]。甘其食，美其服，乐其俗，安其居。邻邦相望，鸡狗之声相闻，民至老死不相往来。

【今本】

小国寡民。使有什伯之器而不用，使民重死而不远徙。虽有舟舆，无所乘之；虽有甲兵，无所陈之；使人复结绳而用之。甘其食，美其服，安其居，乐其俗。邻国相望，鸡犬之声相闻，民至老死不相往来。

【对比说明】

复原本与今本有 10 处不同，需要说明的是：

1."使十百人之器毋用"的"十百人之器"，帛书甲本

第三十章 小邦寡民，器而毋用

为"十百人之器"，帛书乙本为"十百人器"，今本等版本为"什伯之器"，联系文意，"十百人之器"更符合古貌。

2."乐其俗，安其居"两句，今本等版本将其交换位置。显然，帛书更为准确。

3."邦"字被今本等版本改为"国"字，为避讳汉高祖刘邦的"邦"，意思一样。

4.这里提供另一种特别的解读：有人认为，本章或许并不是所谓的老子的"理想国"，而是在描写小国长期处于战乱之中所呈现出来的民不聊生、惨不忍睹的社会状况。如是这样，那么，今本等版本把它从原来的地方割裂出去，放在《德篇》的倒数第二章，就有粉饰太平的嫌疑，详见【阐释】。

【译文】

国家要小，人民要少。虽然有公用的各种器具却并不使用，使人民不轻易冒生命危险而向远处迁徙，虽然有车辆船只却没人去乘坐，虽然有武器装备却没有用武之地。使人民重新回到结绳记事的淳朴时代。人民吃得香甜，穿得漂亮，活得快乐，住得安适。国与国之间互相望得见，鸡狗的叫声相互都能听到，但是人民从生到死都互不往来。

【注释】

〔一〕寡：使变少。

〔二〕使：即使。

〔三〕重死：看重死亡，即不轻易冒生命危险。徙：迁移、远走。

〔四〕甲兵：武器装备。陈：陈列，意为布阵打仗。

〔五〕结绳：文字产生以前，人们用绳子打结记事。

【阐释】

后世广为传说的老子的"理想国"：邻国相望，鸡犬之声相闻，人们之间没有狡诈的欺骗，更不会攻心斗智，人们也没必要冒着生命危险远走他乡谋生；整个小国民风淳朴敦厚，人们生活安定恬淡，甚至沿用古老的结绳记事。

这当然只是一种理想，甚至是幻想。老子真有这样天真吗？笔者赞同学者胡寄窗的观点，他认为，研究老子小国寡民的思想，要分析产生这种思想的阶级根源、时代因素及其所要解决的问题。所谓小国寡民，针对的是当时的广土众民政策。很多人认为广土众民政策是一切祸患的根源。做到小国寡民便可以消弭兼并战争，做到"有甲兵无所陈之"；便可以避免因获取物质资料而酿成社会纷扰的工艺技巧，"使十百人之器毋用"；便可以消除使民难治的智慧，而以结绳记事的方法来代替；便可以使人安于俭朴

第三十章 小邦寡民，器而毋用

生活，不为奢泰的嗜欲所诱惑；便可以使人民重死而远徙，以至老死不相往来，连舟车等交通工具都可一并废除。他们不了解，广土众民政策是社会生产力发展到一定水平时，新的生产关系要求全国统一的地主政权这一历史任务在各大国的政策上的反映。

不过，胡寄窗是站在今天，回过头去看遍了两千多年的历史才说出了上述观点。这段文字表述的意境，很容易让人联想到晋朝陶渊明所写的那篇著名的《桃花源记》，陶渊明有可能是从《老子》这段文字获得灵感的。《桃花源记》影响如此深远，也说明在两千多年的封建社会，很多人是认同老子的"理想国"的。

老子所在的时代，各国纷争，战乱不断，国破家亡，随时发生，人们只得四处迁徙为生。所以，那时的人民绝大多数时间都是生活在极度紧张和不安定的环境之中的，这个"理想国"当然是人们最为向往的生活了。这也是老子对那个急剧动荡的时代的不满和控诉。另外，传世诸本将此章有意调整到《德篇》的最后（上下文意的连贯性被割裂），或许这才导致了老子的"理想国"的歧义与误解。这里提供一种别样的解读，极具颠覆性但又具合理性，仅供读者参考：

老子的意思是，由于战乱，本来就很小的邦国，百姓变得越来越稀少，于是，原本能供十人、百人共用的器物没法继续使用，百姓随时随地都面临死亡威胁而不得不远走他乡，原有的车船、兵器等都派不上用场，人们只得重新启用结绳记事的办法来传递信息。请让他们能够吃上甜美的食物、穿上漂亮的衣服、乐于享受民风民俗、过上安稳生活，不要再去骚扰他们了，让他们能够享受到"邻国人互相看得见，鸡狗的声音互相听得见，人们一直到老死也都不相互干扰（即不发生战争）"的稳定生活吧！

或许这才是真相，才是老子的本意。一场悲剧被后世篡改成了喜剧，而且传唱了两千多年！

第三十一章　利而不害，为而弗争

（今本 81 章）

【帛书复原本】

信言不美[一]，美言不信。知者不博[二]，博者不知。善者不多[三]，多者不善[四]。圣人无积[五]，既以为人[六]，己愈有；既以予人矣，己愈多[七]。故天之道，利而不害；人之道[八]，为而弗争。

【今本】

信言不美，美言不信；善者不辩，辩者不善；知者不博，博者不知。圣人不积，既以为人，己愈有；既以与人，己愈多。天之道，利而不害；圣人之道，为而不争。

【对比说明】

复原本与今本有 7 处不同，需要说明的是：

1."善者不多，多者不善"句，帛书甲本基本毁损，取帛书乙本补足，今本等版本改为"善者不辩，辩者不善"，掩盖粉饰太过明显。"善者不多，多者不善"句，有人解读为"善与不善是相对而言的，做善事也是有分寸的，过分的举动不一定是善意的"，有一定的道理。不过，笔者认为直译为"善良的人不多，多数人不善良"或许更符合那个极度动荡的时代。当然，老子说的这句话是有明显的针对性的。

2."圣人无积，既以为人，己愈有；既以予人矣，己愈多。故天之道，利而不害；人之道，为而弗争。"这段文字，帛书甲本除"圣人无""以为"五字外，全部毁损，取帛书乙本补足。

3."人之道，为而弗争"句，被今本等版本改为"圣人之道，为而不争"，意思彻底改变了。前者暗含一个前提，即"人之道，损不足以奉有余"（参见第四十二章），所以"为而弗争"的意思就是"统治者不要做得太过分了，太过分了百姓就一定会起来反抗与斗争"。而后者加上了一个"圣"字，改了一个"弗"字，便回避了社会的重大矛盾，转移了话题，可谓"腹黑"得"巧妙之极"啊！（这样的解读，与传世诸本及主流解读截然不同。）

【译文】

真话不一定好听，好听的话不一定真实。知识精专的人不一定知识广博，知识广博的人不一定知识精专。善良

第三十一章　利而不害，为而弗争

的人不多，多数人不善良。圣人不存心去积累财富，而尽力去帮助别人，自己反而更加富有；他们尽力给予别人，自己反而得到的更多。所以自然的规律是让万物都获得好处而不是伤害它们，人的行事准则是施与而不是掠夺（既然"人之道，损不足以奉有余"，那么就不要做得太过分了，否则民众必然会为之一争的）。

【注释】

〔一〕信言：真话。

〔二〕博：广博、渊博。

〔三〕善者：善良的人。

〔四〕多者：多数人。

〔五〕积：积累，意为积累财富。

〔六〕既：已经。为人：帮助别人。

〔七〕多：丰富。

〔八〕人之道：人的行为准则。

【阐释】

本章看似平淡无奇，实则意味深沉、波澜壮阔，并高度概括了老子的核心思想和大智慧。

首先，老子用三个排比句列出三种表象和实质往往相反的社会现象。其中的"善者不多，多者不善"道出了老子所处的那个时代，统治者或者为了自己和家族的豪奢生活，或者为了争霸天下，或者为了避免被消灭而穷兵黩武，他们对人民各种巧立名目的赋税搜刮到了极限，社会动荡不安，战祸连年，民不聊生。

在这种人性被扭曲的现实场景下，"善良的人不多，多数人不善良"是社会的既成事实。老子将其与"信言不美，美言不信""知者不博，博者不知"这两种常见的社会现象并列，并特地将其放在最后的重要位置，不仅是告诫世人需要认清真相，而且也表现了老子对现实社会世风日下、人心不古的无奈和忧虑。

同时，这也能在一定程度上证明今本等版本"善者不辩，辩者不善"的篡改和文句位置的调换是错误的。篡改者之所以这样改动有两种可能：一是根本没有弄懂老子在想什么、为何这样写、又为何这样安排文句位置，根本没有领会老子的深邃思想，没有考虑到老子所处的社会环境，属于轻率臆断，肤浅有余；二是有意回避老子所述的社会尖锐问题，将既成事实用冠冕堂皇而又空洞乏味的"高帽子"来掩盖。

接下来，老子以"圣人该怎么做"的口吻与期许，直接对统治者提出了告诫："圣人不存心去积累财富，而尽力去帮助别人，自己反而更加富有；他们尽力给予别人，自己反而得到的更多。"这种辩证关系的一再阐释是老子

第三十一章 利而不害,为而弗争

"悯民"思想的集中体现。同时,老子还将这种给予与收获的辩证关系上升到"天道"的高度,概括的核心就是"利而不害"四个字,即让万物都获得好处而不是伤害它们。这才是自然为何生生不息、繁盛不已的根本所在。

由此,老子最后针对"人之道,损不足以奉有余"的行径提出警告,再次警示统治者,要想使国家兴盛、社会繁荣,要想让自己的统治保持得长久,一言以蔽之,就是要"尽可能地多施与而不是掠夺"。否则,做得太过分了,民众便会起来反抗与斗争,水能载舟,亦能覆舟。

另外,有些学者认为老子始终将"改善民生"的希望寄托在统治者身上,这是有一定局限性的。这个说法只要细细分析,就会发现它仅仅是听起来有些道理而已,实际上属于脱离实际与环境,有些"站着说话不腰疼"的味道。

第三十二章　天下皆谓我大，大而不肖

（今本 67 章）

【帛书复原本】

天下皆谓我大〔一〕，大而不肖〔二〕。夫唯大，故不肖。若肖，细久也〔三〕。我恒有三宝，市而保之：一曰慈，二曰俭，三曰不敢为天下先。夫慈，故能勇；俭，故能广；不敢为天下先，故能为成事长。今舍其慈，且勇；舍其俭，且广；舍其后，且先；则必死矣。夫慈，以战则胜，以守则固。天将建之，如以慈垣之。

【今本】

天下皆谓我道大，似不肖。夫唯大，故似不肖。若肖，久矣其细也夫。我有三宝，持而保之：一曰慈，二曰俭，三曰不敢为天下先。慈，故能勇；俭，故能广；不敢为天下先，故能成器长。今舍慈且勇，舍俭且广，舍后且先，死矣！夫慈，以战则胜，以守则固，天将救之，以慈卫之。

第三十二章　天下皆谓我大，大而不肖

【对比说明】

复原本与今本有15处不同，需要说明的是：

1."大而不肖"句，帛书甲本毁损，帛书整理小组校勘为"不肖"，这里取用帛书乙本字句，符合古貌。

2."天下皆谓我大"的"大"字，被今本等版本改为"道大"，河上公本、严遵本、傅奕本等版本均无"道"字，无"道"字应该为原貌。

3."市而保之"句，帛书甲本脱失三字，取用帛书乙本内容，"保"字原文为"琛"，"琛"通"保"，此处换成"保"字。该句被今本等版本改为"持而保之"，意思变了。

4."舍其俭，且广"句，帛书甲本脱失，取用帛书乙本内容。

【译文】

天下人都说我（道）伟大，这伟大不像具体的事物。正因为伟大，所以才不像具体的事物。如果像某个具体的事物，那就显得很渺小了。我永远掌握着三件法宝，并求取它们的保护：第一件是慈爱；第二件是节俭；第三件是不敢为天下先。由于慈爱，所以能勇武；有了节俭，所以能够宽裕；不敢为天下先，所以事业就会成功并能长久。如今丢弃慈爱追求勇武，丢弃节俭追求宽裕，舍弃退让只求争先，这就必然遭受灭亡。由于慈爱，所以征战就能取得胜利，守卫国家就能够稳固。天要使人有所建树，就用慈爱去护佑他（即以慈爱构筑护佑他的城垣）。

【注释】

〔一〕我：这里将"道"拟人化，我即是道，道即是我。

〔二〕肖：相似。不肖：不像具体的事物。

〔三〕细：渺小。

【阐释】

本章内容有些争议，有人认为截至"若肖，细久也"，与后面的文字没有联系，可能是他章错简，认为移到第七十八章（今本 34 章）"故能成大"句之后最好，或者分为两章。

不过也有一些学者不赞同，他们认为：老子在本章中，第一部分讲的是"道"的伟大，第二部分讲的是"道"的三条法宝或原则，都是以"我"的身份自述的。"道"的伟大，在国家治理、人事修炼层面具体表现在它具有三大法宝；反过来，正因为这三大法宝的护法，才成就了"道"在国家治理、人事修炼上的伟大。

具体来说，"慈""俭""不敢为天下先"这三大法宝正是"道"的原则在国家的政治、军事等方面的具体细化

第三十二章　天下皆谓我大，大而不肖

运用。老子当时身处战乱的环境，目击了太多的暴力残酷场面，深深地感觉到治国安邦离不开这三件法宝，因而才极力加以倡导和褒扬。关于这三大法宝之间的关系，笔者认为网络上有一段内容讲得很好[1]，现引用于此。

"慈"，包含有柔和、爱惜之意。老子讲的"弱者道之用""天下之至柔，驰骋天下之至坚""守柔曰强""清静为天下正""牝常以静胜牡"等内容，都可以包括在"慈"的范围之内。"无为"是老子政治思想的最高概括，而"慈"的另一种表述就是"无为"。"慈"是"三宝"的首要原则，用慈进攻可以得胜，退守则可以坚固。如果上天要救护谁，就用慈来保卫谁。

"俭"的内涵有两层：一是节俭、吝惜；二是收敛、克制。这里要求人们不仅要节约人力物力，还要聚敛精神，积蓄能量，等待时机。

"不敢为天下先"也有两层含义：一是不争、谦让；二是退守、居下。老子讲的"大邦者下流"、江海"善下"，都是"不为天下先"的意思。这符合"道"的原则。

总之，"慈""俭""不敢为天下先"这"三宝"，是老子对于"道"和"德"在社会实践意义上的总结。

---

[1] 《老子·德经第六十七章评析》，古诗文网，https://www.xzslx.net/wenzhang/2879.html。

第三十三章　善胜弗与，善用人为之下

（今本68章）

【帛书复原本】

善为士者不武〔一〕，善战者不怒，善胜敌者弗与〔二〕，善用人者为之下。是谓不争之德，是谓用人，是谓天，古之极也〔三〕。

【今本】

善为士者不武，善战者不怒，善胜敌者不与，善用人者为之下。是谓不争之德，是谓用人之力，是谓配天古之极。

【对比说明】

复原本与今本有4处不同，文意相同。

【译文】

善于带兵的将帅不逞勇武，善于打仗的人不轻易动怒，善于制胜的人不轻易与敌争战，善于用人的人谦下待

人。这叫不与人争的德行，这叫用人之道，这叫符合天道，是自古以来最高的法则。

【注释】

〔一〕士：武士，这里指将帅。

〔二〕弗与：意为不争，不正面冲突。

〔三〕天：符合自然规律。古之极：自古以来最高法则。

【阐释】

本章老子讲述了三个方面的道理：一是如何用兵打仗，二是争与不争的辩证关系，三是"道"的最高法则。

老子认为，用兵核心要做到五点，即不逞勇武，不轻易动怒，避免与敌发生正面冲突，充分发挥人的才智和善于用人。"不逞勇武，不轻易动怒"是修身，"充分发挥人的才智和善于用人"属于修智，"避免与敌发生正面冲突"属于明智的策略。

修身，按照《孙子兵法》的讲法，属于"善战者"的特质，所谓"主不可以怒而兴师，将不可以愠而致战"。因为战争是国力、人力和智慧的较量。"逞武""动怒"就会使将帅失去理智，导致不能冷静、客观地分析、研究敌我双方的优势与劣势，容易引发主观臆断和冲动，进而导致失败。

作为用兵的将帅，仅仅善战是不够的，核心还在于借力用人。所以"修智"是更重要的。那么如何修智呢？关键就是老子经常讲的"善下"，所谓"江海之所以能为百谷王者，以其善下之，是以能为百谷王"。这样就会吸引众多的能人将士，为己所用，从而使自己长久地立于不败之地，"不争，天下莫能争"的辩证思想就会在带兵打仗中得到高效的运用。

修身、修智与"不争"的境界，背后的原动力和核心造化是什么呢？那就是"道"的顺应自然与因势利导，即"无为而无不为"的"天道"，这就是最高的智慧与行事法则。

第三十四章　称兵相若，则哀者胜

（今本 69 章）

【帛书复原本】

用兵有言曰："吾不敢为主而为客[一]；吾不敢进寸而退尺。"是谓行无行[二]，攘无臂[三]，执无兵，乃无敌矣。祸莫大于无适[四]，无适，斤亡吾葆矣。故称兵相若[五]，则哀者胜矣[六]。

【今本】

用兵有言：吾不敢为主而为客，不敢进寸而退尺。是谓行无行，攘无臂，扔无敌，执无兵。祸莫大于轻敌，轻敌几丧吾宝。故抗兵相加，哀者胜矣。

【对比说明】

复原本与今本有 10 处不同，突出的是：

1."执无兵，乃无敌矣"句，帛书甲本如此，其他版本无"矣"字；河上公本、严遵本，傅奕本等版本将"乃"

字改为"仍"字，王弼本（今本）、范应元本等版本将"乃"字改为"扔"字；王弼本（今本）、河上公本等版本将两句交换位置。据文意，帛书甲本更为合理。

2."祸莫大于无适"的"无适"，帛书甲本为"无适"，帛书乙本、傅奕本均为"无敌"，学者几乎都考校为"无敌"，今本等版本改为"轻敌"，意思大变。笔者认为应当是"无适"，原因有三：一是，用兵打仗最大的问题是处于没有对立面的"无适"状态，这样军队就会丧失战斗力，一旦战事发生就无力招架。二是，前文有"乃无敌"，如此处是"无敌"的话，不就前后矛盾了吗？三是，"无适"能够与后文的"称兵相若"相呼应。

3."无适，斤亡吾葆矣"是帛书甲本的文字。"斤"与"葆"被帛书整理小组及大多数学者分别校勘为"近"和"宝"，但是，笔者认为，既然"无适"是最大的祸害了，怎么仅仅只丢失了"吾宝"（优势）呢？所以，这个结论是有问题的。这里的"斤"字，本义为斧子，意为兵器；"葆"即性命所在的意思，《史记·鲁周公世家》："天之降葆命。"于是，"斤亡吾葆"就是被打败、被杀死的意思了，不然就配不上前文的"祸莫大于无适"，所以，笔者认定帛书甲本正确。

4."故称兵相若"的"相若"，帛书甲乙本、傅奕本、范应元本等版本均为"相若"，而王弼本（今本）、河上

第三十四章　称兵相若，则哀者胜

公本等版本改为"相加"，意思变了。今本等版本将"称兵相若"与"无适"分别改为"抗兵相加"和"轻敌"，说明修改者不懂军事、想当然。

【译文】

兵家曾经这样说："我不敢主动挑起战争而宁愿做好应战准备；我不敢贸然前进一寸而宁可做好后退一尺的打算。"这就叫能行动而做不能行动的安排，能抵御而做好不能抵御的计划，拿着兵器而要做好没有拿兵器的打算，这样就能战胜敌人。最大的祸患莫过于军队处于"无适"的状态，"无适"就会被打败、被杀死。所以，实力相当的两军对阵，悲愤的一方可以获得胜利。

【注释】

〔一〕为主：主动进攻。为客：被动应敌。

〔二〕行：行动。无行：不能行动。行无行：能行动而做好不能行动的准备。

〔三〕攘：排除、抵御。

〔四〕无适：指没有对立面的状态。

〔五〕称兵：对等的兵力。相若：两军相当。

〔六〕哀：悲愤。

【阐释】

老子在本章表达了三大思想。

一是强烈的"反战"(并不代表不用兵)和"悯民"思想。在老子生活的时代,各诸侯国穷兵黩武,劳民伤财,更为重要的是,战争给平民百姓带来的直接与间接的巨大伤害(如家破人亡、饥荒、传染病等),人间没有什么灾难可以比拟。

二是以退为进、反客为主、进退自如的用兵思想和策略。

三是"哀兵必胜"的思想。这一思想的核心在于激发军队的士气和团队进击的激情。在军队处于悲愤的状态下,士兵们就会团结一致,奋勇抗敌。反之,则会懈怠,容易被打败。

上述三大思想,体现了通过退守、居下,达到反客为主的用兵效果。

第三十五章　知我者希，被褐而怀玉

（今本70章）

【帛书复原本】

吾言甚易知也，甚易行也。而人莫之能知也，而莫之能行也。言有君〔一〕，事有宗〔二〕，其唯无知也〔三〕，是以不我知。知我者希，则我贵矣〔四〕。是以圣人被褐而怀玉〔五〕。

【今本】

吾言甚易知，甚易行，天下莫能知，莫能行。言有宗，事有君。夫唯无知，是以不我知。知我者希，则我者贵。是以圣人被褐怀玉。

【对比说明】

复原本与今本有12处不同，突出的是：

1."而人莫之能知也"的"人"字，帛书甲本、傅奕本、范应元本等版本均为"人"字，帛书乙本、王弼本

（今本）、河上公本、严遵本等版本均为"天下"。根据文意，"人"字最为恰当。

2."则我贵矣"句，帛书甲乙本、严遵本、傅奕本、范应元本等版本都是如此，而王弼本（今本）、河上公本等版本为"则我者贵"，后者应该是为了修饰而改动。

【译文】

我的话很容易理解，很容易实行。然而竟然没有人能够理解，也没有人能够去实行。说话要有宗旨，行事要有根据。由于人们不理解这个道理，所以就无从理解我。能够理解我的人很少，能取法于我的人就更是难得。所以圣人总是外表简陋而怀揣美玉。

【注释】

〔一〕君：主旨、宗旨。

〔二〕宗：主宰、根据。

〔三〕知：知晓、理解。

〔四〕则：法则，这里意为效法。

〔五〕被：穿着。褐：粗布。怀：怀揣。玉：美玉，此处引申为知识和才能。

【阐释】

本章表达了老子不为当时世俗与统治者所接受的复杂

第三十五章 知我者希,被褐而怀玉

心情,这也与老子最后骑着青牛出关隐居的传说有些关联。我们先来看两位学者关于此章的辩论。

学者任继愈在《老子新译》中说:"老子讲的一些道理,与历史前进的方向相反,所以人们不理睬他。他自己颇有怀才不遇、曲高和寡的苦闷。"[①]

针对类似观点,学者张松如在《老子校读》中辨析说:"历史却并没有冷落了他。单说先秦时期吧:相传春秋时的叔向、墨翟,战国时的魏武侯、颜触,都曾称引过他的话;庄子则颂扬他'古之博大真人哉!'(《天下》篇)以宋钘、尹文为代表的稷下学人又继承了老聃而发展为黄老学派;至于韩非更有《解老》《喻老》之作。降至秦后,西汉初年,黄老之学一度居于统治地位,司马谈《论六家之要旨》,实突出道家,而司马迁《史记》并特为立传。演至东汉,甚至神化为道教的始祖了。凡此一切,总不能说是'历史抛弃了他'吧。"[②]

显然,任继愈的观点有些单一思维的味道。当然,老子的智慧与哲学,于人来说确实存在一种复杂的意味。由于人们身处物质世界,面对柴米油盐和各种妄念杂欲,是很难跳出名利场的,加之数千年来,人们总是将对物质财

---

① 任继愈:《老子新译》(修订本),上海古籍出版社,1985年5月第2版,第213页。
② 张松如:《老子校读》,吉林人民出版社,1981年5月第1版,第385-386页。

富占有的多寡作为人的价值的重要衡量标准，所以财富与地位往往成为人们竞相追逐的重要目标。特别是在春秋战国那个动乱不堪、人人自危、各国都想成为霸主的时代，要想让统治阶级接受老子的主张，确实是很难的。

但是，只要有些思考能力和辨别能力的人，都会认同老子的思想中蕴含着巨大的智慧，因为任何人、任何事和任何组织、团体（包括国家）的成长都是曲折的，老子思想的伟大就在于它的"曲径通幽"与事物成长路径的契合。在这种契合中，人们如何顺应心境、成事轨迹，在"动心忍性，增益其所不能"的沉默与寂静中成长，进而从"无为而无不为"的理念中理悟出"四两拨千斤"的力量与效果，就显得格外重要了。

法家思想在一定程度上吸收了老子的思想，但是二者存在本质区别。法家主张强制、控制与具有统治力的"法"，以及主动为上、强势出击的"术"。这正好符合当时统治者与人们急功近利的需求和复杂多变的动乱世界，所以，法家思想很容易被喜欢用强权、武力征服敌方的统治者所接受。不过，正如老子所预言的那样，这种强抢而非"知下而纳百川"所获得的胜利与功绩都是很难持久的。

第三十六章　以其病病，是以不病

（今本71章）

【帛书复原本】

知不知[一]，尚矣[二]；不知知，病矣。是以圣人之不病，以其病病[三]，是以不病。

【今本】

知不知，上；不知知，病。夫唯病病，是以不病。圣人不病，以其病病，是以不病。

【对比说明】

复原本与今本有6处不同，突出的是：

1."不知知"句，帛书甲本为"不知不知"，帛书乙本为"不知知"，传世诸本基本上均为"不知知"，包括今本。少数人认为应该取用帛书甲本的"不知不知"，其实不妥。"不知不知"与"不知知"相比，相当于把老子的境界拉低了几个层次，详见【阐释】部分解读。

2. 今本等版本添加"夫唯病病，是以不病"句，联系上下文，笔者认为没有必要。

【译文】

知道自己还有所不知，这是高明的。认识不到自己的无知，还自以为是，这就是很糟糕的。圣人没有毛病，是因为他把缺点当作毛病，所以他没有毛病。

【注释】

〔一〕知不知：知道自己有所不知，或知道却不自以为知道。

〔二〕尚：通"上"。

〔三〕病：毛病、缺点。病病：把缺点当作毛病。

【阐释】

老子在本章中阐述了自知之明的重要性。这与孔子所说的"知之为知之，不知为不知，是知也"是一个道理。在老子看来，懂得"道"的精髓的人，不轻易下断语，即使是对已知的事物，也不会妄自臆断，而是把已知当作未知，这是虚心的求学态度。老子对自以为是、不懂装懂等现象提出了尖锐的批评。

"不知知"这句话，通常的解读是"不知道表现为知道"。实际上这只是老子的一层意思，另一层意思需要这

第三十六章 以其病病，是以不病

样来理解：

"不知知"的第一个"知"意为知晓、明白，是动词，第二个"知"是名词，代表各类知识、事项或状况。既然是知识、事项或状况，那么就存在"知道的"和"不知道的"两大情况，于是"不知知"的第二层意思就变成了"不知道自己知道的"和"不知道自己不知道的"。

只看到上述第一层意思，而没有看到第二层意思，就相当于把老子的智慧拉低了几个层次。举个例子，有人生病了。一种情况是：这人不知道自己的病情，却装着知道或装着能够说清楚，那么这种人不仅病在身体上，而且病在心上，心态也有问题了。另一种情况是：这人都不知道自己生病（的事项或状况），那么，这人就十分危险了。

再比如，对有利益关系的人一味称赞，对领导、上级说的话一味奉承，这是谄媚。套用"不知知"的第一层意思，自己只是"口是心非"地献媚而已。套用"不知知"的第二层意思，就是连自己都不知道自己在"献媚"（事项或状况），那就病入骨髓了。第一种情况仅仅属于《皇帝的新装》中民众"随大流"、献媚的社会"病态"。第二种情况就属于被彻底洗脑、操控了。

第三十七章　自知而不自见，自爱而不自贵

（今本 72 章）

【帛书复原本】

民之不畏威[一]，则大威将至矣[二]。毋闸其所居[三]，毋厌其所生[四]。夫唯弗厌，是以不厌[五]。是以圣人自知而不自见也，自爱而不自贵也。故去彼取此。

【今本】

民不畏威，则大威至。无狎其所居，无厌其所生。夫唯不厌，是以不厌。是以圣人自知，不自见；自爱，不自贵。故去彼取此。

【对比说明】

复原本与今本有 10 处不同，突出的是（或其他说明）：

1."毋闸其所居"的"闸"字，被今本等版本改为"狎"字，意思变了。

2."毋厌其所生"的"厌"通"压"，意为压迫、

第三十七章　自知而不自见，自爱而不自贵

阻塞。①

【译文】

民众到了不畏惧统治者的威压时，更大的威压或祸乱即将到来。不要逼迫民众不得安居，不要阻塞民众谋生的道路。只有不阻塞民众的生路，民众才不会厌恶统治者。因此，圣人要有自知之明而不自高自大，有自爱之心而不自居高贵。所以统治者要舍弃自高自大、自居高贵，而要保持自知与自爱。

【注释】

〔一〕威：指统治者的镇压和威慑。

〔二〕大威：更大的威压，或人民的反抗。

〔三〕闸：闸断，意为压迫、逼迫。

〔四〕厌：通"压"，压迫、阻塞。

〔五〕厌：指人民对统治者的厌恶、反抗。

【阐释】

本章老子简述了三个方面的道理。第一点，当民众到了不畏惧统治者威压的时候，就可能出现两种情况：一是统治者更大的威压就会出现，民众暂时被压制下去；二

---

① 尹振环：《帛书老子再疏义》，商务印书馆，2007年5月第1版，第189页。

是引发民众的反抗，导致祸乱的发生。不过第一种情况也只是暂时而已，一旦时机到来，更大的祸乱就会接踵而至。

面对这两种可能，老子接下来讲述了第二点：不要逼迫民众不得安居，不要阻塞民众谋生的道路。只有不阻塞民众的生路，民众才不会厌恶统治者。这里讲的生路对民众至关重要，一是活下去的路，二是安身立命的路。所以，统治者千万不要阻断民众的这两条路，尤其是民众的"生"路，老子讲了两遍。

第三点，老子提出了解决办法，即"自知而不自见"和"自爱而不自贵"，而且还用另一种方式，即"故去彼取此"重复了一遍这个解决办法，可见老子的重视与良苦用心。

也正因为这样，所以有人认为，从这一章可以看出老子对人民反抗压迫斗争的敌视。那么，老子究竟是在为统治者出谋划策，还是在总结历史教训、为民着想呢？或许两者皆有。

第三十八章　天网恢恢，疏而不失

（今本73章）

【帛书复原本】

勇于敢者则杀[一]，勇于不敢者则活[二]。此两者或利或害[三]。天之所恶，孰知其故[四]？天之道[五]，不战而善胜，不言而善应，不召而自来，繟而善谋[六]。天网恢恢，疏而不失。

【今本】

勇于敢则杀，勇于不敢则活。此两者，或利或害，天之所恶，孰知其故？是以圣人犹难之。天之道，不争而善胜，不言而善应，不召而自来，繟然而善谋。天网恢恢，疏而不失。

【对比说明】

复原本与今本有4处不同，突出的是（或其他说明）：
1."此两者"的"此"字，帛书甲乙本皆毁损，帛书整理小组校勘为"知此",王弼本（今本）、傅奕本、范应元本等版本均为"此",联系上下文意,取用"此"字合理。

2. 王弼本（今本）、河上公本、傅奕本、范应元本等版本都有"是以圣人犹难之"句,但是帛书乙本（帛书甲本毁损）、景龙本、遂州本、敦煌辛本、严遵本等版本都没有这一句,取用帛书乙本,符合古貌。今本等版本添加这一句后,将前面老子陈述的道理变成了"圣人犹难之"的理由,这样,整章文意发生了一些变化,有转移话题重心的嫌疑。

【译文】

敢于为非作歹的就会死,安分守己的就可以活,这两种做法既有好处也有危害。天道所厌恶的（意指难于选择别人的生死）,谁知道究竟呢?天的法则,不争斗而善于取胜,不言语而善于应对,不召唤而自动到来,坦然而善于谋划。天网无边无际,虽然宽疏但不会漏失。

【注释】

〔一〕敢:敢做,这里指为非作歹。

〔二〕不敢:不敢做,这里指安分守己。

〔三〕或利:有好处。或害:有害处。

〔四〕天之所恶,孰知其故:天道所厌恶的,谁知道究竟呢?意思是说,

第三十八章　天网恢恢，疏而不失

"天"都不想对此"生死"做出选择而厌恶，所以没办法，只能这样。

〔五〕天之道：指自然的规律。

〔六〕繟：安然、坦然。

【阐释】

在本章中，老子在承接上一章"民之不畏威，则大威将至也"，即更大的威慑或祸乱将要到来的话题，又将主题提升到一个新的高度，涉及"生与死"问题了。上一章是针对统治者和大众说的，这一章是针对特殊人群说的。这个特殊人群包括君王的宗室、子弟、后妃和近臣，当然也包括在朝廷中、社会上具备一定号召力的胡作非为的人。

在封建社会，国家叛乱往往与这些人在某些场合对大众的鼓动有关，所以林语堂将本章命名为"论罚"，严遵在《老子指归》中甚至把它提升到"杀罚"的高度，说："知生而不知杀者，逆天之纪也！"所以老子在提出这个观点之后，感慨说："天之所恶，孰知其故？"鉴于这种"生死"惩罚的利弊，上天都是难以做出选择的，连天都是厌恶的，这是没有办法的办法，只能果断行事，不得已而为之。

紧跟着，老子转而论述要避免这种"生杀"之罚，不论是统治者、皇亲国戚，还是近臣民众，都得按照天道行事。只有顺应"道"的法则，不肆意妄为，不蛮勇强悍，贵卑下、贵柔弱，才能做到"不争斗而善于取胜，不言语而善于应对，不召唤而自动到来，坦然而善于谋划"。这是因为"天网恢恢，疏而不失"啊！

第三十九章　民不畏死，何以杀惧

（今本74章）

【帛书复原本】

若民恒且不畏死，奈何以杀惧之也？若民恒畏死，则而为者吾将得而杀之[一]，夫孰敢矣？若民恒且必畏死，则恒有司杀者[二]。夫伐司杀者杀，是伐大匠斲也[三]。夫伐大匠斲者，则希不伤其手矣。

【今本】

民不畏死，奈何以死惧之？若使民常畏死，而为奇者吾得执而杀之，孰敢？常有司杀者杀，夫代司杀者杀，是谓代大匠斲。夫代大匠斲者，希有不伤其手矣。

【对比说明】

复原本与今本有13处不同，突出的是：

1."若民恒且不畏死"句，帛书甲本毁损，取用帛书乙本内容，今本等版本改为"民不畏死"，看似简洁，实则缺少"若"和"恒"所暗示的前提及与上下文的紧密连贯性。

2."若民恒且必畏死"句,今本等版本将其删除。本句是对上文"若民恒畏死"句的再次提出,根据文意来说,这里强调的是不仅"恒畏死",而且"必畏死",回答也更深入一步,加重了这一前提和不同的处理办法在文中的分量。而今本等版本删除此句,要么是忽视上述重复的重要意义,要么就是故意轻描淡写民众"生死"问题的重要性。

3."夫伐司杀者杀,是伐大匠斲也。夫伐大匠斲者"句,帛书甲本如此,今本等版本改为"夫代司杀者杀,是谓代大匠斲,夫代大匠斲者",其中的两个"夫伐"、一个"是伐",被今本等版本分别改为"夫代""是代",而且添加了一个"谓"字,即强调"是谓代大匠斲"。这样的改动,就将老子原本揭露的"贪官污吏无法无天滥杀无辜的残酷现实"变成了以此为借口杀人枉法的行为了。"夫伐司杀者杀,是伐大匠斲也。夫伐大匠斲者,则希不伤其手矣"的意思是:"同时需要讨伐司杀官吏的滥杀无辜,因为他们找借口杀人的技艺如同高明木匠斲木一样娴熟。请记住,那些高明的木匠,乱伐时很少有不砍伤自己手的。"这与过往的主流解读是不同的。

第三十九章　民不畏死，何以杀惧

【译文】

如果民众一贯不怕死，怎么用杀伐来使他们害怕呢？假如民众一贯怕死，对于为非作歹的人，把他抓来杀掉，那谁还敢为非作歹呢？如果民众一贯那样且必定怕死，就按惯例由主管刑杀的机构去执行。不过，同时需要提防与讨伐司杀官吏的滥杀无辜，因为他们找借口杀人的技艺如同高明木匠斲木一样娴熟。请记住，那些高明的木匠，乱伐时很少有不砍伤自己手的。

【注释】

〔一〕为：指为非作歹的人。得：得到、抓获。

〔二〕司杀者：指专管杀人的机构。

〔三〕斲（zhuó）：砍、削。

【阐释】

首先，根据帛书的文意，老子所说的"杀"与"死"是不同的，"杀"专指刑杀，"死"则包含自然死亡。

关于如何刑杀的问题，有两点很重要。第一，假如民众一贯怕死，不是不杀，而是要杀那些带头的诡计多端的人，意思是以杀少而治众。第二，让主管刑杀的机构去执行杀伐任务。原因有两点：一是老子担心高层统治者（如君王等）不按制度、规矩办事，滥杀无辜；二是老子更担心高层统治者借刀杀人，即具体办事的贪官污吏，为了讨好上级，变本加厉，更进一步地滥杀无辜。所以，老子借用"高明木匠自以为技艺高明便可乱伐，没有不自伤其手的"例子作比喻，来揭露与声讨这种残酷的现实。在古代，滥杀无辜是再正常不过的事了，比如白起坑杀四十万投降的赵国士兵，如果没有秦王的授意，他敢这样做吗？

另外，老子高度重视刑杀的条件与衡量标准，特别是"若民恒且不畏死""若民恒畏死""若民恒且必畏死"这三个前提句中的三个"若"字与三个"恒"字（今本等版本将其删除，篡改之意昭然若揭，同时又让老子背上了黑锅），一再表明了老子的慎重与对刑杀者"人命关天"的反复告诫。

所以，并非像一些学者所说的那样，老子在教统治者聪明地杀人（今本等版本的篡改与误导）。实际上，老子如此强调前提、规则和警诫、讨伐的事项，与其一贯的主张是对应的，即有些人是该杀的，这是不得已而为之，但是绝对不能乱杀与滥杀（符合其"悯民"思想）。

第四十章　无以生为者，是贤贵生

（今本 75 章）

【帛书复原本】

人之饥也，以其取食税之多也，是以饥。百姓之不治也，以其上有以为也〔一〕，是以不治。民之轻死，以其求生之厚也〔二〕，是以轻死。夫唯无以生为者〔三〕，是贤贵生〔四〕。

【今本】

民之饥，以其上食税之多，是以饥。民之难治，以其上之有为，是以难治。民之轻死，以其求生之厚，是以轻死。夫唯无以生为者，是贤于贵生。

【对比说明】

复原本与今本有 10 处不同，突出的是：

1."人之饥也，以其取食税之多也"句，被今本等版本改为"民之饥，以其上食税之多"。原文的"取"字，具有掠夺性，改为"上"字，就成了奉献行为。

2."百姓之不治也,以其上有以为也,是以不治"句,被今本等版本改为"民之难治,以其上之有为,是以难治"。"百姓"改为"民"字,前者指代"天下大事",后者变成了"民"的难题;"不治"改为"难治",前者表示已丧失治理天下的能力,后者变成了"民的难治"。

3."夫唯无以生为者,是贤贵生"句,今本等版本添加了一个"于"字,意思大变,大事化小之嫌太明显。

4."以其求生之厚也"句的理解历来存在很大争议,详见【阐释】部分解读。

【译文】

民众之所以遭受饥饿,是由于统治者征收赋税太多,所以民众陷于饥饿。百姓之所以不服从统治,是由于统治者政令繁苛、为所欲为,所以百姓不服从统治。民众之所以轻生冒死,是由于温饱都难以保证,所以才这样轻身冒死。那些让民众不再为生存铤而走险的人,比只让自己过上奢侈生活的人高明。

【注释】

〔一〕有以为:指政令繁苛、为所欲为。

〔二〕以其求生之厚:由于民众需要获得温饱,意思是温饱都不能保证。

〔三〕无以生为:不让(民众)为生计铤而走险。

| 第四十章　无以生为者，是贤贵生 |

〔四〕贤：胜过、超过。贵生：厚养生命。

【阐释】

本章老子提出，苛政、高压、高赋税与剥削造成民不聊生，人们就会轻生冒死，就会铤而走险。这是对统治者的无情揭露和严正警告。

笔者赞同学者张松如的观点："（本章）文显义明，无须诠释。而有的论者，却硬说这是为统治者出谋划策，是骗人的。是的，'夫唯无以生为者，是贤于贵生也'，确实是代为统治者设想的说法。可是，古代的从事生产的广大民众，如果不是寄希望于其理想中的所谓'圣人'，难道在复杂的尖锐的阶级斗争的舞台上，还能扮演为独立的主角吗？前述的那些论者，在这里说老子'是为统治者出谋划策'，在另一些地方又说老子是'新兴的封建制度的对抗者，是势不两立的'。这种随心所欲的评价，岂不是自相矛盾的吗？"所以，张松如说："本章揭示了劳动人民与封建统治者之间阶级矛盾的实质：人民的饥荒，是统治者沉重的租税造成的；人民的反抗，是统治者苛酷的措施造成的；人民的轻生，是统治者无厌的聚敛造成的。这种说法，当然同贯穿《老子》书中的'无为'思想相通着，可是它岂不也反映了被压迫的人民群众的要求吗？岂不正是作为人民群众主体的广大农民阶级思想的流露吗？"①

另外，谈一谈"以其求生之厚也"这一句。

"以其求生之厚也"历来被人理解为"是由于统治者为了奉养自己，搜刮民脂民膏太过了"。实际上，这种理解是错误的。生之厚，又叫生厚，或厚生，《尚书·大禹谟》将"正德、利用、厚生"当作统治者重要的三件大事，说"厚生谓薄征徭，轻赋税，不夺农时"。所以，"厚生"就是让人们过上有衣有食的生活。这里的意思就是由于民众需要温饱，然而却不能获得，这样，他们就只能铤而走险了。②表面上看是民众轻生冒死，实际上，并不是民众不珍惜自己的生命，而是活都活不下去了，不得已而冒死啊！

---

① 张松如：《老子校读》，吉林人民出版社，1981年5月第1版，第404-405页。
② 尹振环：《帛书老子再疏义》，商务印书馆，2007年5月第1版，第202-203页。

第四十一章　强大居下，柔弱微细居上

（今本76章）

【帛书复原本】

人之生也柔弱[一]，其死也莁仞坚强[二]。万物草木之生也柔脆[三]，其死也枯槁[四]。故曰："坚强者，死之徒也[五]；柔弱微细，生之徒也。"兵强则不胜，木强则折。强大居下，柔弱微细居上。

【今本】

人之生也柔弱，其死也坚强。万物草木之生也柔脆，其死也枯槁。故坚强者死之徒，柔弱者生之徒。是以兵强则不胜，木强则兵。强大处下，柔弱处上。

【对比说明】

复原本与今本有9处不同，意思大致相同。其中，"木强则折"的"折"字，帛书甲本为"恒"，帛书乙本为"兢"，其他版本有"兵""共"等，争议很大。俞樾、高亨等学者根据《淮南子·原道训》《列子·黄帝》《文子·道原》所引,校勘为"木强则折"[①],笔者认为有道理,且符合上下文意,故采纳。

【译文】

人活着的时候身体柔软,人死后躯体就会变得挺直僵硬。万物草木在生长时也是柔软脆弱的,它们死后就会变得干硬枯槁。所以说:坚硬僵直的事物属于死亡的一类,柔弱细小的事物属于生长的一类。用兵逞强是不可能取胜的,树木高大挺直就会遭受砍伐摧折。强大隐藏着衰败的趋势,处于下位,柔弱积蓄着强大的力量,居于上位。

【注释】

〔一〕柔弱:指人活着时身体是柔软的。

〔二〕蓓仞:挺直。坚强:指人死后身体变得僵硬。

〔三〕柔脆:柔软脆弱。

〔四〕枯槁:干枯。

〔五〕徒:类。

---

① 尹振环:《帛书老子再疏义》,商务印书馆,2007年5月第1版,第204页。

第四十一章　强大居下，柔弱微细居上

【阐释】

老子最擅长从自然现象和社会现象中观察和总结事物的发展规律，并能用形象生动的实例给人讲述道理。在本章中，老子将柔弱与刚强的辩证关系上升到哲学的高度，提炼出了指导实践的两类事物的总体规律和运行法则。

老子开篇便以人体生时柔软死后僵硬、草木生长时柔弱死后枯槁为例子，引发、推导出"坚硬僵直的事物属于死亡的一类，柔弱细小的事物属于生长的一类"的大道理。接下来，老子由此引申扩展下去，说不论是社会中极端的用兵打仗，还是自然界中高大挺直的巨树大木，只要过于强直就不可能长久，都可能被摧毁，更不用说其他社会事件和自然现象了。所以后人进行了总结，说："故木秀于林，风必摧之；堆出于岸，流必湍之；行高于人，众必非之。前鉴不远，覆车继轨。"（李康《运命论》）

这到底是什么原因呢？老子在本章最后给出了理由，说这是因为"强大隐藏着衰败的趋势，处于下位；柔弱积蓄着强大的力量，居于上位"。这个解释不仅运用了"道"的自然衍化法则，而且还告诫人们需要研究事物转化的辩证法与人生在世所必须遵循的重要规律法则。本章展现了老子深邃的思想和极高的智慧。

第四十二章　天之道，损有余而益不足

（今本 77 章）

【帛书复原本】

天下之道，犹张弓者也〔一〕。高者抑之，下者举之，有余者损之，不足者补之。故天之道，损有余而益不足；人之道则不然〔二〕，损不足以奉有余。孰能有余而有以取奉于天者乎？惟有道者乎？是以圣人为而弗有，成功而弗居也。若此，其不欲见贤也。

【今本】

天之道，其犹张弓与！高者抑之，下者举之；有余者损之，不足者补之。天之道，损有余而补不足；人之道则不然，损不足以奉有余。孰能有余以奉天下？唯有道者。是以圣人为而不恃，功成而不处，其不欲见贤。

第四十二章　天之道，损有余而益不足

【对比说明】

复原本与今本有 15 处不同，突出的是：

1. "天下之道"句，帛书甲本为"天下之道"，帛书乙本为"天之道"，而本书所参考的几乎所有古籍，如景龙本、庆阳本、遂州本、敦煌本、王弼本（今本）、河上公本、严遵本、傅奕本、司马光本、范应元本、苏辙本等版本均为"天之道"。仅仅省去一个"下"字，便将有关治理天下的分配原则的重大问题转换成虚无缥缈的哲学问题了，属于偷换概念，改动太过明显。

2. "损有余而益不足"句，帛书甲本毁损五个字，以帛书乙本补足，今本等版本将其中的"益"字改为"补"字。"益"是一种自然力的变化，"补"是一种外力的作用。一字之差，便将分配原则改成了一方对另一方的"赐予"，这是两种不同的概念。

3. "孰能有余而有以取奉于天者乎？惟有道者乎？"句，被今本等版本改为"孰能有余以奉天下？唯有道者"，意思大变。前者的意思是："有谁愿意把自己多余的东西拿出来奉送给天下的百姓？这样做的不正是有'道'的人吗？"后者暗示只有有"道"的人才拿得出多余的东西，没有"道"的人就没必要拿出多余的东西。可见，老子讲的是除了有"道"的人之外，其他人是不会主动把多余的东西拿出来的，必须由治理国家的人来做这一项工作，

然而，今本等版本的改动将这样的"分配原则"给一笔勾销了。

4."圣人为而弗有，成功而弗居也。若此，其不欲见贤也"句，被今本等版本改为"圣人为而不恃，功成而不处，其不欲见贤"，意思就彻底变化了。前者的意思是圣人在对待利益分配问题上，从不考虑个人得失，他那无私无欲的精神是学习的好榜样。后者的意思就变成圣人干事情不会逞能，事情成功也不会在意，因此他是不想让人家吹捧他的。

【译文】

天下的分配原则，就像拉弓射箭。拉高了就把它压低一些，拉低了就把它抬高一些，拉得过满就放松一些，拉得不足就增加一些力量。所以治国的原则（天道），是减少有余的补给不足的，而现实中"人为"实情却正好相反，减损不足的用来奉献给有余的人。那么，有谁愿意把自己多余的东西拿出来补给天下不足的人呢？只有遵循道的人吗（暗示不应该是这样的）？因此，圣人有所作为（做好一国分配的大事）而不占为己有，成就功业却不敢以功自居。如果是这样的话，那么他那不贪无欲的思想就是十分贤德的啊。

第四十二章　天之道，损有余而益不足

【注释】

〔一〕张弓：拉弓射箭。

〔二〕人之道：指人类社会的一般法则、律例。

【阐释】

本章可谓老子"悯民"与"爱民"思想的精髓所在，这是对前面章节"若民恒且不畏死，奈何以杀惧之也""人之饥也，以其取食税之多也"等观念的进一步升华，并提出了朴素的"社会再分配"的经济学思想。

老子通过细致入微的观察，发现"天之道"与"人之道"正好是相反的，这也说明人性为私的贪婪本性被当时的社会体系特别是统治者放大到了极其夸张的地步，弱者更弱，贫者更贫，富者更富，权者更为有权位。

在社会中"人之道"的马太效应越来越严重的情况下，老子认为，解决这一极端问题的办法就是要学天道，即有所作为而不占为私有，成就功业却不以功自居，减少有余的补给不足的，这样才能像拉弓射箭一样立身处世，游刃有余。这是老子在两千多年前提出的观点，由此可见老子思维的深邃、思想的超前与品质的可贵。

第四十三章　水之胜刚，弱之胜强

（今本 78 章）

【帛书复原本】

天下莫柔弱于水，而攻坚强者莫之能先也，以其无以易之也〔一〕。水之胜刚也，弱之胜强也，天下莫弗知也，而莫之能行也。故圣人之言云，曰："受邦之诟〔二〕，是谓社稷之主；受邦之不祥〔三〕，是谓天下之王。"正言若反〔四〕。

【今本】

天下莫柔弱于水，而攻坚强者莫之能胜，其无以易之。弱之胜强，柔之胜刚，天下莫不知，莫能行。是以圣人云："受国之垢，是谓社稷主；受国不祥，是为天下王。"正言若反。

【对比说明】

复原本与今本有 17 处不同，需要说明的是：

1."天下莫柔弱于水，而攻坚强者莫之能先也"句，帛书甲乙本皆有毁损文字，以傅奕本文字补足，其中"先"字的意思是"超过"，比"胜"字要好。

2."水之胜刚也，弱之胜强也，天下莫弗知也"句，帛书甲本基本毁损，用帛书乙本补足。"而莫之能行也"句，帛书甲乙本均有毁损，以傅奕本文字补足。

3.从文意上来说，老子是将"柔弱"二字作为方法论来阐述的，这里强调的是水的秉性看似很"柔弱"，但在"攻坚强"的表现上，没有能够比得过它的。而今本等版本的改动让本章的意思有了变化，将"柔弱"的水从主动出击者变成了被动的守护者，由此方法论也就变成了认识论，从而达到宣扬特定含义的"无为"和"不争"（非老子的无为、不争概念）的目的。

【译文】

天下柔弱之物莫过于水，而攻坚克强又没有什么能够超过它。水能克刚，柔能胜强，天下没有人不知道，但是没有谁去遵照执行。所以圣人说过这样的话："承担得起国家的责难，才配得上做国家的君主；承担得起国家的祸灾，才配得上做天下的君王。"正面的话好像在反着说一样。

【注释】

〔一〕易：替代、取代。

〔二〕诟：责难。

〔三〕不祥：灾难、祸害。

〔四〕正言若反：正面的话好像在反着说一样。

【阐释】

老子在第五十二章（今本8章）中说"水善利万物而有静"，这个"有静"包含着无穷无尽的内涵。这一章便是对"有静"的铺垫和衍生。老子在此讲了三方面的道理。

一是"天下莫柔弱于水，而攻坚强者莫之能先也，以其无以易之也"。水最为柔弱，但柔弱的水可以穿透坚硬的岩石。水表面上软弱无力，却有任何事物都难以抵挡的力量。所以，这种柔弱只是表面上的。而水内在的力量不认真观察是不容易看到的，这就是一种"内强外柔"的"静"。

二是水性趋下居卑，江海之所以能容纳百川而成就博大浩瀚，是因其善居下。老子在这里阐释了卑下屈辱反而能够保持高高在上地位的道理，所谓"受邦之诟，是谓社稷之主；受邦之不祥，是谓天下之王"。这是大气浑厚、虚怀若谷，这是能谦下、不居高，能忍辱、不居功，这是一种"静"。

第四十三章 水之胜刚，弱之胜强

三是，老子向世人提出了责问：水能克刚，柔能胜强，天下没有人不知道，但是为何没有人去遵照执行呢？这就是人们急功近利，放纵妄念、贪欲所造成的啊。对这种累世难改的人性的劣根性，老子也只能规劝而已。这正是社会、人世红尘中的一种永远的"躁"，也就是老子所总结的"损不足以奉有余"的"人之道"，这是与水的"静"不融合且相对立的。这是违背自然规律的，是不合"天之道"的，是需要克服或摒弃的。所以，老子最后总结为"正言若反"便是这个道理。

另外，有人说"正言若反"是老子《道德经》中对那些相反相成言论的高度概括，这一点笔者赞同。诸如"大成若缺""大盈若盅""大直如屈""大巧如拙""大赢如绌""明道如费""进道如退""夷道如类""上德如谷""大白如辱""广德如不足""建德如偷""质真如渝""大方无隅""大器免成""大音希声"等，无不包含有"水善利万物而有静"的大哲学和大智慧。

第四十四章　有德司契，无德司彻

（今本79章）

【帛书复原本】

和大怨，必有余怨，焉可以为善？是以圣人执右契而不以责于人[一]。故有德司契，无德司彻[二]。夫天道无亲[三]，恒与善人。

【今本】

和大怨，必有余怨，安可以为善？是以圣人执左契，而不责于人。有德司契，无德司彻。天道无亲，常与善人。

【对比说明】

复原本与今本有6处不同，需要说明的是：

1."是以圣人执右契"的"人执"二字，帛书甲本没有，怀疑夺失，用帛书乙本补足。

2."是以圣人执右契"的"右契"，帛书甲本为"右介（契）"，帛书乙本为"左芥（契）"，今本等版本为"左契"。

第四十四章　有德司契，无德司彻

契约分左右，谁尊谁卑因人而异，这里没有太大差异。另外，有一种观点认为，"契"是后人校勘或传世诸本的字，帛书甲本为"介"字，"介"可理解为"媒介"，如是这样的话，这里就体现了老子"以和为贵"的思想，后世的改动（将"介"改为"契"）便难以体现这一思想了。想必老子用"介"字或有深意，而并非所谓的假借字，后世有人明白老子的意思，故将其改换。

【译文】

和解重大的怨恨，必然还会残留余怨。那有什么最妥善的解决办法呢？因此有道的圣人虽然手握借契却不向民众逼债。所以有德的人只掌握契约，无德的人却拿着契约去催逼租债。天道对谁都没有偏爱，永远帮助有德的人。

【注释】

〔一〕契：契约。责：索取所欠。

〔二〕司彻：掌管税收的官员，这里引申为拿着契约催逼租债。

〔三〕无亲：没有偏爱。

【阐释】

本章老子承接"天之道，损有余而益不足；人之道则不然，损不足以奉有余"的观点，进一步深入现实社会，具体结合赋税、债务收取等民生问题，主要谈了三层含义。

一是，如果人与人之间有着重大的怨恨，即便是"和解"了，也会遗留下余怨的。由此告诫统治者，对于百姓的统治，不要积怨太深，否则就难以和解。用税赋去压榨百姓，用刑法去钳制百姓，都会构怨于民。这是非常现实的问题。

二是，既然"人之道"是"损不足以奉有余"，违背了"天之道"，那么，人们（特别是统治者）就需要学习"损有余而益不足"的天道，"执右契而不以责于人"，虽然手握借契却不向民众逼债，不借用各种巧立名目的赋税去压榨百姓，这叫作"有德司契"。

三是，只要统治者做到多给予而少索取，不扰害百姓，以"德"化民，行"无为"之治，那么上天都会帮助统治者，并维护其地位。

道篇

第四十五章　名与无名，众妙之门

（今本1章）

【帛书复原本】

道，可道也[一]，非恒道也[二]。名，可名也，非恒名也[三]。无名，万物之始也；有名，万物之母也[四]。故恒无欲也[五]，以观其妙[六]；恒有欲也，以观其所徼[七]。两者同出，异名同谓[八]。玄之又玄[九]，众妙之门[一〇]。

【今本】

道可道，非常道；名可名，非常名。无名，天地之始，有名，万物之母。故常无欲，以观其妙；常有欲，以观其徼。此两者，同出而异名，同谓之玄，玄之又玄，众妙之门。

【对比说明】

复原本与今本有13处不同，今本改动明显，突出的是：

1. 今本等版本把复原本前面的四个"也"字删除后，似乎变得精简有韵律，实际上存在如下问题：

一是容易引发重要的歧义，比如断句为"道可，道非，常道。名可，名非，常名"也是可以的，显然意思大变了。二是词不达意，晦涩难懂，"道可道，非常道；名可名，非常名"有故弄玄虚之嫌；而"道，可道也，非恒道也。名，可名也，非恒名也"句式简单，意思清晰明了。

2. 今本等版本把"恒"改为"常"，是为了避讳汉文帝刘恒的"恒"。古时"恒"与"常"意思相近，如今"常"还有"一般、寻常"的意思，所以，"道可道，非常道"出现了明显的歧义，有三种解读：一是道若可以言说，那就不是永恒常在的道；二是道可以言说，但不是人间常俗的道；三是道可以言说，但并非恒久不变的道。而"道，可道也，非恒道也"没有任何歧义，就是上面第三种意思。

有人说先秦时代的"道"，没有"言说"的意思，实际上不是这样的。《礼记·经解》："其在朝廷，则道仁圣礼义之序。"郑玄注："道，犹言也。"《孟子·滕文公上》："孟子道性善，言必称尧舜。"

3. 今本等版本将"无名，万物之始也"的"万物"改为"天地"，是不妥的。"万物"包括"天地"，范畴更大、更实在。《史记·日者列传》将其引用为"无名者，万物之始也"，唐朝张君相（《道德真经集解》）、成玄英及近现代学者马叙伦（《老子校诂》）、蒋锡昌（《老子校诂》）等人也都认为此处应为"万物"，"以复古本之真"。① 所以，此处用"万物"更符合古貌（原貌）和本章意境。另外，"无名，万物之始也；有名，万物之母也"句，还有"无，名万物之始也；有，名万物之母也"的断句方式，争议很大。笔者不赞同后者的断句，详见【阐释】。

4."故恒无欲也，以观其妙；恒有欲也，以观其所徼"句，断句没有争议，其内涵演绎参见【阐释】。但是，今本等版本将两个"也"字删除后，存在两种断句方式，其中之一为"故常无，欲以观其妙；常有，欲以观其徼"，意思就大变了。

5."两者同出，异名同谓"句，今本等版本添加了"此""而""之玄"，变成了"此两者，同出而异名，同谓之玄"。两个版本的意思都是："'有名'和'无名'，两者是一起出来的，同一个源头，都是'道'，名字虽不同，但讲的是一件事。"联系后面的"玄之又玄，众妙之门"，复原本可谓简单明了、干净利落，而今本等版本添加的这几个字，不仅意思重复，而且画蛇添足、毫无意义。

---

① 黄克剑：《"有"、"无"之辨——〈老子〉第一章再读解》，《哲学研究》2012年第7期。

| 道德经，古今有何不同 |

【译文】

"道"是可以用语言描述或遵照执行的，但是用语言描述或遵照执行的"道"，就不是那个永恒的或真实的"道"了。事物是可以被认知、命名的，但是人们对事物的认知与命名，也并不是那个真实的存在。万物之始是一个没有名称、混沌未分而又独立自存的状态，即为无名。而万物产生之本源（母体）在于人们的认知与命名，即为有名。因此，要常从"无欲"（无所作为的旁观状态）中去观察领悟"道"的奥妙；常从"有欲"（有所作为的主动状态）中去体察理会"道"的端倪。"无名"与"有名"这两者，来源相同而名称相异，都可以被称为玄妙、深奥。它不是一般的玄妙、深奥，而是玄妙又玄妙、深奥又深奥。这是天地万物奥妙的总的法门，即从"有名"的奥妙到达无形的奥妙，"道"是洞悉一切奥妙变化的门径。

【注释】

〔一〕道：第一个"道"是名词，指宇宙的本源和万物运行的原则、规律；第二个"道"是动词，解说、表述的意思。

〔二〕恒：持久、经常。道：名词，意思同上。

〔三〕名：第一个和第三个"名"是名词，指"道"的形态；第二个"名"是动词，表述、说出的意思。

〔四〕母：母体、根源、本源。

| 第四十五章　名与无名，众妙之门 |

〔五〕欲：欲望。无欲：在这里有"无为"的意思，即顺其自然，不必有所作为。

〔六〕妙：微妙。

〔七〕徼（jiào）：边际、边界，这里引申为端倪（因为"道"浩瀚博大，是没有边界的）。

〔八〕谓：称谓、称呼。

〔九〕玄：玄妙、深奥。

〔一〇〕门：一切奥妙变化的法门。

【阐释】

"道"是孕育天地万物及其生灭、交互变化的原动力，也是自然界、人类社会和人的思维等一切事物运行遵循的准则和规律。它无所不在，无所不有，它有时不可捉摸，有时又显而易见，它是物质的，也是精神的，它不仅是永恒的，也是变化的。"道"的范畴和作用，可以从人文、历史、美学与文学的角度去理解，也可以从心理学、哲学、科学与实践学的角度去贯通，它的内涵与外延博大精深，神秘厚重，可谓玄妙无比。

本章老子告诉我们，对"道"的认识与感悟，需要从三个层面入手，即从"无"到"有"的混沌初开态、从"无名"到"有名"的客观存在态，以及从"无欲"到"有欲"的主观认识态，这是个循序渐进的过程。下面具体说说。

"道，可道也，非恒道也"的第二个"道"，有人理解为"遵照执行"，与后文的"有欲"（对应有作为）、"无欲"（对应无为）呼应起来，也是说得通的，这样就可以解读为"大道"是可以遵照去执行的。但是请记住，不要过分执着其中，原因有二：一是人们可能只理解了一部分"道"，一旦这一部分被我们固化，就可能阻碍对其他或整个"道"的奥妙的表达与理解；二是不同的人在不同的情况下所理解的"道"都是不同的，产生的效果也是不一样的，所以没有固定的公式可以照搬，宜因人、因时、因地去调整与改变。

同样，万物都有它的形体、声色与运行法则，人们将它固定下来，落入具体的状态和形名之中，这就叫作"名可名"。但是这不是它永恒的形名，只能反映这个事物的一些角度和特点，无法涵盖其他的、变化着的或整个事物的内涵与外延。

所以，一切事物都是变化的，对其认知、描述、命名与遵循是没问题的，但不宜执拗其中，要善于发现事物的本质和多面性。相关的例子，生活中太多太多，不再列举。

"无名，万物之始也；有名，万物之母也"的断句，争议比较大。第一种是"无，名万物之始也；有，名万物之母也"，主张这种断句的，最具代表性的人物是宋代的司

第四十五章 名与无名，众妙之门

马光、王安石等人；第二种是"无名，万物之始也；有名，万物之母也"。根据上下文意，老子的意思是说，在"万物"没有产生时，没有任何可感知的"有实""有形"和"有名"之物，那个时候是一片混沌状态，就是整个世界的开始，而"道"正是这个"开始"的动力。这是从存在论的角度来看问题的。当万物开始形成，开始变成我们可以感知的"有实""有形"和"有名"的事物，这个时候"道"是孕育、滋养并推动万物形成的母亲，它是动力。这是从认识论的角度来看问题的。所以，笔者认为第二种断句更加符合逻辑。实际上，根据王弼本（今本）的批注"凡有皆始于无，故未形无名之时，则为万物之始。及其有形有名之时，则长之、育之、亭之、毒之，为其母也"[①]，也能看出第二种断句更为合理。

由此，万物之始、万物形成与独立、交互的运行，都是"道"在起作用，也就是说整个世界的一切事物与变化都是"道"推动的结果。怎么才能感受、认知这种道的奥妙与端倪呢？我们要用到两种方法。一是要跳出来，站在旁观者的角度，保持一种虚空、静观的态度，即无欲（无所作为的状态），去领悟它的奥妙与规律。这也可以理解为人们日常的"直觉"感知，还可以理解为"出世"的态

---

① 《老子道德经注校释》，〔魏〕王弼注，楼宇烈校释，中华书局，2008 年 12 月第 1 版，第 1 页。

度与方法。二是要主动进入，运用常识与自身条件，保持自己的思想、理智与主观能动性，即有欲（有所作为的状态），去体察"道"的本源与端倪。这也可以理解为人们常说的"理性"思考，还可以理解为"入世"的态度与方法。这两种方式的结合，是老子告诉我们的大智慧。

第四十六章　皆知善，斯不善矣

（今本2章）

【帛书复原本】

天下皆知美为美，恶已〔一〕；皆知善，斯不善矣〔二〕。有，无之相生也〔三〕；难，易之相成也；长，短之相形也〔四〕；高，下之相盈也〔五〕；音，声之相和也〔六〕；先，后之相随，恒也。是以圣人居无为之事〔七〕，行不言之教，万物作而弗始也〔八〕，为而弗志也〔九〕，成功而弗居也。夫唯弗居，是以弗去。

【楚简本】

天下皆知美之为美也，恶已；皆知善，此其不善已。有，无之相生也；难，易之相成也；长，短之相形也；高，下之相盈也；音，声之相和也；先，后之相随也。是以圣人居无为之事，行不言之教，万物作而弗始也，为而弗志①也，成而弗居。夫唯弗居也，是以弗去也。

---

① "志"，原文为"志"，"志"不通"恃"。《说文》："志，意也。"《玉篇·心部》："志，慕也。""为而弗志"的意思是"施惠于人而不求报答"。

【今本】

天下皆知美之为美,斯恶已;皆知善之为善,斯不善已。故有无相生,难易相成,长短相较,高下相倾,音声相和,前后相随。是以圣人处无为之事,行不言之教,万物作焉而不辞,生而不有,为而不恃,功成而弗居。夫唯弗居,是以不去。

【对比说明】

复原本与今本有 29 处不同,突出的是:

1."也""之"的使用与断句不同。看似无伤大雅,实际上文意改变巨大。

如"有,无之相生也"句,被今本等版本改为"有无相生"。后者的意思是"你生我,我生你,互为其根,自循环而无始终";前者的意思却是"有,是由无产生的,无是有的根本",这才与老子"必贵而以贱为本,必高矣而以下为基""天下之难作于易,天下之大作于细"的思想相符合。显然,今本等版本歪曲了老子的本意。其他内容同理,如"难,易之相成也;长,短之相形也;高,下之相盈也;音,声之相和也;先,后之相随"。

虽然有学者根据楚简文字"天下之物生于有,生于无"(并非"有生于无")来论证《老子》中对立的字、词

第四十六章　皆知善，斯不善矣

之间应该属于"互为其根"的"水平（域）而非垂直的关系"①，但是，笔者发现，《老子》中的很多文字用"垂直关系"来解读应该更准确些（如"有，无之相生也"）。

2."天下皆知美为美，恶已"句，被今本等版本改为"天下皆知美之为美，斯恶已"，意思彻底变了。前者的意思是"天下都知道这样是美的，大家都来为美而美（比如假装慈善），这种做法是'可恶'的"；后者的意思变为"天下人都知道美之所以为美，是因为有丑陋的存在"。

3."皆知善，斯不善矣"句，帛书甲本为"皆知善，訾不善矣"，帛书整理小组将"訾"校勘为"斯"，帛书乙本为"皆知善，斯不善矣"，楚简为"皆知善，此其不善已"，多一个"其"字以示强调，今本等版本为"皆知善之为善，斯不善已"。这里老子讲了个辩证思想，说"大家都认为好的，那么就不是好的了"，就像"大家都认为是机会的时候，就不一定是机会了"一样，说明事物没有绝对性，没有一直不变的，此处采用"皆知善，斯不善矣"最为妥帖。而今本等版本的意思是"都知道善之所以为善，那这就不善了"（语法不通），或者解读为"都知道善之所以为善，是因为有恶（不善）的存在"，显然意思彻底改变了，不能准确反映老子一贯的思想和深刻的

---

① 张祥龙:《有无之辨和对老子道的偏斜——从郭店楚简〈老子〉甲本"天下之物生于有／无"章谈起》，《中国哲学史》2010年第3期。

意义。

4."长，短之相形也"的"形"字，帛书甲乙本为"刑"，河上公本、傅奕本、范应元本等版本为"形"，此处校勘为"形"。"相形"即通过对照与比较得出的意思。

5."高，下之相盈也"句，被今本等版本改为"高下相倾"，为了避讳汉惠帝刘盈的"盈"而将其改为"倾"字，意思不准确。

6."万物作而弗始也"句，今本等版本为"万物作焉而不辞"。"始"是"滋生、创始"的意思，"弗"是有限制的"不"，"弗始"即不乱创始、另生事端；而"不辞"意为不推辞或不言，有听之任之的意思。

7. 今本等版本添加"生而不有"句，帛书甲乙本均无此句，联系上下文意，有些多此一举。

8. 楚简与帛书除了几个字与语气助词不同外，意思大致相同，如"成功而弗居也"的"功"和"也"在楚简中被删除；还有就是"先，后之相随，恒也"，帛书比楚简多了个"恒"字以示强调，更为准确完美。

【译文】

天下所有人都知道什么是美，若为美而美（如伪装善良），这就可恶了。天下所有人都知道善，就无所谓善了。有是从无开始萌生的，难是与易依存（众多个易组合成难）

第四十六章　皆知善，斯不善矣

并由易开始产生的，长是相对于短而显现的，高是因为有下才得以存在的，音是从声（单一音响）混合协调而成的，前是有后的接续而形成的——这些都是永恒的。所以圣人用无为（非不作为）的观点对待世事，用不言的方式施行教化，听任万物自然兴起而不为其乱创始，施惠于人而不求报答，功成业就而不居功。只有不居功，功绩才不会失去。

【注释】

〔一〕恶：可恶。

〔二〕斯：这个。

〔三〕相：相比。

〔四〕相形：指通过对照与比较得出。

〔五〕盈：充实、补充。

〔六〕音、声：根据汉代郑玄为《礼记·乐记》作的批注，合奏出的乐音叫作"音"，单一音响叫作"声"。

〔七〕圣人：古时人所推崇的最高层次的典范人物。居：担当、担任。无为：顺应自然，不加干涉、管束，任凭人们去干事。

〔八〕作：发生、兴起、创造。

〔九〕志：记、记住。弗志：不让人记住，即不求报答。

【阐释】

本章内容分为两个层次：第一层集中体现了老子万物对立统一的辩证思想；第二层讲了面对矛盾时，人们宜采用"无为"的方式，并以圣人为例，强调这种"无为"实则为"有所为有所不为"。老子一再强调一种大智慧，就是"跳出事物之外来探究事物的本质"，这一章延续了上一章的这一观点，并作出深度解读。

老子及《道德经》的一个核心概念就是"无为"。

老子说"居无为之事，行不言之教"，是要效法"万物作而弗始也，为而弗志也"的"天之道"。实际上，"道"是在为万物而大作为的，这与上一章的意思契合，但是关键在于它不恃以为功，不居功自傲，不抬高自己的位置，而是默默地隐身于背后，无言无形而无居。所以，老子这里的"无为"就是指掌控局面下的无言无形与无以为，与"大方无隅，大器免成，大音希声，大象无形"是一个道理。

那么，这个掌控局面的潜在力量来自哪里呢？来自两个层面。一是顺应自然万物与人间万事运行的规律，尽量不作太多干涉，强调要运用"人法地，地法天，天法道，道法自然"的规则。二是从其他方面有所作为，所谓"汝果欲学诗，工夫在诗外"。把精力用到"诗歌之外"的知识、阅历与历练之上，反而能够创作出美妙的诗歌来，这

| 第四十六章　皆知善，斯不善矣 |

与"熟读唐诗三百首，不会吟诗也会吟"是一个道理。本章最后的"夫唯弗居，是以弗去"便总结了这个意思。正因为你不居功自傲，放低自己，隐形于背后为大家去做事，所以大家反而离不开你，你的功绩就不会消失。

本章还讲述了老子的一个重要的辩证思想：事物的发展与变化，在一定时期内并不容易改变属性，由此，人们应当在守住事物根本的前提下来看待它的发展和变化。比如"难"是由众多"易"所组合而产生的（"难，易之相成也"），但是，"难"在一定的时期内并不是很容易就能转化成"易"的。所以，任何事物的发展与转化都是有一个度的，比如竹子的生长可以由短变长，但是不能永远地"长"下去，它永远没法达到云杉的高度，所谓"尺有所短，寸有所长"，便是这个道理。这一点很重要。

而今本等版本"难易相成"的解读，就忽视了上述老子的这一条件。比如"愚公移山"，虽然讲的是有关"毅力"的励志故事，但是从另一个角度来说，移山是何其艰难的巨大工程啊！愚公所谓的"子子孙孙，无穷匮也，而山不加增，何苦而不平？"的道理，极度空洞而极端固执，说他是"在一棵树上吊死"或许都是在表扬他。联系老子的辩证思想（移山的难，并不会因为有"愚公无穷无尽的子孙"而转化成一件容易的事），我们要问：愚公与其子子孙孙，他们的人生价值就是天天挖山吗？这和希腊神话中西西弗斯天天推石上山的受苦受罪有什么不同呢？而神认为，这是让西西弗斯遭受的人间甚至神界最大的惩罚了。

第四十七章　不上贤，使民不争

（今本3章）

【帛书复原本】

不上贤[一]，使民不争；不贵难得之货[二]，使民不为盗[三]；不见可欲[四]，使民不乱。是以圣人之治也，虚其心[五]，实其腹，弱其志[六]，强其骨。恒使民无知无欲也。使夫知不敢弗为而已[七]，则无不治矣[八]。

【今本】

不尚贤，使民不争；不贵难得之货，使民不为盗；不见可欲，使民心不乱。是以圣人之治，虚其心，实其腹，弱其志，强其骨。常使民无知无欲，使夫智者不敢为也。为无为，则无不治。

【对比说明】

复原本与今本有10处不同，改动较少，但是意思变化很大，突出的是：

1."不上贤"句被今本等版本改为"不尚贤"后,意思大变。"不上贤"的意思是不给予贤人高人一等的地位,而"不尚贤"意为不推崇或注重贤人。实际上,老子是注重贤才的,所谓"事善能,动善时"。老子只是强调不要让贤者显摆自己的贤才,更不要因为有贤才就高人一等,不要主动拔高贤人的地位,进而使他们自认为高人一等。显然,今本等版本严重歪曲了老子的本意。

2."不见可欲,使民不乱"句,帛书甲本缺失四个字,本书取用帛书乙本文字,而今本等版本添加了"心"字。显然,这里不要"心"更为合理些,因为"民不乱"的不仅仅是"心",还包括"行为",且去掉"心"后与上下文意最为契合。

3. 今本等版本将"恒使民无知无欲也"的"恒"字改为"常"字,是为了避讳汉文帝刘恒的"恒"。"常"和"恒"虽然意思接近,但"恒"字有恒定不变的意思,更加明确。

4. 今本等版本将"夫知(者)"改为"夫智者",意思变化很大。"知者"指的是懂得上述道理(即知晓统治者治理民众的奥妙和技巧,便可能利用这些技巧的疏漏寻事)的人,不是专指有智慧的人。

5. 注意,"恒使民无知无欲也。使夫知不敢弗为而已,则无不治矣"的意思是,要使百姓始终保持内心平静,没

第四十七章 不上贤，使民不争

有心机和私欲邪念，让懂得智巧的人也不敢妄为肇事，这样天下（或国家）就没有治理不好的了；而今本等版本改为"常使民无知无欲。使夫智者不敢为也，为无为，则无不治"，意思就是"要愚民"啊，又让老子背黑锅了。

【译文】

不刻意拔高贤才的地位，使百姓不至于争名夺利；不哄抬难得财物的价格，使百姓不至于去做盗贼；不显示能够引发人们贪欲的事物，使百姓不至于心智迷乱。因此，圣人的治理就是清空百姓的心思，填饱百姓的肚腹，削弱百姓胡为的意志，增强百姓的筋骨，要使百姓始终保持内心平静，没有心机和私欲邪念。让懂得智巧的人也不敢妄为肇事，这样天下（或国家）就没有治理不好的了。

【注释】

〔一〕上：指刻意拔高。贤：有德行、有才能的人。

〔二〕贵：重视、珍贵，此处引申为哄抬价格。货：财物。

〔三〕盗：盗贼。

〔四〕见：出现、显露，这里是显示、炫耀的意思。

〔五〕虚：空虚。心：古人认为心主思维，这里指思想、头脑。虚其心：使他们内心平静，无思无欲。

〔六〕弱其志：使他们志气被减弱，削弱他们竞争的意图。

〔七〕夫：虚词。弗为：这里指擅自作为、妄为。

〔八〕治：治理，这里指通过治理使得天下太平。

【阐释】

春秋末期，天下大乱，大国称霸，小国自保，相互兼并、征战不断，统治者纷纷招贤纳才以治民、强国与御敌，"尚贤"之风盛行。但是，一些富有野心的人，竞相争权夺位，抢夺民间钱财，导致民心紊乱，盗贼四起。由此，老子提出"不上贤"的观点，同时也批评了由"上贤"而引发的过分追求物质利益的欲望。

老子的"不上贤"（非"不尚贤"），并不包含贬低人才、否定人才的意思，而是指不要把"贤才"当作一种诱惑，引起人们纷纷争权夺利。老子认为，社会动乱不安、矛盾突出，这是由于差别的存在；老子想靠减少差别来减轻或避免社会矛盾，他提出"不上贤""使民无知无欲"等观点，是想让人们回到一种无矛盾的"无为"境界。

由此，本章承接前一章，进一步阐释了"无为"概念。所谓"无为"，并非无所作为，而是要顺应自然规律，不妄为，不非为。

老子认为，统治者不宣称某种道德标准，因为世界就没有统一的标准，很多美德都是相对的，换一个角度看就可能完全变了。统治者的偏好与崇尚，能够引发人们为了

第四十七章 不上贤，使民不争

这些名分而起争执之心，激发社会矛盾。同时，不要把那些难得的东西搞得很珍贵，激发人们的私心利欲，否则就会致使人民向盗贼的方向转换。

这里，老子提出一个重要的观点，那就是既不讲人性善，也不讲人性恶，而是说人性本来是纯洁素朴的，倘若不使人们看到可以贪图的东西，那么人们就可以保持"无知无欲"的纯洁本性。具体到实际操作层面，就是要使百姓的生活达到温饱、身体健壮，使百姓没有盗取利禄之心，没有争强好胜之志，这样做，就顺应了自然规律，就做到了无为而治。显然，现在看来，这些观点与做法，有其积极的一面，也存在消极的东西。

不过，结合老子在其他章节提出的使民"甘其食，美其服，乐其俗，安其居"的思想，我们会发现这里的"消极"是有其特定含义的，就是在人们物质丰足的情况下，引导人们减少欲望，那么，人们就会安居乐业，没有更多的妄念，生活幸福美满。

第四十八章　道盅，用之有弗盈

（今本4章）

【帛书复原本】

道盅，而用之有弗盈也[一]。渊呵[二]，始万物之宗[三]。挫其锐，解其纷，和其光，同其尘。湛呵[四]！始域存。吾不知其谁子也，象帝之先[五]。

【今本】

道冲，而用之或不盈。渊兮，似万物之宗。挫其锐，解其纷，和其光，同其尘。湛兮似或存，吾不知谁之子，象帝之先。

【对比说明】

复原本与今本有9处不同，突出的是（或其他说明）：

1."道盅"的"盅"字，帛书甲本缺失，帛书乙本、王弼本（今本）、河上公本等版本均为"冲"，傅奕本为"盅"。"冲"通"盅"，代表空虚。"冲"字虽有空虚之意，但容易让人误会为动词。此处有学者取用傅奕本的"盅"①，笔者认为最为准确。

2."始万物之宗"句，被今本等版本改为"似万物之宗"，意思明显不同了。"道"本来就是万物的宗主，怎么可以说成"犹如万物的宗主"呢？本书取用帛书内容。

3."始域存"的"域"字，帛书甲乙本与王弼本（今本）均为"或"字。有学者校勘后指出，《说文》："域，或或从土。"因此，"或"是"域"之省之借。②笔者认同。另，"始"字的校勘参考第2点说明。"始域存"意为"早在疆域形成之前就存在了"，今本等版本的"似或存"意为"好像存在又不存在"，讲不通，也不像"道"，极大可能歪曲了老子的本意。

4."挫其锐，解其纷，和其光，同其尘"句，又出现在第十九章（今本 56 章）。学者谭献（《读老子》）、马叙伦（《老子校诂》）均认为此处是衍文，放在此处，与文意不合，当删除③。此校勘，笔者也觉得有一定的道理。

【译文】

"道"虚空无形如同"盅"，然而它的作用无穷无尽。

---

① 高明：《帛书老子校注》，中华书局，1996 年 5 月第 1 版，第 239-240 页。
② 尹振环：《帛书老子再疏义》，商务印书馆，2007 年 5 月第 1 版，第 240 页。
③ 高亨：《老子注译》，华钟彦校，河南人民出版社，1980 年 3 月第 1 版，第 28 页。

它是多么的深邃啊，开启万物的本源。它消挫万物的锋芒，解除万物的纷争，融合于光并调和万物光辉，混同于尘俗之中。它是多么的深厚啊，在疆域形成之前早已存在。我不知道它是从哪里来的，在象帝之前便已存在。

【注释】

〔一〕有：通"又"。盈：满，引申为尽。

〔二〕渊：深远。呵：语气助词，表示停顿。

〔三〕宗：祖宗、祖先。

〔四〕湛：沉没，引申为隐约、不见形迹。

〔五〕象：指万物的形态，即"两仪生四象"的"象"。

【阐释】

在本章中，老子继续解读什么是"道"。他说，道是虚空无形的，但是绝非空无所有，作用是不可限量的。

横向来看，"道"是无限博大、无穷无尽而且永远不会枯竭的。纵向来看，"道"又是无限深远、无法追溯来源的，是自然万物、天地造化的祖宗。

最后，老子自问："道"是从哪里产生而来的呢？他说，"道"在天帝（造化）之前就存在了。既然如此，那么造化也就无疑是由"道"产生出来的。意思就是，不是造化造物，而是道生天地，继生万物，进而变成支配宇宙天地、一切事物存在和发展变化的力量,所谓"道生一,一生二,二生三,三生万物"。

由此,人们只要尊重"道"的规律,天地、阴阳、尘光等各方力量都会来帮助自己。这就是顺其自然的力量。

第四十九章　天地不仁，以万物为刍狗

（今本5章）

【帛书复原本】

天地不仁，以万物为刍狗〔一〕；圣人不仁，以百姓为刍狗。天地之间，其犹橐籥与〔二〕？虚而不屈〔三〕，动而愈出〔四〕。多闻数穷〔五〕，不若守于中。

【楚简本】

*天地之间，其犹橐籥*①*与？虚而不屈，动而愈出。*

【今本】

天地不仁，以万物为刍狗；圣人不仁，以百姓为刍狗。天地之间，其犹橐籥乎？虚而不屈，动而愈出。多言数穷，不如守中。

---

① "橐籥"二字的详细校勘辨析，参见丁四新：《郭店楚竹书〈老子〉校注》，武汉大学出版社，2010年3月第1版，第203-207页。

第四十九章　天地不仁，以万物为刍狗

【对比说明】

楚简没有"天地不仁，以万物为刍狗；圣人不仁，以百姓为刍狗"与"多闻数穷，不若守于中"，这些文字与儒家核心思想严重背离（虽然老子并不反对真正的"仁义礼智信"，但是这类说法，至少从文字表面意思上来说是最能引发"与儒家核心思想对立"的误解的，可参见【阐释】），也许是儒家学者或崇尚儒家思想的人对《老子》文字的有意篡改，同时也间接证明了对帛书"多闻数穷"的"闻"字在今本等版本中被篡改为"言"的判断是正确的，详见【阐释】。由此也表明帛书是最能体现《老子》本意和真谛的版本。

不过，在楚简中，除了与儒家思想严重相左的一些字句被删除或被篡改之外，其他内容大多与帛书一致，而与今本等版本相去甚远，且楚简成书时间更早，所以，楚简对考校《老子》本意有极高的研究与参考价值。

复原本与今本有3处不同，需要说明的是：

1."多闻数穷，不若守于中"句，今本等版本将"闻"字改为"言"字，变成了"多言数穷，不如守中"。笔者认为帛书正确且境界更高，详见【阐释】部分解读。

2."不若守于中"句，比今本等版本多了个"于"字，对照前文"多闻数穷"容易引发歧义的观点，这里强调要"守于中"，看到万物的根本，即道的本质，起到引发注意

的作用，使论述重点更加明确。

另外，此处的"中"字，历来有两种释义。一是，"中"通"冲"①，意为虚空、虚静；二是，"中"有适中的、不偏不倚的意思，强调"过犹不及"的意境。这两种解释都有道理，且有联系，只有置于"虚空、虚静"的境界，才能真正把持得住不偏不倚，进而做到适中。

3."虚而不屈"的"屈"字，帛书甲乙本均为"淈"字，"淈"通"屈"，即竭尽、穷尽的意思。

【译文】

天地无所谓仁慈，它对待万物就像对待刍狗一样，任其自生自灭。圣人没有偏爱、仁爱，对待百姓也像对待刍狗一样，凭其自作自息。天地岂不就像个大风箱吗？因其内在虚空才能持续鼓风而不枯竭，越鼓动风就越多，万物得以生生不息。纠缠于众多表象之中，就会使自己陷入迷茫和困窘，与其这样，不如守住虚静、适中这个根本。

【注释】

〔一〕刍：草。刍狗：古代用于祭祀之中、以草扎成的"草狗"，用完便会被扔掉或烧掉，比喻轻贱的东西。

〔二〕橐籥（tuó yuè）：古代的风箱，即为炉火鼓风用的器具。

---

① 徐志均校注：《老子帛书校注》，学林出版社，2002年5月第1版，第172页。

| 第四十九章　天地不仁，以万物为刍狗 |

〔三〕屈：竭尽、穷尽。

〔四〕愈：更加。

〔五〕数（shuò）：疾速。《尔雅·释诂下》："数，疾也。"穷：困窘，穷尽到头，无路可走。

【阐释】

本章承接上一章，对"道盅"作进一步阐述。由"天道"推论"人道"，由"自然"推论"社会"，应对的核心就是要"守于中"，清静无为。

首先谈"天道"与"人道"。老子否定了当时思想界将天地人格化的观点，认为天地不存在理性和感情，它依照自身规律运行，不受天神人的左右。老子用了一个形象的比喻：人们祭祀时使用的以草扎制而成的狗，祈祷时用它，用完后随手就把它扔掉了。同样，圣人取法于天地自然，对民众也应无所偏爱，任其自作自息。

接着谈"自然"与"社会"。老子拿生活中的一件常见事物来作比喻：人们使用的风箱，只要拉动就可以鼓出风来，而且不会竭尽。天地之间好像一个风箱，空虚而不会枯竭，越鼓动风越多，于是，万物就会生生不息。这是自然，对应到社会的话，实际上社会也像一个大风箱。这个风箱不停地运动着，衍生出社会上无穷无尽的人、物与复杂的关系与事件，构成人间百态。

最后谈应对思想和办法。天地对万物,圣人对百姓都因不经意、不留心而任其自长自消、自生自灭。既然天道、人道都是没有情感,而自然、社会的繁杂纷乱,却有着如同风箱鼓风般生衍、运作万物一样的天然规律,那么,统治者最好的做法,就是不要被社会万事万物的表象所迷惑(否则会使自己和民众都陷入困境与迷茫),而是要跳出来,让自身如风箱一样虚空,无为而治,这样反而就像抓住了风箱的把手,纲举目张,社会自然也会繁荣昌盛起来。

此外,再谈谈关于刍狗与仁义的问题。

庄子说,人们祭祀鬼神时用到的刍狗,用草扎成,戴上头冠,披上衣服,精心打扮,无所不用其极,等到祭祀完毕了,就丢在地上任意践踏。天地圣人都是这样毫无一丝仁慈与情义。很多人都是这样理解的。但是,有人提出如下观点,很有意思。

在老子看来,天地表面上如同人们对待刍狗一样,但是它主宰万物并让其生生不息,从来没有索取过回报,所以,天地仅仅是不把"仁义"放在嘴边(对很多道貌岸然、虚伪的儒学人物的讽刺),不标榜自己多么仁义而已。同样,圣人也是不标榜自己多么仁义,不抬高自己的位置,为民众做事而不索取回报。这或许才是本章的灵魂所在。

这里专门谈谈"多闻数穷"的问题。

第四十九章 天地不仁，以万物为刍狗

老子的很多观点是超乎常理的，普通人轻易就能理解的话，那老子也就算不上"圣人"了。比如前面章节谈到的"有，无之相生也；难，易之相成也"等句，老子的理解和境界就比今本等版本高了几个层次。

"多闻数穷"句，被今本等版本改为"多言数穷"，乍一看会认为正确，因为"多闻数穷"很难让人理解和接受。"博闻多识"是人们一贯向往、推崇的好事啊，怎么在老子看来反而就"困窘"了呢？

实际上，"少言"的意义，儒道两家都是提倡的，比如"少说多听""知者弗言""言多必失""希言自然"等。但是在这里，老子讲了一个辩证思想，他的意思是：不要被事物复杂的声色变化所迷惑，因为事物的表象是无穷无尽的。所以，不要贪多去追求表象，而是要"守于中"，把握事物的根本。另外，从《道德经》中"塞其兑，闭其门""知者不博，博者不知""不出于户，以知天下"等语句的意思来看，"多闻数穷"更符合老子的思想，更与老子的本意契合。

这种理解与"天地之间，其犹橐籥与？虚而不屈，动而愈出"的思想相互映衬。即天地好像一个大风箱，中空而不闭塞，只要一拉动，无穷的风就会产生出来；我们需要把握住天地这个风箱的根本，而不要被它衍生出的万事万物（即"多闻"）的表象所迷惑，这样就守住了"道"

的本质。

所以,此处的"多闻"就不是我们日常概念中的"博闻"的意思了。"多闻数穷,不若守于中"整句话翻译过来的意思就是:"纠缠于众多表象之中,就会使自己陷入迷茫和困窘,与其这样,不如守住虚静、适中这个根本。"

第五十章　玄牝之门，天地之根

（今本6章）

【帛书复原本】

谷神不死[一]，是谓玄牝[二]。玄牝之门[三]，是谓天地之根。绵绵呵若存[四]！用之不勤[五]。

【今本】

谷神不死，是谓玄牝。玄牝之门，是谓天地根。绵绵若存，用之不勤。

【对比说明】

复原本与今本有2处不同。

"谷神不死"的"谷"字，帛书甲乙本均为"浴"。"浴"通"谷"，这里取用"谷"，符合古貌。

帛书用"呵"以示强调，与今本等版本基本没有区别。

【译文】

生养天地万物的"道"是虚空神秘的,永存不灭,就是所谓的玄妙母体。这个玄妙的生育之门,就是天地的根本。"道"是连绵不绝的啊,它的存在,取之不尽用之不竭。

【注释】

〔一〕谷:形容"道"像山谷一样博大而虚空。神:形容"道"神奇而变化无穷。

〔二〕玄:黑色,这里引申为深远、神妙难测。牝:雌性的鸟兽,以此借喻造物无限、持续连绵的"道"。玄牝:玄妙的母性,以此借喻孕育、生养天地万物的母体。

〔三〕门:指产门,这里比喻造化天地生育万物的根源。

〔四〕绵绵:连绵不绝的样子。若:如此、这样。

〔五〕勤:通"尽",竭、完。

【阐释】

要将神秘莫名的"道"讲清楚,并让人领悟它的根本,实属一件难事。老子连续用了两个比喻,企图从不同的角度来形象地诠释"道"的本质。

用"谷"来象征"道"体的幽深与虚无,用"神"来比喻"道"性的变幻与神秘,所以,"道"是空虚幽深,永远不会枯竭,永远不会停止运行的。这种支配万物发展

第五十章　玄牝之门，天地之根

变化的力量是永恒的，即恒"道"。

人类最重要的初始本性是对母体的依恋，而且对母性能生育生命的本能深感神秘。所以老子用母性动物的生殖之门来描绘"道"是开天辟地的始源，是产生万事万物的地方，它的作用非常之大。不仅如此，老子还借用"玄牝之门"这种人类神秘的生殖体验，联动人性的精神需求，曲折地表述了人类依赖自然，企求与自然合为一体的强烈愿望。

第五十一章　外其身而身存

（今本 7 章）

【帛书复原本】

天长地久[一]。天地之所以能长且久者，以其不自生也[二]，故能长生。是以圣人退其身而身先[三]，外其身而身存[四]，不以其无私与？故能成其私。

【今本】

天长地久。天地所以能长且久者，以其不自生，故能长生。是以圣人后其身而身先，外其身而身存，非以其无私邪？故能成其私。

【对比说明】

复原本与今本有 4 处不同，需要说明的是：

"是以圣人退其身而身先"的"退"字，帛书甲本为"芮"，帛书乙本为"退"，今本等版本改为"后"。"圣人退其身而身先"，就是圣人在考虑到所有人利益的前提下，

第五十一章　外其身而身存

主动退后，最后才考虑自己的利益，强调"本可为先，却主动退后"。显然帛书乙本更为准确。

【译文】

天长地久。天地之所以能够长存久远，是因为它们不为自己而运行，所以能够长久生存。因此，圣人遇事谦退无争，反而能够领先众人；身处事外反而能保全自己。这不正是因为他无私吗？所以能够成就自己的愿望。

【注释】

〔一〕长、久：指时间长久。

〔二〕以：因为。自生：为自己生存。

〔三〕身：自身、自己。先：居先，这里是高居人上的意思。

〔四〕外：使动用法，这里是置之度外的意思。

【阐释】

本章与上一章一样，由天道推及人道，老子再一次歌颂天地。对天地来说，"以其不自生也，故能长生"。对于圣人，老子赞美他们能谦居人后，能身处事外，不是对什么事都插手，而是跳出事外看清了再帮一把，反而能够起到好的作用和效果。同时，老子谈到"不以其无私与？故能成其私"，说明对立的双方是互相转化的。由此表达了老子"退身忘私""以退为进""忘私得存"的思想主张和智慧，体现了"利他"和"利己"是辩证统一的，进而鼓励人们多做利他的事情，培养自身谦退无私的品格。

"以无争争，以无私私，以无为为。"有人认为这是为人处世的智慧，也有人认为这是一种滑头主义的手腕。仁者见仁智者见智吧！不过，联动前面章节的内容，以及本章一再强调的"无私"前提和老子一贯主张的"无为"思想，笔者认为，这是一种很好的处世哲学和行事手段。

关于"外其身而身存"的价值与意义，这里讲一个关于王阳明平定宁王叛乱的故事。当年，宁王朱宸濠率领十万大军，从南昌出发，东下欲取南京，王阳明作为汀赣巡抚，正好带了小股部队去平定土匪，就镇守在江西附近，赶上这十万大军了，怎么办？以几千人对付十万大军，简直就是以卵击石、自取灭亡啊！然而，让大家想不到的是，王阳明很快做出"攻打"的决定，结果仅仅用了40天的时间就把朱宸濠的部队打得落花流水，最后活捉了朱宸濠。

后来王阳明自己评价这件事，说他当时命悬一线，稍微不慎就会被碾为尘土齑粉，而在战争中之所以始终能够做出正确的决定，是因为他把自己的利益全部放掉，放空自身，做事没有任何包袱，这样就能够洞察到事物的根本了。

第五十二章　水善利万物而有静

（今本8章）

【帛书复原本】

上善似水〔一〕。水善利万物而有静，居众之所恶〔二〕，故几于道矣〔三〕。居善地〔四〕，心善渊〔五〕，予善天〔六〕，言善信〔七〕，政善治，事善能，动善时。夫唯不静，故无尤〔八〕。

【今本】

上善若水。水善利万物而不争，处众人之所恶，故几于道。居善地，心善渊，与善仁，言善信，正善治，事善能，动善时。夫唯不争，故无尤。

【对比说明】

复原本与今本有7处不同，多处意思大变：

1. "水善利万物而有静"句，被今本等版本改为"水善利万物而不争"。虽然"有静"与"不争"都符合老子一贯的思想，但是，"有静"在此处更适合些，且更有深意。

一是"静"字本身包含不争的意思,"静"的"不争"并非不能争或不争,而是不争则已,一旦启动则"天下无人能与之争";所以,"有静"与"不争"相比,前者不仅内涵、外延深厚,而且懂得万物运行的"度",行事知道进退与分寸。二是"静"比"不争"更加符合水的特性。所以,这里取用"有静"。

2."予善天"句,帛书乙本为"予善天",帛书甲本在"予善(天,言善)信"处脱失了三个字,故被后人误抄为"予善信"[①],今本等版本改为"与善仁"。这里取用"予善天",详见【阐释】部分解读。

3."上善似水"的"似"字,帛书甲本为"治",帛书整理小组校勘为"似",帛书乙本为"如",今本等版本改为"若"。这里采纳"似",或符合原貌。

4."居众之所恶"句,被今本等版本改为"处众人之所恶"。因为老子是在说天道(像水),这里的"众"指"众生",并不仅仅指"众人",所以天道不仅有"处于"的意思,还有如同"居所处在固有位置"一样的含义。故此处取用"居众之所恶"。

5."夫唯不静"的"不静",帛书甲本为"不静",帛书乙本为"不争",学者与传世诸本几乎全都认定这里是"不争"。但是,由于上文对"水善利万物而有静"的更

---

① 高明:《帛书老子校注》,中华书局,1996年5月第1版,第256页。

正，不论从文意上，还是从结构上来说，这里都应该是帛书甲本的"不静"二字。原因在于："水"具有像"道"一样的修为，展现出的是宏大、博爱的"静"，这个"静"是相对的，肯定不是绝对的，不然就成了一潭死水；这里的"静"，正如同水在"居善地，心善渊，予善天，言善信，政善治，事善能，动善时"这七种"为德而动"的综合作用下所呈现出的状态，犹如"赤橙黄绿青蓝紫"七种颜色的光综合在一起就变成了无色一样。

【译文】

至善（最高的善）像水一样。水滋润万物而静默无声，停留在众生不喜欢的地方而无怨，所以它最接近于"道"。处于最适合的位置，胸怀像深渊一样豁达，给予近乎天道不求回报，言令守信，政精于治，以能胜事，行动善于把握时机。只有具备上述七种如水一样"动"（不静）的德能，才不会有过失怨咎。

【注释】

〔一〕上：最，最好的。上善：最善。老子认为圣人的言行近似于水，而水的性质近似于道。

〔二〕恶：厌恶，引申为大众不喜欢、不愿去的地方。

〔三〕几：接近。

〔四〕居：处于、处在。

〔五〕渊：沉静、深沉。

〔六〕予：给予。

〔七〕言：不仅指说话，还包括政令。

〔八〕尤：怨恨、归咎、过失。

【阐释】

本章承接上一章以天道推人道的演绎，老子进一步以水喻道，进而教人。老子高度赞美水，把它与至高无上的修为与完美的品性相提并论。无形的水，可以随着各种器物改变自己的形状，可以变成甘露滋润万物。水柔和时可以随处流动，无孔不入而无阻隔；水顽强时可以滴水穿石、无坚不摧，强大时可以掀起巨浪、排山倒海。

那么，为何水的特性最接近于"道"呢？王夫之解释说："五行之体，水为最微。善居道者，为其微，不为其著；处众之后，而常德众之先。"水滋润万物而无取于万物，而且甘心停留在最低洼、最潮湿的地方。所以水的品格就是柔，停留在卑下的地方，滋润万物而平静。①

水的品格是人们最需效仿的东西。所以，好的领导者不仅要做有利于众人之事而不与其争名夺利，而且还愿意

---

① 《上善若水的意思及基本介绍》，百文网，2022 年 2 月 28 日，https://www.oh100.com/a/201111/23314.html。

第五十二章　水善利万物而有静

到他人不愿去的地方，愿意做别人不愿做的事情，忍辱负重，任劳任怨，尽其所能去作贡献帮助别人。这就是老子"水善利万物而有静"的思想。

接下来，我们谈谈"予善天"的问题。

今本等版本把"予善天"抄错或者更改为"与善仁"，与老子一贯的思想相左，严重误导读者。

一是，从前后行文来看，"居善地，心善渊，予善天"的"地""渊""天"对应，而"予善天"和"动善时"的"予"和"动"词性相同，且"天"与"时"可归类为"天时"，可见"予善天"比"与善仁"更加符合上下文意。

二是，从老子对"天"与"水"的理解来看，老子说"上善似水"，意思是：水，属于上善，当依天意，不能遂人意。且人愿意居恶处吗？所以"予善天"比"与善仁"（或"与善人"）更为准确与合适。

三是，老子在《道德经》里讲"天"的特性："天下之道，犹张弓者也。高者抑之，下者举之，有余者损之，不足者补之。"意思就是天之道，有多的就损去，有少的就补足。所以，"予善天"的意义在于：像天一样"损有余而益不足"地去"予人"，方可谓之"善"。而"与善仁"的意思是以仁为善，提倡慈爱平等，给予的时候要怀着仁慈之心。"天之道"的第二层意思是只给予、滋养万物，不索取任何东西。所以，老子强调的"予善天"，是指给予的时候要效仿天的品性，不要索取，这才是真正的"善"，并说这是高明的做法。由此可推导出：能无私予人的，只有上天，所谓"天道无亲，恒与善人"。另外，还有几个版本此处为"予善人"，这样的话，明显与其他几处"善"字意义完全相异了，所以，很少有人认同。

四是，老子对"仁"并非一味地肯定，他讲究首先要顺应天时，然后才谈"仁"，甚至直言"天地不仁""圣人不仁"等。

五是，《庄子》中曾有记载：孔子拜见老子时大谈仁义，说仁义才是人的本性，"中心物恺，兼爱无私"，这就是仁义。老子却说，性情迁移才需要强调兼爱；自私太甚才需要强调无私。天地原本就有自己的运行规律，不能以自然的状态行事，不能顺应着规律去进取，却如此急切地标榜仁义，这才是扰乱了人的本性啊！所以，老子其实是很反对这种将"仁义"随时挂在嘴上的人的。

通过上述五个方面的分析可知，此处取用"予善天"最为恰当，且最符合老子的本意。

第五十三章　持而盈之，不若其已

（今本9章）

【楚简复原本】

持而盈之[一]，不若其已[二]。揣而群之[三]，不可长保也[四]。金玉盈室，莫能守也。贵富而骄，自遗咎也[五]。功述身退[六]，天之道也。

【帛书本】

持而盈之，不若其已。揣而群之，不可长保之。金玉盈室，莫之守也。贵富而骄，自遗咎也。功述身退，天之道也。

【今本】

持而盈之，不如其已；揣而锐之①，不可长保。金玉

---

① "揣而锐之"的"锐"字，王弼本（今本）为"梲"字，河上公本为"锐"字，有学者（如高亨在《老子注译》中）认为"梲"通"锐"，这里校勘为"锐"字。

满堂，莫之能守。富贵而骄，自遗其咎。功遂身退，天之道。

【对比说明】

因为楚简的出土，考证并确认了几个重要的文字，可以纠正千年之误解（如"群"字的确认与解读、"功述身退"符合古貌等）。复原本与今本有 10 处不同，突出的是（或其他说明）：

1."揣而群之"的"群"字，帛书甲本缺失且有笔误，帛书乙本为"允"，楚简为"群"，今本等版本改为"梲（锐）"字。一字之差，意思大变。楚简的意思是"怀里揣得多多的"，修改后居然变成了"显露锋芒"了。一方面，贪图富贵是人们最容易犯的错误，特别是当时的领导者（老子主要针对的对象），所以，老子用了一章的内容来反复强调"只要能把持得住'富贵'二字，就能够做到功述身退，这是可以上升到'天道'的道理"。另一方面，"揣而群之"与前文的"持而盈之"，一个意思是"怀里揣得多多的"，一个意思是"手里捧得满满的"，可谓前呼后应、珠联璧合。而今本等版本的"揣而梲（锐）之"与上下文的意思联系起来太过唐突，改动太过明显。

2."功述身退"的"退"字，帛书甲本为"芮"，帛书乙本和楚简均为"退"，后者可能更恰当。"功述身退"的

第五十三章 持而盈之,不若其已

本义是"古时诸侯(或大臣)在朝堂上向天子(帝王)陈述职守(即述职)之后,退后让其他人上前来述职"(直白点说就是:你的表演结束了,该他人上场了)。意思是一个人的政绩或功绩不论多么巨大、多么了不起,在述职(也就是一个特定的阶段)之后,就该画上句号了。所以,这里的"退"字的意思应该是:既然过去已经画上了句号,那么,就不要再"炫耀"了,更不要居功贪位、居功自傲而不知深浅,这样的"不自骄、不自恃"才是符合"天道"的,同时表明,这并不是让人从此退隐山林,不再为国家或集体作贡献了。然而这句话一直被后人误解为"大功告成之后,自己便隐退,不再复出"的意思,进而演化成"功遂(成)身退"的成语。一字之差,谬以千里,可谓千年之误解啊!

另外,有人认为,帛书甲本的"功述身芮"最为准确,认为"功述身芮"就是指致力于公众事业,永远进取而决不居功的心态。这种说法有道理,也与上述"功述身退"是一样的意思,但是,目前很难找到"芮"字有这方面的解读,待考。

3. 开篇第一字,帛书甲乙本均为"揖"字,楚简为"持"字。《集韵·止韵》解释为:"揖,持也。"这里取用楚简的"持"字或符合古貌,与今本等版本相同。"不若其已"句,楚简原文为"不不若已",校勘为"不若其已";"不可长保也"的"也"字,帛书甲本为"之",帛书乙本和楚简为"也",取用"也"字符合文意,或为原貌;"贵福而骄"句,楚简中没有"而"字,以帛书补足。

【译文】

双手捧得满满的,不如适可而止。怀里揣得多多的,不能长久保持。金玉满堂,却不能守持得住。富贵到了骄横的程度,那是为自己留下了祸根。不居功贪位,才符合"天道"的运行规律。

【注释】

〔一〕持:手执、手捧。

〔二〕已:止,适可而止。

〔三〕揣(chuāi):放在衣服里。群:众多。

〔四〕长保:长久保存。

〔五〕咎:过失、灾祸。

〔六〕述:述职,指古时诸侯(或大臣)向天子(帝王)陈述职守。功述:引申为过去的功绩告一段落。身退:不居功贪位。

【阐释】

老子《道德经》一书中涉及一个重要的群体,即王侯将相阶层。这些人都身居高位,已经"贵"了。财富对于

第五十三章 持而盈之，不若其已

他们来说，唾手可得，关键看他们能否把持得住。

富了还想更富，贵了还想更贵，私欲无限，人们就会渐渐变得骄横，从而为自己留下祸根。这样的例子，从古至今，比比皆是。

古人书写文字非常不方便，在那个惜字如金的时代，这里却用了一个章节来谈这个道理，说明这是人们（特别是当时的领导者）最常犯且最不易把持得住的问题之一，可谓人生之大忌。

开篇，老子用了一组排比句讲述"双手满满，怀揣多多，这是不能长久的，还不如适可而止"的道理，进一步说"金玉满堂，这些都是难以守持得住的身外之物"，如西晋的大富豪石崇、清朝的和珅等人，他们有富可敌国的财富，最终也只是"为他人作嫁衣裳"。

接下来，老子进一步将"富"的问题推演到"贵"上来，说既然连"富"的问题都把持不住，还能控制得住自己对"贵"永无止境的欲望吗？这样自然而然地就会"骄横跋扈，留下祸根"。古往今来，多少王侯将相为此惹来杀身之祸。

之后，老子似乎"跳空高开"，突然将论述提升到"位高权重者的归宿"的大问题上来。这一跳跃性的布局，似乎太过唐突，实则不然。这正体现了老子苦口婆心地强调"不居功贪位"最重要的就是要处理好"富贵"二字的道理。如春秋战国时期的范蠡、北宋的石守信、唐朝的郭子仪等人,他们之所以在"功成"之后能够做到"交出兵权",就是因为对"贵"字有所把持啊!

最后,老子对他所讲述的道理进行了升华,说这才是符合"天道"的规律!

第五十四章　生而弗有，长而弗宰

（今本 10 章）

【帛书复原本】

戴营魄抱一^[一]，能毋离乎？抟气至柔^[二]，能婴儿乎？修除玄鉴^[三]，能毋疵乎^[四]？爱民栝国^[五]，能毋以知乎？天门启阖^[六]，能为雌乎？明白四达^[七]，能毋以知乎？生之，畜之^[八]。生而弗有，长而弗宰也^[九]，是谓玄德^[一〇]。

【今本】

载营魄抱一，能无离乎？专气致柔，能婴儿乎？涤除玄览，能无疵乎？爱民治国，能无知乎？天门开阖，能无雌乎？明白四达，能无为乎？生之、畜之。生而不有，为而不恃，长而不宰，是谓玄德。

【对比说明】

此章内容帛书甲本绝大部分缺失，取用帛书乙本内容。复原本与今本有 15 处不同，突出的是：

1."戴营魄抱一"的"戴"字,帛书甲本缺失,以帛书乙本补足,帛书整理小组校勘为"戴"字,今本等版本为"载"字。虽然古代"戴""载"相通,但是"戴"或许更符合原貌,故取用帛书乙本文字。"戴"不但为本章第一句的设词,也为整章的领词,自"营魄抱一"至"明白四达","戴"领于每一句前,有"如果"的意思[①],也有句首语气助词的作用。

2."民栝国,能毋以知乎?天门启阖,能为雌乎?明白四达,能毋以知乎?"字句,帛书甲本全部毁损,以帛书乙本补足。"爱民栝国,能毋以知乎?"被今本等版本改为"爱民治国,能无知乎?"意思彻底改变了。"栝"在这里有两种解读。一是,"栝"指的是箭末扣弦发箭的地方(如箭栝、矢栝),意为关键,那么"爱民栝国"的意思就是"爱护人民并掌握国家之关键"。二是,帛书整理小组将"栝"校勘为"活"字,由此,"栝国"就可解释为"使国存活",所以"爱民栝国"就是"爱民并使国家存活或长存"的意思了。显然,第一种解释更合理些。

再谈"能毋以知乎?"该句连续出现了两次。"毋"代表坚决的"不"[②],而"以"字是连词,以示强调,并无实

[①] 《老子帛书校注》,徐志钧校注,学林出版社,2002年5月第1版,第187页。
[②] 《姬氏道德经》(珍藏版),姬英明译注,朝华出版社,2019年12月第1版,前言第9页。

在意思,所以"毋以"并不是"不用"的意思,而是对"不"的特别强调,这与"为人子者毋以有己,为人臣者毋以有己"中的"毋以"用法相同。所以"能毋以知乎?"直译为"能不知道吗?"但是直译不能表达老子那种强烈的反问意味,或许翻译成"难道能不知道吗?"更准确些。由此,笔者认为"爱民栝国,能毋以知乎?"的意思被绝大多数的后世研究者歪曲了。

3."明白四达,能毋以知乎?"被今本等版本改为"明白四达,能无为乎?"意思彻底变了。

先说"明白",本义是清楚、明确,如元稹《四皓庙》:"出处贵明白,故吾今有云。"《朱子语类》卷六七:"《易传》明白,无难看。"但是,这里的"明白"与政令有关系,指"政令疏通,普遍知道",如《墨子·旗帜》:"建旗其署,令皆明白知之,曰某子旗。"[1]"四达"这里指的是治国的政教礼乐,如《礼记·乐记》:"礼、乐、刑、政,四达而不悖,则王道备矣。"结合起来,"明白四达,能毋以知乎?"的意思就是"明晓政令疏通才能使礼乐刑政的'四达'不至于悖逆,难道能不明白吗?"

4.今本等版本在"长而不宰"前面有"为而不恃",而帛书甲乙本都没有此句。显然,此处的"为而不恃"更像是为了形式上的骈文美感,实在有点多余。当然,也有

---

[1] 《老子帛书校注》,徐志钧校注,学林出版社,2002年5月第1版,第189页。

人说今本的重复可能是为了强调这一美德，不过，笔者不太认同这一观点。

5."修除玄鉴"的"修"字，帛书甲乙本均为"脩（修）"字，王弼本（今本）、河上公本、严遵本、傅奕本、范应元本等版本均为"涤"字①，有学者认为"脩"通"涤"。"修"的意思虽不如"涤"字明确，但或许更符合古貌。

【译文】

精神和形体的合一，能永不分离吗？聚集精气以至柔顺，能像婴儿那样纯朴吗？清除杂念，净化心灵，能够毫无瑕疵吗？爱护人民，掌控国家的关键，难道能不知道吗？感官开合，能像雌性动物那样柔顺安宁吗？（由此）明晓政令疏通，才能使"礼、乐、刑、政"这"四达"不至于悖逆，难道能不明白吗？使民生、使民休养，进而（就像"道"一样）生养万物而不占为己有，促使万物成长而不去主宰它们，这就叫作"玄德"，即藏而不露的品德。

---

① 张松如：《老子说解》，齐鲁书社，1987年4月第1版，第71页。

第五十四章　生而弗有，长而弗宰

【注释】

〔一〕戴：句首语气助词，整章领词。营魄：魂、魂魄。抱一：抱即合一，意为身体与精神合而为一。

〔二〕抟（tuán）：聚集。

〔三〕修除：清理、清除。鉴：镜子。玄鉴：指人心灵深处明澈如镜。

〔四〕毋：表示强硬的否定，即坚决的"不"。疵：瑕疵。

〔五〕栝（guā）：箭末扣弦处，意为关键。栝国：掌握国家之关键。详见【对比说明】中的解读。

〔六〕天门：指耳目口鼻等感官。启：开。启阖（hé）：指动静、变化和运动。

〔七〕明白：清楚、明确，这里指政令疏通，普遍知道。四达：指治国的"礼、乐、刑、政"。详见【对比说明】中的解读。

〔八〕畜：养育、繁殖。

〔九〕宰：主宰。

〔一〇〕玄：玄秘而深邃。

【阐释】

本章深入阐述修身的问题。

开篇六个疑问连续抛出，振聋发聩，让人应接不暇：能毋离乎？能婴儿乎？能毋疵乎？能毋以知乎？能为雌乎？能毋以知乎？这六大问题所提出的修养和品格，有人做了演绎与归纳：" '坚忍不拔，持之以恒；致阴致阳，致柔致刚；涤除杂念，专心致志；顺其自然，无为而治；大智若愚，虚怀若谷；无知无欲，通达四方。'这是何等致高致远的境界啊！"①

接着老子迅速收网，聚焦"使民生、使民养"，回归到"人君南面术"的初衷上来，强调要将如此深远致达的修行与品德，落到爱民和把握国之关键上来；最后又推人及物，扩展到世间万事万物，将其升华并纳入"道"的重要规律之中，进而拓展开来形成了一个具有普遍价值的思想与方法论，那就是，这种修身也适合于社会各个阶层、不同领域、不同文化、不同性格的单独个体。

"金无足赤，人无完人"，我们不能对人对己求全责备，但是我们可以按照老子指明的修炼思想，修身养性，虽然不一定能让自己出类拔萃、超凡脱俗，但是在一定程度上提升自己，在某些方面改变命运的轨迹还是有可能的。

另外，谈两个学术界的分歧。

1."戴营魄抱一"的"一"字的理解。有学者认为此处指精神与躯体合而为一，不可分离；也有人将此处的"一"解释为"专一"，说本句的意思是"安居于常所，专一慎独，须臾也不能受物欲的诱惑"；甚至还有人认为这里的

---

① 《〈道德经〉原文及译文》，百度文库，2021年4月6日，https://wenku.baidu.com/view/bd3f2b7cdf3383c4bb4cf7ec4afe04a1b171b061.html。

第五十四章　生而弗有，长而弗宰

"一"就是"道"，即统一于道。笔者认为，第一种解释最为恰当，第三种解释是错误的，参见第二章（今本 39 章）解读。

2."生之，畜之。生而弗有，长而弗宰也，是谓玄德"的解读。有人认为与第十四章（今本 51 章）"道生之而德畜之"等文字相雷同，因而系错简；也有人认为，在《道德经》一书中，文字相同或近似的情况、前后重复的情况都是常见的现象，不必认定为错简。笔者认为，"生之，畜之"是从人向自然的过渡，也是谈人的，即"使民生、使民养"，最后，将这种品性升华或者说回归到对万事万物的"道"上来，即"进而生养万物而不占为己有，促使万物成长而不去主宰它们"，这正是"道"的性质，是隐藏而不露的品格。所以，笔者不认同错简一说。

第五十五章　卅辐同一毂

（今本 11 章）

【帛书复原本】

卅辐同一毂[一]，当其无，有车之用也[二]。埏埴为器[三]，当其无，有埴器之用也。凿户牖[四]，当其无，有室之用也。故有之以为利，无之以为用。

【今本】

三十辐共一毂，当其无，有车之用。埏埴以为器，当其无，有器之用。凿户牖以为室，当其无，有室之用。故有之以为利，无之以为用。

【对比说明】

帛书甲本缺漏部分主要由帛书乙本补全。复原本与今本有 7 处不同，但文意基本相同，说明如下：

1."埏埴为器"的"埏"字，帛书甲本为"然"，帛书乙本为"燃"字，是"埏"的异体字。《说文》："然，烧也，

第五十五章 卅辐同一毂

从火，肰声。"然"为"燃"的异体字，但也可能是"墢"字的省写①。另外，"埏埴"意为和泥制作陶器，引申为陶冶、培育的意思，比"燃埴"更准确，故取用帛书乙本并校为"埏"字。

2."凿户牖"句后面没有今本等版本的"以为室"，或为后人增添。

【译文】

三十根辐条汇集到一根毂上，有了车毂内中空的地方，才有车子的作用。焙制陶土形成器皿，有了器具中空的地方，才有器皿的作用。开凿门窗，有了门窗空虚的部分，才有房屋的作用。所以，事物"有"这种实在的部分给人便利，"无"这种虚无部分发挥了作用。

【注释】

〔一〕辐：车轮中连接轴心和轮圈的木条，古时一般是三十根辐条，据说取法于每月三十日的数理。毂（gǔ）：车轮中心的圆木，周围与车辐的一端相接，中有圆孔，可以插轴。

〔二〕无：指毂的中间空的地方。用：作用。

〔三〕埴（zhí）：黏土。

〔四〕户牖：门窗。

---

① 《老子帛书校注》，徐志钧校注，学林出版社，2002年5月第1版，第193页。

【阐释】

本章老子论述了"有"与"无"关系，对应于实体就是物体的实用部分与虚空部分之间的关系。老子连续用了三个生活中最常见的例子来说明问题。车子、器皿与房屋，这三种事物只有具备它们各自实在的部分才能分别称之为车子、器皿与房屋。但是，车子如果没有毂中空虚的部分，就无法行驶，更无法载人运货；器皿如果没有中空的部分，也就没法盛装物品；房屋如果没有窗户与室内等空间，就没法供人居住。这就是"有"与"无"的关系。由此，老子形象地阐释了《道篇》首章所提到的"有名"与"无名"及"有"与"无"之间的关系，是哲学化概念具象化、实用化的深入与落地。

这里引用冯友兰先生的解读，他曾说:"《老子》所说的道，是'有'与'无'的统一。因此它虽然是以无为主，但是也不轻视有。它实在也很重视有，不过不把它放在第一位就是了。《老子》第二章说:'有无相生'。第十一章说:'三十辐共一毂，当其无，有车之用。埏埴以为器，当其无，有器之用。凿户牖以为室，当其无，有室之用。故有之以为利，无之以为用。'这一段话很巧妙地说明'有'和'无'的辩证关系。一个碗或茶杯中间是空的，可正是那个空的部分起了碗或茶杯的作用。房子里面是空的，可正是因为是空的，所以才起了房子的作用，如

第五十五章 卅辐同一毂

果是实的,人怎么住进去呢?《老子》作出结论说:'有之以为利,无之以为用。'它把'无'作为主要的对立面。《老子》认为碗、茶杯、房子等是'有'和'无'的辩证的统一,这是对的;但是认为'无'是主要对立面,这就错了。毕竟是有了碗、茶杯、房子等,其中空的地方才能发生作用。如果本来没有茶杯、碗、房子等,自然也没有中空的地方,任何作用都没有了。"[1] 这段话对于我们理解老子的思想是一个很好的引导。

---

[1] 冯友兰:《先秦道家哲学主要名词通释》,载哲学研究编辑部编《老子哲学讨论集》,中华书局,1959年12月第1版,第117页。引文中的章次对应今本。

第五十六章　五色使人目明

（今本 12 章）

【帛书复原本】

五色使人目明[一]，驰骋田猎使人心发狂；难得之货使人之行妨[二]，五味使人之口爽[三]，五音使人之耳聋[四]。是以圣人之治也，为腹不为目[五]。故去彼取此。

【今本】

五色令人目盲，五音令人耳聋，五味令人口爽，驰骋畋猎令人心发狂，难得之货令人行妨。是以圣人为腹不为目，故去彼取此。

【对比说明】

复原本与今本有 12 处不同，突出的是：

1."五色使人目明"的"明"字，帛书甲本为"明"，帛书乙本为"盲"，历代版本皆采用"盲"字。帛书甲本的"明"最有道理。盲，就是看不见了，不等于看不清

第五十六章　五色使人目明

楚，也不等于眼花缭乱。

2. 今本等版本将"五味使人之口爽，五音使人之耳聋"调整到了本章的第二句（并交换位置）。这样调整有道理。笔者认为这是后世对帛书《道德经》修改的少有的有道理的地方之一。但是，如果按照"眼睛发亮，看到了才心动、才行动"的逻辑，也就是从意境的连贯性上来理解的话，帛书的文句排序更为准确些，所以，本书依然采用了帛书文句的排序。

3. "是以圣人之治也"句，今本等版本删除了"之治也"。这样一改，前后意思彻底改变了。帛书在此句之前描述的是老子在看到统治阶级一派声色犬马、放浪形骸的场面与后果之后的总结。而在此句之后，老子的表达延伸到了治理天下上来，就是"不能让社会形成追逐物欲、声色诱惑的风气，而是要让民众吃饱饭，过着简朴、知足常乐的生活"。而今本等版本去掉"之治也"之后，意思变成：上述这些骄奢淫逸的生活方式，圣人是不会这样去做的。也就是借圣人之口对统治阶级提出了委婉的规劝或批评。显然两者的意思是不同的，根据老子当时的社会状况，笔者认为前一种意思更符合老子的本意，故本书采纳了帛书的内容，即保留"之治也"这三个字。

【译文】

五彩缤纷的颜色使人眼睛发亮（眼睛为之一亮），纵情狩猎使人心情狂野，稀有之物使人行为不轨，美味佳肴使人舌不知味，动听的音乐使人听不出吉凶之音。因此，圣人治理国家的原则就是要让民众吃饱肚子而不去追逐声色之娱，所以要让他们摒弃物欲、声色诱惑而保持简朴、安定知足的生活。

【注释】

〔一〕五色：青、赤、黄、白、黑，这里指色彩多样。目明：眼睛为之一亮，比喻眼花缭乱。

〔二〕妨：妨害、伤害。行妨：伤害操行。

〔三〕五味：酸、苦、甘、辛、咸，泛指各种美味。

〔四〕五音：宫、商、角、徵、羽，泛指各种乐声。

〔五〕腹：借指宁静简朴的生活。目：借指巧伪多欲的生活。

【阐释】

"五色""狩猎""把玩珍物""五味""五声"等是贵族生活的组成部分，绝非一般劳动者可以拥有的。老子在这一章显然对贵族阶级纵情声色、奢侈贪欲等生活状态进行了揭露，并提出了规劝和批评。

对于老子的本意有两种理解：一是老子从反对贵族腐

朽生活出发，得出反对一切声色的普遍结论，所谓"为腹不为目"的说法是将物质生活和精神生活对立起来，是一种愚民政策的体现。二是老子通过对奴隶主贵族糜烂生活所带来的不良后果进行了揭示，进一步提出了反对物欲横流引起的精神腐蚀的观点；为了突出这一观点，强调人们需要清心寡欲、简朴为生、丰衣足食与知足常乐，即"为腹不为目"。这里的"腹"与"目"实际上是两种生活方式的借代，不能望文生义，狭隘地理解为"果腹"与"悦目"。

笔者认为，这两种解读都有道理。不管怎样，老子以生动的例子、深刻的笔触提出的"玩物丧志"的观点与警示，对社会各个阶层的人来说，都有深刻的意义。

第五十七章　宠辱若惊，贵大患若身

（今本 13 章）

【帛书复原本】

宠辱若惊[一]，贵大患若身[二]。何谓宠辱若惊？宠之为下[三]，得之若惊，失之若惊，是谓宠辱若惊。何谓贵大患若身？吾所以有大患者，为吾有身也。及吾无身，有何患[四]？故贵为身于为天下，若可以托天下矣；爱以身为天下，若可以寄天下[五]。

【楚简本】

人，宠辱若惊，贵大患若身。何谓宠辱若惊？宠为下也，得之若惊，失之若惊，是谓宠辱若惊。何谓贵大患若身？吾所以有大患者，为吾有身。及吾无身或何患？故贵为身于为天下，若可以托天下矣。爱以身为天下，若何以寄天下矣。

第五十七章　宠辱若惊，贵大患若身

【今本】

宠辱若惊，贵大患若身。何谓宠辱若惊？宠为下，得之若惊，失之若惊，是谓宠辱若惊。何谓贵大患若身？吾所以有大患者，为吾有身，及吾无身，吾有何患！故贵以身为天下，若可寄天下；爱以身为天下，若可托天下。

【对比说明】

复原本与楚简大致相同。复原本与今本有9处不同，突出的是：

1."故贵为身于为天下"的"贵为身于"，被今本等版本改为"贵以身"，意思变化了。前者的意思是"所以先珍惜自身去为天下的人"，后者的意思是"所以珍惜身体是为了治理天下"。

2."宠之为下"句，今本等版本把"之"字去掉，意思大变。前者的意思是"得宠与受辱得到的惊吓相比，得宠的要小得多"，后者的意思变成了"得宠是卑下的"。

【译文】

受到宠爱和受到侮辱都同样感到惊恐，把大忧大患看得像生命一样珍贵。什么叫作"宠辱若惊"？得宠的惊吓要比受辱的惊吓小得多，得到宠爱感到惊吓，失去宠爱令人惊慌。这就叫作得宠和受辱都会感到惊恐。什么叫作

"贵大患若身"？我之所以有大患，是因为我有身体。如果我没有身体，我还会有什么祸患呢？所以先珍惜自身去为天下的人，才可以将天下托付给他；爱惜自己去为天下献身的人，才可以把天下的重任托付给他。

【注释】

〔一〕宠：荣宠。辱：侮辱。

〔二〕贵：珍贵、重视。

〔三〕宠之为下：得宠的惊吓要比受辱的惊吓小得多。

〔四〕及吾无身，有何患：如果我没有身体，有什么大患可言呢？

〔五〕若：乃、才。寄天下：把天下托付给他。

【阐释】

成语"宠辱不惊"与老子讲的"宠辱若惊"是两个境界。"宠辱不惊"并不反对恩宠，甚至隐含能够得到恩宠是一种荣耀，更是有本事的体现，不过得让自己的能力与修养提高些，那就是不要惊慌，甚至装作不惊慌。所以，日常有个指责人的说法，那就是"这点恩惠就把你收买了，你就这点本事，你就这点德行"。

"宠辱若惊"论述了宠辱对人身的危害，如果得宠者以得宠为恩惠、殊荣，那么他就会担心这样的恩宠、殊荣容易丢失，就会在赐宠者面前诚惶诚恐，甚至曲意逢迎，

第五十七章 宠辱若惊，贵大患若身

违心地去做一些事情，这显然损伤自己的尊严，损害自身的人格，更可能做出危害他人的事情。

受辱也会损害人格与尊严，甚至有些"帝王之术"就是要通过"侮辱"的方式让德高望重的一些将相大臣降低在官宦与民众心目中的名望和地位，从而提升和巩固自己的统治。那么，这些将相大臣该怎么做呢？有两种方式：一是与其让别人来侮辱自己，还不如先自己侮辱自己；二是践行前面章节所提到的智慧，主动"功述身退"，这样就不仅能够保身，而且还能在一定程度上避免损伤尊严和人格。

上述两种避免受辱损伤人格且能保身的方式，都需要具备很高的觉悟与修为，做得好的人物太多了，最著名的当属战国末年秦国名将王翦。

王翦先后灭了赵、燕、楚等国，功高盖主，在灭楚的战争中，他手握六十万大军，几乎是秦国当时全国的军队，这是多么让秦王嬴政无奈而忌惮的事情啊！王翦很快便意识到这个问题，开始实施自取其辱的办法来维护自身的尊严和即将成功的伟业。在大军出发之时，王翦就向嬴政提出："得胜之后，望大王多赏些好房好地。"嬴政笑道："放心吧，你还怕受穷吗？"王翦继续说，我这是为子孙着想啊！嬴政大笑，可能心里在想"这老家伙就这点志向，看来可以放心地把军队交给他了"。王翦率军继续前进，到关口后,又五度派人回见秦王以求良田,这时嬴政可能确信王翦不会威胁自己的统治了。

这些先知预谋"自取其辱"的举动,不仅免除了嬴政对他的怀疑,也摆脱了嬴政对他在战役指挥上的干扰,使他能按自己的作战意图行事,进而大败楚军,为统一大业立下大功。

本章在论述宠辱对人身的危害之后,自然而然地便落到了"贵身"的问题上来,既然如此在乎宠辱对自身人格与尊严的影响,那么这样的人就是非常珍惜自己身体的人。

当然,一个人要是超越了"宠辱不惊"的低层次阶段,达到了"宠辱若惊"的高阶境界的话,说明这个人早已具备了很高的修养与能力了,而这些修养和能力足以治理天下,所以老子进一步得出"像这种先珍惜自身去为天下的人,才可以将天下托付给他;爱惜自己去为天下献身的人,才可以把天下的重任托付给他"的论断,这也是水到渠成的问题,更是老子能够触及本质,以独到眼光识人、选人与用人的大智慧。

第五十八章　以知古始，是谓道纪

（今本 14 章）

【帛书复原本】

视之而弗见，名之曰微^{〔一〕}。听之而弗闻，名之曰希^{〔二〕}。㨉之而弗得^{〔三〕}，名之曰夷^{〔四〕}。三者不可致诘^{〔五〕}，故捆而为一^{〔六〕}。一者，其上不悠^{〔七〕}，其下不忽^{〔八〕}，寻寻呵不可名也，复归于无物^{〔九〕}。是谓无状之状，无物之象，是谓忽恍^{〔一〇〕}。随而不见其后，迎而不见其首。执今之道，以御今之有^{〔一一〕}。以知古始^{〔一二〕}，是谓道纪^{〔一三〕}。

【今本】

视之不见名曰夷，听之不闻名曰希，搏之不得名曰微。此三者不可致诘，故混而为一。其上不皦，其下不昧，绳绳不可名，复归于无物。是谓无状之状，无物之象，是谓惚恍。迎之不见其首，随之不见其后。执古之道，以御今之有，能知古始，是谓道纪。

【对比说明】

复原本与今本有24处不同，突出的是：

1."视之而弗见，名之曰微"的"微"字，帛书甲乙本均为"微"字，今本等版本为"夷"字。或许是因为后者将"捪"改为"搏"字之后，文意不通，于是就改"微"字为"夷"字（将"微""夷"二字交换位置）；但还是不通，于是又改字的意思，硬要说"夷的意思是无色"。

2."故楒而为一。一者"的"一"字，并不是过往主流解读的"道"，而是在其背后"道"的作用下表现出的"三者（即微、希、夷）楒（笼统）而为一体"，所以，这里的"一"应该解读为"一体"。当然，从这个"一体"中是可以感受到"道"的存在的，可参考本书第二章（今本39章）对"一"的详解。

其中的"楒"字，帛书甲本为"㘝"，帛书乙本为"绅"，很多学者校勘为"混"字，但不同事物混合在一起有可能改变原有属性，取用"混"字或不妥。帛书整理小组经过校勘，疑为《说文》部首之"㯱"字，在此读为"楒"。①《说文》："楒，㯱，木未折也。"王筠句读："'㯱''楒'之音，与'浑沌'近，故以'未折'通释之。"也就是没有劈开的、完好的木薪，引申为完整、笼

---

① 马王堆汉墓帛书整理小组编《马王堆汉墓帛书老子》，文物出版社，1976年3月第1版，第31页。

统之意。段玉裁注："梱，凡全物浑大皆曰梱。"寓意为没有改变事物原有的属性，这符合本章文意，即"微、希、夷"三者并不会因为梱（笼统）在一起成为"一体"而改变其原有的属性。注意，这里的"梱而为一"与第六十九章（今本25章）的"有物混成"是不同的。"混成"是"浑然天成"的意思，含有"道"的"浑朴"意境，是从整体上来描述的。而此处的"微、希、夷"只是"道"的属性中的三种，不能代表"道"的整体性，所以它们不能"浑然天成"，只能"梱而为一"。此外，假如"混"字正确的话，那么，帛书甲乙本此处为何不直接写作"昆"（帛书中"有物混成"的"混"字原文）字呢？综上所述，本书暂且校勘为"梱"字，取用笼统的意思。

3."其上不悠，其下不忽"的"悠"字，帛书甲本为"攸"，帛书乙本为"谬"，帛书整理小组校勘为"攸"，"攸"通"悠"，这里取用"悠"字。该句被今本等版本改为"其上不皦，其下不昧"，意思完全改变。

4."寻寻呵不可名也"的"寻寻"，被今本等版本改为"绳绳"（后人释义为"不清楚、纷纭不绝"），意思含混不清，解释起来很是牵强。

5."执今之道，以御今之有"句，被今本等版本改为"执古之道，以御今之有"。把"今"换成了"古"，二者一字之差，意思彻底改变了。按照后者的理解，是要遵循古法理解现在所发生的事,进而来治理现世,所谓"祖宗之法不可易"。按照帛书的理解,则是法随时变,用适应当下的法律来治理当下。显然帛书更合理些。

【译文】

看它看不见,叫作微小无迹;听它听不到,叫作无声;摸它摸不到,叫作无形。这三者无从追问考究,所以它们笼统而为一体。这个"一体"(非"道",但是其背后是"道"在作用),在它之前不显得久远,在它之后也不显得短暂,寻根究底啊也没法描述它的形象,只好回归到无形无象的状态。这就是没有形状的形状,不见物体的形象,这就是若有若无。跟随它,看不到它的项背;面对它,看不到它的头颅。把握今天的"道",用它来驾驭今天的事物,以此推知古时的起源,这就是认识"道"的法则。

【注释】

〔一〕微:无痕、无迹,因微小而看不见,故无痕无迹。

〔二〕希:无声。

〔三〕捪(mín):抚、摸。

〔四〕夷:因平而摸起来感觉不到粗糙凸起的东西,引申为无形的意思。以上"微""希""夷"三个字是用来形容人的感官无法把握住"道",都是幽而不显的意思。

第五十八章 以知古始,是谓道纪

〔五〕诘(jié):追问、反问。

〔六〕梱(hún):这里指笼统。一:这里指一体。

〔七〕悠:悠久、久远。

〔八〕忽:忽而、短暂。

〔九〕无物:无形状的物,即"道"。

〔一〇〕忽恍:若有若无,闪烁不定。

〔一一〕有:指具体事物。

〔一二〕古始:初始、起源。

〔一三〕道纪:"道"的纲纪、法则。

【阐释】

本章用一种抽象的手法描绘了什么是"道"。

老子说"视之而弗见""听之而弗闻""捪之而弗得","道"是看不见、听不到、摸不着、虚无缥缈、不可感知的。这些不可感知的东西又是"梱而为一",即浑然一体的。

这里的"一",指的是"微""希""夷"这三者糅合而成的"一体"。这个"一体"的性状能够让人感知到什么呢?老子继续说:"一者,其上不悠,其下不忽,寻寻呵不可名也,复归于无物。是谓无状之状,无物之象,是谓忽恍。随而不见其后,迎而不见其首。"意思是说,这个"一体"的性状就能让人感知"道"的存在,并能展现

"道"的某些特性：一是没有久远与短暂的概念，它是永恒的；二是寻根究底也无法描述它的形象。跟随它发现不了它，迎着它也发现不了它，它就在人身边让人"恍惚"，让人迷离不清。所以，得回归到它的本源，融入万事万物之中才能领会它。那么，本源又怎么和万物万象联动起来了呢？因为"道生一，一生二，二生三，三生万物"。

由此，"道"用一只看不见的手左右着自然与社会的一切，然后又通过万事万物的兴衰变化将这只手的作用展现出来，让人去发现规律与道理，进而理解一切。所以，"道"的奥秘，既在它的无形无象，又在它的有形有象。这种两面性就体现在"实在"与"虚无"、"有名"与"无名"、"有"与"无"上。

第五十九章　善为道者，微妙玄达

（今本 15 章）

【帛书复原本】

古之善为道者，微妙玄达，深不可识。夫唯不可识，故强为之容[一]，曰：与呵[二]，其若冬涉水[三]；犹呵[四]，其若畏四邻[五]；严呵[六]，其若客；涣呵[七]，其若凌释[八]；沌呵，其若朴；湷呵[九]，其若浊；湉呵[一〇]，其若谷。浊而静之，徐清。安以动之，徐生。葆此道不欲盈[一一]。夫唯不欲盈，是以能蔽而不成[一二]。

【参照楚简】

长古之善为士者，必微妙①玄达，深不可识，是以为之容。豫乎若冬涉川，犹乎其若畏四邻，严乎其若客。涣乎其若释，屯乎其若朴，沌乎其若浊。孰能浊以静者，将徐清。孰能安以动者，将徐生。保此道者不欲尚盈。

---

① "微妙"，原文为"非溺"，校勘为"微妙"。参见丁四新:《郭店楚竹书〈老子〉校注》，武汉大学出版社，2010 年 3 月第 1 版，第 53-54 页。

【今本】

古之善为士者，微妙玄通，深不可识。夫唯不可识，故强为之容。豫焉若冬涉川，犹兮若畏四邻，俨兮其若容，涣兮若冰之将释，敦兮其若朴，旷兮其若谷，混兮其若浊。孰能浊以止[①]，静之徐清？孰能安以久，动之徐生？保此道者不欲盈。夫唯不盈，故能蔽不新成。

【对比说明】

复原本与今本有 28 处不同，突出的是：

1."古之善为道者"的"道"字，被今本等版本改为"士"。汉武帝时"罢黜百家，独尊儒术"，可能士大夫之下的各种为官、为武、为学的人大多是儒生出身，他们属于"士"的阶层。于是，此处修改后使"士"与"道"平级了。

2."浊而静之，徐清。安以动之，徐生"句，被今本等版本改为"孰能浊以止，静之徐清？孰能安以久，动之徐生？"意思大变。

"安以动之"不能被解读为"安静与变动相互作用"（两千多年来，主流解读都是如此，这是对老子思想的重大误解之一），而是与前面章节中的"有，无之相生"等

[①] 王弼本（今本）原无"止"字，据河上公本补足。参见《道德经》，张景、张松辉译注，中华书局，2021 年 5 月第 1 版，第 60 页。

第五十九章 善为道者，微妙玄达

句的意思一样：安静是以动为基础的，也可理解为"安静"是由无数看不见的微小"运动"组成的，随着这些"运动"的慢慢作用，就会发生变化，所谓"风起于青萍之末"就是这个道理，也就是哲学上"运动是绝对的，静止是相对的"的道理。这与老子"必贵而以贱为本，必高矣而以下为基""天下万物生于有，生于无""天下之难作于易，天下之大作于细"的思想合拍、相互连贯。

3.今本等版本将"与呵，其若冬涉水"等句中的"呵"改为"焉""兮"等，不符合古貌。

【译文】

古时候善于行道的人，微妙通达，高深得难以被认识。正因为难以认识他，所以只能勉强地描绘一下，说：他小心谨慎啊，好像冬天涉水过河；他警觉戒备啊，好像害怕四面受敌；他肃穆恭敬啊，好像赴宴做客；他行为洒脱啊，好像冰凌消融；他纯朴厚道啊，好像未经雕琢的物件；他天然浑厚啊，好像不清的浊水；他心胸豁达啊，好像幽深的山谷。混浊的水平静下来，就会慢慢澄清。安静于动中变化，慢慢就会显露生机。遵循这个"道"的人不求过分。正因为他不求过分，所以他宁愿守成而不急于求成。

【注释】

〔一〕容：形容、描述。

〔二〕与：通"豫"，"豫"原为野兽名称，性好疑虑，这里意为迟疑慎重。

〔三〕若冬涉水：指战战兢兢、如履薄冰。

〔四〕犹：原为野兽名称，性警觉，这里意为警觉、戒备的样子。

〔五〕畏：惧怕。若畏四邻：形容不敢妄动。

〔六〕严：庄严、恭敬的样子。

〔七〕涣：流动、涣散。

〔八〕凌：冰凌。释：消融、消释。

〔九〕浑（hún）：通"浑"，天然浑厚的样子。

〔一〇〕旷：同"旷"，开阔、豁达。

〔一一〕葆：通"保"，保证。盈：满。不欲盈：不求过分。

〔一二〕蔽：遮挡、盖住。

【阐释】

得道之人是个什么形象呢？老子说他们微而不显、含而不露，高深莫测，为人处世，从不自满高傲，具有谨慎、警惕、严肃、洒脱、融和、纯朴、旷达、浑厚等修为和品格。

不过，老子说这只是勉强描绘的形象，因为他们"微妙通达，高深得难以被认识"。

而且这些得道之人，在面对重大事项时，如能力还未

第五十九章 善为道者,微妙玄达

能达到要求,他们往往"能蔽而不成",即宁愿守成而不急于求成。也就是能沉得住气,不出则已,一出必击,击而必中。这是因为"浊而静之,徐清。安以动之,徐生。葆此道不欲盈",即混浊的水看似污浊,但是等它平静下来就会慢慢澄清;安静的表象看似平凡无奇,但是在其下面"变动"的因素却在不断地积累,慢慢就会显露生机。所以,他们才能够保持"道"的规律与定力,不放纵欲望,不急功近利,不急于求成。

第六十章　万物旁作，以观其复

（今本 16 章）

【帛书复原本】

至虚，极也，守情，表也〔一〕。万物旁作〔二〕，吾以观其复也〔三〕。天物芸芸〔四〕，各复归于其根〔五〕，曰静〔六〕。静，是谓复命〔七〕。复命，常也〔八〕。知常，明也〔九〕。不知常，妄，妄作凶。知常容〔一〇〕，容乃公，公乃王〔一一〕，王乃天〔一二〕，天乃道，道乃久，没身不殆。

【楚简本】

至虚，恒也；守中，笃也。万物方作，居以观①复也。天物芸芸②，各复其根。

---

① "观"，原文为"须"，是等待的意思。"须""寡""顾""观"形音都相近，故常互作通用（参见赵建伟：《郭店竹简〈老子〉校释》，载陈鼓应主编《道家文化研究》第十七辑，生活·读书·新知三联书店，1999 年 8 月第 1 版，第 267 页）。

② "天物芸芸"，原文为"天道员员"，考校为"天物芸芸"。

第六十章 万物旁作，以观其复

【今本】

致虚极，守静笃，万物并作，吾以观复。夫物芸芸，各复归其根。归根曰静，是谓复命。复命曰常，知常曰明；不知常，妄作，凶。知常容，容乃公，公乃王，王乃天，天乃道，道乃久。没身不殆。

【对比说明】

复原本与今本有12处不同，突出的是：

1."至虚，极也"的"至"字，帛书甲乙本均为"至"字，不可能错。这里的"至"是穷尽的意思，"虚"就是事物内在所蕴含的事理。"至虚"与后文的"守情"正好相呼应，所以这里保持原貌最合理。

2."守情，表也"的"表"字，帛书甲本为"表"，帛书乙本为"督"，联系上下文意，本书采纳"表"字。"情"字被今本等版本改为"静"，似乎很有道理，但是联系帛书甲本的"表"字，"情"字的意思就能讲通了。注意，这里的"情"字不能狭隘地理解为爱情，它是相对于虚空来说的，即心中虚空，就不能对万事万物表现出喜怒哀乐等各种情绪和情感，所以，要把对万物的情绪放在表面上（因为人毕竟不是神仙，人的肉体就处在凡尘之中，要杜绝或消灭这些情绪与欲望是不可能的。比如人必须吃食物，萝卜白菜各有所爱，这是情绪，这类情绪是个体差异，是天生带来的，是不能杜绝的，那么，就不要太过在意，不要放在心上了），让内心归于虚空的"道"的状态。此处为历代重大篡改、误读之一。与第六十五章（今本21章）的"中有情吧"和"其情甚真"联系起来，更能够证明其篡改痕迹。

另外，后文的"天物芸芸，各复归于其根，曰静"，进一步反证了"守情，表也"句中不可能是"静"字。

当然，这里的"情"也可解读为"情感"，引申为"大爱"，那么原文中的其他"静"字也都应该是"情"了，上述"守情，表也"的意思当然就变成了"守住大爱，成为一切的表率"。由此将彻底颠覆整章乃至整部《老子》思想的根基，也就是《老子》所谓的万物本源就不再是"清静虚空"（静）了，而是"大爱无边"的"情"字了。由此，《老子》即《道德经》中所有的"静"字，都需要重新考证，重新释义。如本章的"各复归于其根，曰静。静，是谓复命"就应复原成"各复归于其根，曰情。情，是谓复命"（帛书甲本原本就是"情"字），意思也就变成"万物最后都各自返回本源，这就叫作有情。有情就是要复归本命"，大有"落叶归根是对根的情义"的意味。这就太过颠覆了，本书暂时不再展开，待未来再版时再作详解。

第六十章 万物旁作，以观其复

3."万物旁作"的"旁"字，帛书甲乙本均为"旁"字，今本等版本改为"并"字变成"万物并作"，意思大变。前者是指需要身处事外，观看万物生长；而后者变成了"万物都一起生长"，没有体现老子的境界。显然，帛书甲乙本的"旁"字最为恰当。

4."天物芸芸"的"芸芸"，帛书甲本为"云云"，帛书乙本为"沄沄"，河上公本为"芸芸"。这里取用"芸芸"最为恰当。句中的"天物"，今本等版本为"夫物"，帛书最为准确。

5."没身不殆"的"没"字，帛书甲本为"沕"，帛书乙本为"没"。《玉篇·水部》："沕，没也。"本书取用帛书乙本的"没"字。

【译文】

使心灵虚空达到极点，排空一切情绪与杂念（即将情绪与杂念留在表面，不能放入内心）。万物蓬勃生长，我以此旁观它们的循环往复。天下万物纷乱繁多，最后都各自返回它们的本源，这就叫作清静虚空。清静虚空就是要复归本性。复归本性就叫自然规律，认识了自然规律就叫作明智，不认识自然规律就会轻举妄动，必遭殃灾。认识自然规律的人才会宽宏大度，宽宏大度才能公正无私，公正无私才能天下归从，天下归从才能符合自然，符合自然才符合道。符合道才能保持长久，终身都不会遇到危险。

【注释】

〔一〕情：情绪，这里指对万事万物表现出的喜怒哀乐等各种情绪。表：放在表面上，意为不要将对万物的情绪放在内心，而要排空它们。

〔二〕旁：旁边。作：兴起、活动。

〔三〕复：循环往复。

〔四〕芸芸：繁茂、众多。

〔五〕根：指道。复归于其根：指复归于道。

〔六〕静：清静，暗含虚空，即清静虚空。

〔七〕复命：复归本性，重新孕育新的生命。

〔八〕常：常态，指万物运行的规律。

〔九〕明：明白、了解。

〔一○〕容：宽容、包容。

〔一一〕王：意为天下归随。

〔一二〕天：自然、自然界。

【阐释】

本章老子专门针对"人的情绪"与"心灵虚空"的关系，讲述了至虚守本的理念，提出了如何摆脱被欲望和情绪控制，导致视物不明、视理不正的问题。这样当万物一齐蓬勃生长时，我们就可以观察到它们往复循环的道理，通过表象看到本质。

所以，老子认为，我们无论是认识客观世界，还是理悟人生哲理，其基本的态度和方法就是"至虚""清静""归根"和"复命"。"至虚"与"清静"就是要人们抵御物欲的诱惑，排空对万事万物的喜怒哀乐等各种情绪，回归到虚空的本性，这样才能认识"道"，而不是为争权夺利而忘了"道"。《六祖坛经》讲"说通及心通，如日处虚空"，就是这个道理。"归根"指天下万事万物生生不息，循环往复，变来变去，又回到它原来的出发点，即归一返回到根本。"复命"对于自然万物来说，是重新孕育生命，而对人来说，就是要将这些道理与规律运用到实践之中，指导我们的思想与行动。

所以，明白了上述问题与道理才叫作明智，才会宽宏大度、公正无私，才能做到和保持万物归从，进而才不会轻举妄动，才能保证自己长久地立于不败之地，让自身避免灾祸与危险。

第六十一章　太上下智，成事述功

（今本 17 章）

【楚简复原本】

太上下智[一]，祐之其即[二]，亲誉之其即，畏之其即。侮之。信不足，安有不信[三]。犹乎，其贵言也[四]。成事述功，而百姓曰我自然也[五]。

【帛书本】

太①上，下知有之。其次亲誉之，其次畏之，其下侮之。信不足，案有不信。犹呵，其贵言也。成功遂事，而百姓谓我自然。

【今本】

太上，下知有之。其次，亲而誉之。其次，畏之。其次，侮之。信不足，焉有不信焉。悠兮，其贵言。功成事遂，百姓皆谓我自然。

---

① "太"字，帛书甲乙本均为"大"字，"大"通"太"，这里取用"太"字。

第六十一章　太上下智，成事述功

【对比说明】

笔者参考众多版本，经过多方比对研究，赞同学者尹振环的考证[①]：帛书与今本此章内容严重失真，故此取用楚简内容。复原本与今本有14处不同，突出的是：

1."太上下智，祐之其即，亲誉之其即，畏之其即。侮之"句，被今本等版本改为"太上，下知有之。其次，亲而誉之。其次，畏之。其次，侮之"，这样或把老子的本意彻底更改，可谓南辕北辙。

句中的"太"字，楚简为"大"字，"大"通"太"，这里取用"太"字。

句中的"祐"字，楚简为"又"字。《小屯殷墟文字乙编》："我伐马方，帝受我又。""又"通"祐"，即福（佑助）的意思。这里直接采用"祐"字，通俗且更易理解文意。

2."犹乎，其贵言也"的"犹乎"，被今本等版本改为"悠兮"。前者的意思是"犹疑、迟疑"，后者变成了"悠闲"，可谓天渊之别。

3."百姓曰我自然"的"曰"字，被今本等版本改为"谓"字，意思本没有多少变化，但是，由于前文的差异，这句话的意思变了。前者的意思是"百姓会说我尊顺自然"，而后者变成了"百姓说'我们本来就是这样的'"。

[①] 尹振环：《楚简〈老子〉"绝智弃辩"思想及其发展演变》，《中国文化研究》1999年第4期。

【译文】

最好是降低智者的名望（办法如下）：庇佑他们，他们就会接近我，就食于我；亲近并赞誉他们，他们就会迎合我，成为我的门客；使他们敬畏我，他们才更愿意投靠我并为我所用；辱罚不安分者，我才能树立德威，真正驾驭他们。世道诚信不足，才有了不信任。对这些智者，不能有建议就必回应，要有犹疑与权衡，他们才会谨出其言，慎做其事。（这样才能集智者之长，）办大事，成功业，百姓才会说我尊顺自然。

【注释】

〔一〕太上：至上、最好。下智：以智者为下，即降低智者的名望。

〔二〕即：就食，接近，迎合。《说文》："即，即食也。"

〔三〕安：乃、才。

〔四〕贵言：指不轻易进言。

〔五〕自然：顺应自然。

第六十一章　太上下智，成事述功

【阐释】

春秋战国时期，崛起了一个名为"士"的阶层，老子称之为"学者"或"智者"，这些人寄食于权贵门下，为权贵们或出谋划策，或出生入死。比如战国四公子，传说各自门下食客数千人。这在当时诸侯群起、战乱不断、社会多变、政局倾轧，王侯公卿随时可能失去地位、财富甚至丢失族人性命的情况下，这些"士"人往往能够发挥重要的作用。

不过，很多时候，"多士"或"众贤"遇上平庸的国君和公卿，由于"士"人不安分的挑拨与教唆，往往引发宫廷祸乱，一些"智者"甚至抛弃了礼义廉耻和诚信正义，与邪恶为伍，不仅危及当时的世袭制，而且成为民众争斗、社会动乱的祸害之源。

所以，老子针对墨家提出的"富之、贵之、敬之、誉之……"的"众贤之术"，提出了"不上贤""绝圣弃智"等主张。当然，老子的"绝圣弃智"只是在特定条件下的一种极端表述，并不现实。所以，如何用好这些"多士"或"众贤"的"智者"就成了一门学问。

由此，笔者认为，老子正是在上述背景下撰写了本章内容，提供给统治者或权贵们"如何使用智者"的一种参考谋略。当然，这一谋略也是不得已而用之的，正如老子在文中所说："信不足，安有不信。"（"世道诚信不足，才有了不信任。"）不过，这一谋略也是很契合当时的社会现实的。对于智者，只有这样，才能"避其短、绝不轨、扬其长、尽其用"，整合他们的才能，让统治者获得有力辅佐，进而事遂功成！所以这一谋略又是一种顺应自然的好策略和智慧。

"祐之其即"等句中的"即"字，楚简为"即"，今本等版本为"次"。从文字考证上来说，"即"和"次"是有明显不同的，此处不可能为"次"，如图8、图9所示。①

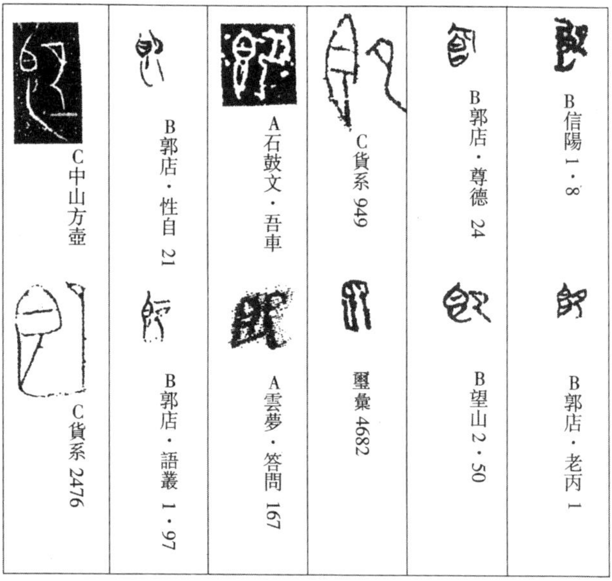

图8 "即"字的写法（图片来源：《帛书老子再疏义》）

---

① 尹振环：《帛书老子再疏义》，商务印书馆，2007年5月第1版，第281页。

第六十一章　太上下智，成事述功

图9 "次"字的写法（图片来源：《帛书老子再疏义》）

对于帛书"太上，下知有之。其次亲誉之，其次畏之，其下侮之"普遍的理解是："最好的时代（或国家）是人们知道有统治者，其次是人们亲近并赞誉统治者，再次是人们惧怕统治者，最坏的情况是人们轻蔑侮骂统治者……"显然，人民"知其君"被当成最好的时代或国情，是说不过去的，存在严重问题。

另外，臣民敬畏或在一定程度上惧怕他们的国君，这正是国君树立威严所必需的，几乎是任何君主时代都不可或缺的，这不能成为划分时代（国家、国情）好坏的标准。因此，笔者认为这样的断句和理解是不成立的。

由此，笔者赞同学者尹振环关于"帛书与今本此章内容严重失真"的观点，取用楚简内容。

第六十二章　大道废，安有仁义

（今本 18 章）

【楚简复原本】

故大道废[一]，安有仁义。智快出[二]，安有大伪。六亲不和[三]，安有孝慈。邦家昏乱，安有正臣[四]。

【帛书本】

故大道废，案有仁义。智快出，案有大伪。六亲不和，案有孝慈。邦家昏乱，案有贞臣。

【今本】

大道废，有仁义。慧智出，有大伪。六亲不和，有孝慈。国家昏乱，有忠臣。

【对比说明】

一些学者认为本章应该与前一章合并为一章，如取用楚简内容，从两章内容的连贯性上来讲，更应该合并成一

第六十二章 大道废，安有仁义

章。不过，本书重在比对帛书、楚简与今本的差异，所以沿用了今本的分章秩序。复原本与今本有 8 处不同，突出的是：

1. 楚简没有"智快出，安有大伪"句，根据上一章与本章的文意连贯性分析，怀疑为抄书者脱漏，故根据帛书补足。句中的"快"字，帛书甲本为"快"，帛书乙本为"慧"，笔者认为"快"字更符合文意。句中的"安"字，帛书甲本为"案"，帛书乙本为"安"，"案"通"安"，根据楚简上下文意的连贯性，这里直接选用"安"字。

2. "智快出"句，被今本等版本改为"慧智出"，意思大变。前者是"为士的智者迅速出现"的意思，后者是"聪明智巧的现象出现"的意思。

【译文】

大道被废弃了，才有了仁义；智者迅速出现，才有了大诈伪；六亲不和，才有了孝慈；国家昏聩混乱，才有了忠贞正直的大臣。

【注释】

〔一〕故：放在句首，开启下文的内容，无实在意义。大道：指政治制度和社会秩序。

〔二〕智：智者，可理解为"士"。

〔三〕六亲：六种亲属，说法不一。

〔四〕正臣：忠贞正直的臣子。

【阐释】

本章可以从三个层次来理解。

一是，老子列举了社会上的四种病态现象，说明大道废弛、诚信不足，才导致"大伪"的出现，同时也才更加需要"仁义""孝慈""忠贞""正直"等美德。这也印证了上一章所说的"信不足，安有不信"的结论。

二是，"仁义与大道废、大伪与智快出、孝慈与六亲不和、忠臣与国家昏乱"形式上相反而对立，但是，实质上又是相辅相成的关系。这体现了老子的辩证思想。

三是，所有这些社会病态，从根本上来说都是人的因素，诸如统治者失去德行、智者失去本分、六亲不和等。由此，这一章也印证了上一章取用楚简内容（即帛书与今本内容严重失真）的正确性，同时也表明上一章对"使用智者"采用的"适宜"策略与智慧格外重要。

第六十三章　绝圣弃智，见素抱朴

（今本19章）

【帛书复原本】

绝圣弃智[一]，民利百倍。绝仁弃义，民复孝慈。绝巧弃利，盗贼无有。此三言也，以为文未足[二]，故令之有所属[三]。见素抱朴[四]，少私而寡欲。

【楚简本】

绝智弃辩，民利百倍。绝巧弃利，盗贼无有。绝伪弃虑，民复季子①。三言以为辨不足，或命之有所属②。视素保

---

① "绝伪弃虑，民复季子"的"伪""虑""季子"的考校，学界争议很大，这里采用学者廖名春的校勘成果。参见廖名春：《郭店楚简老子校释》，清华大学出版社，2003年6月第1版，第7-13页。"季子"即"年幼的孩子"，引申为纯真的儿童，那么"绝伪弃虑，民复季子"的意思就是"不用心计，不钩心斗角，民众就会返璞归真"。

② "有所属"，原文为"或乎豆"，参考多位学者考校成果，这里暂校勘为"有所属"。

朴，少私寡①欲。

【今本】

绝圣弃智，民利百倍；绝仁弃义，民复孝慈；绝巧弃利，盗贼无有。此三者，以为文不足，故令有所属，见素抱朴，少私寡欲。

【对比说明】

复原本与今本有4处不同，其中"以为文未足"的"未"字，帛书甲乙本均为"未"字，今本等版本改为"不"字。笔者认为"未"字更准确，且符合原貌。

纵观《老子》全书，有几处与儒家核心思想严重背离（至少从文字表面意思上来看，是最易产生这样的误解的，虽然老子并不反对真正的"仁义礼智信"）的文字，在楚简中都被删除或被篡改（比如"天地不仁，以万物为刍狗；圣人不仁，以百姓为刍狗"被删除），本章也不例外。可参见第四十九章（今本5章）的解读。

"绝圣弃智，民利百倍。绝仁弃义，民复孝慈"句，帛书甲本为"绝声弃知，民利百负。绝仁弃义，民复畜

---

① "寡"，原文考校为"须"（楚简编撰小组），为"寡"之讹或混用。参见丁四新：《郭店楚竹书〈老子〉校注》，武汉大学出版社，2010年3月第1版，第21–22页。

兹"，有人认为这里的"声"字指"声人"，而非"圣人"。所谓"声人"，就是替某些利益阶层发声的名人或教育家，他们往往凭借自身巨大的影响力误导民众和学子，左右社会价值观的走向，这是非常危险的。另，"畜兹"与"孝慈"的意思虽有相近之处，但是前者更偏向"养育繁衍"的含义。或许帛书甲本的原始文字才是老子的本意，只是被后人校勘错了而已。这一点有待进一步考证，特别是对于"声人"的理解太具有颠覆性，待未来再分辨。

【译文】

杜绝伪圣抛弃邪智，对民众有百倍的好处；抛弃假仁假义，民众就会恢复孝慈；抛弃巧诈利惑，盗贼就会消失。这三句话，还不足以作为治理社会病态的法则，所以还要使民众有所归属，保持纯洁朴实的本性，减少私利和私欲。

【注释】

〔一〕圣：指自作聪明，有欺骗意味的"假圣人"。

〔二〕文：条文、法则。

〔三〕属：归属、适从。

〔四〕素：本义为没有染色的丝。朴：本义为没有雕琢的木。素、朴指纯洁朴实的本性。

【阐释】

本章承接前一章，提出三种治理病态社会的方法，通过"绝圣弃智""绝仁弃义"和"绝巧弃利"分别实现还利于民、恢复孝慈与消除盗贼，进而让人们保持纯朴的本性，减少私利，减少私欲，从而建立归属感。

老子认为，一切虚伪的德行与文化倡议必将腐蚀纯朴的民众，激发他们的私利与欲望，进而导致其行为不轨，甚至盗贼四起，天下大乱。所以，要抛弃这些假仁假义、伪善智巧与利欲熏心的病态的因素，让人们返璞归真，这也是自然法则，是"道"的内涵与规律。

第六十四章　唯与诃，相去几何

（今本 20 章）

【帛书复原本】

绝学无忧[一]。唯与诃[二]，其相去几何？美与恶，其相去何若？人之所畏[三]，亦不可以不畏。望呵[四]，其未央哉[五]！众人熙熙[六]，若飨于大牢[七]，而春登台。我泊焉未兆[八]，若婴儿未咳[九]。累呵，如无所归。众人皆有余，我独遗。我愚人之心也，惷惷呵[一〇]。俗人昭昭[一一]，我独若昏呵；俗人察察，我独闷闷呵[一二]。忽呵其若海[一三]，望呵其若无所止。众人皆有以[一四]，我独顽以悝[一五]。我欲独异于人，而贵食母[一六]。

【楚简本】

绝学无忧。唯与呵，相去几何？美与恶，相去何若？人之所畏，亦不可以不畏。

【今本】

绝学无忧。唯之与阿，相去几何？善之与恶，相去若何？人之所畏，不可不畏。荒兮其未央哉！众人熙熙，如享太牢，如春登台。我独泊兮，其未兆，如婴儿之未孩。儽儽兮，若无所归。众人皆有余，而我独若遗。我愚人之心也哉！沌沌兮！俗人昭昭，我独昏昏；俗人察察，我独闷闷。澹兮其若海，飂兮若无止。众人皆有以，而我独顽似鄙。我独异于人，而贵食母。

【对比说明】

复原本与今本有35处不同，突出的是（或其他说明）：

1.楚简清晰地显示"绝学无忧"在乙组4简上，且后面紧跟着就是"唯与呵，相去几何？美与恶，相去何若？人之所畏，亦不可以不畏"，故本书将此句放在本章。但是，也有人认为"绝学无忧"的"学"实为"私学、俗学"的意思，推断该句独立成章，这种讲法也有道理。还有人将这一句放在第六十三章（今本19章），笔者认为没有道理。这三种解读详见【阐释】。

2."唯与诃"的"诃"字，帛书甲本为"诃"，帛书乙本为"呵"。《说文》："诃，大言而怒也。""诃"有责怒之意[1]，而"唯"为应和之声（如"唯唯诺诺"）。今本等版本改为"阿"字，显然不如"诃"字好。

3."望呵，其未央哉"句，被今本等版本改为"荒兮其未央哉"。其中的"望"字，帛书甲本缺失，帛书乙本为"朢"字，"朢"同"望"，此处校勘为"望"字。显然，"望"与"荒"意思不同。

4."我愚人之心也，惷惷呵"句，被今本等版本改为"我愚人之心也哉！沌沌兮"，其中的"惷惷"是帛书甲本文字。《说文》："惷，乱也。《春秋传》曰：'王室日惷惷焉。'"《玉篇·心部》："惷，扰动也，乱也。""惷惷"的意思是"纷乱扰动"，显然与"沌沌"意思不同。

5."望呵其若无所止"句，被今本等版本改为"飂兮若无止"。"望"与"飂"意思明显不同。

6."我欲独异于人"的"我"字，帛书甲乙本均为"吾"字。但是，整章所述都是"我"，这里独独出现一个"吾"，突兀且并无特别用意。因此，笔者赞同部分学者的观点，将这里的"吾"校勘为"我"字。

【译文】

断绝浮华之学就没有忧虑了。应诺和责怒，相距有多

---

[1] 马王堆汉墓帛书整理小组编《马王堆汉墓帛书老子》，文物出版社，1976年3月第1版，第32页。

远？美好和丑恶，又相差多少？世人所畏惧的，也不能不畏惧。看看吧，这些对立的东西多么没有边际啊！众人熙熙攘攘，如同参加盛大的宴席，如同春天里登台眺望美景。我却淡泊不露声色，如同不知嬉笑的婴儿。疲倦懒散啊，好像浪子没有归宿。众人（物产）丰裕而有余，我却少而又不足。我真是有个愚蠢之人的心智啊，纷乱扰动。众人光耀，我却昏昧；众人精明，我却糊涂。捉摸不透啊，就像汹涌的大海，向远处望啊，它广阔而没有边际。世人都有所作为，唯我冥顽粗俗。我情愿与世人不同，只注重探究事物的本源。

【注释】

〔一〕学：指浮在表面的学问，也指私学、俗学、伪学与沽名钓誉之学。

〔二〕唯：应诺，恭敬地答应。诃（hē）：责怒。唯、诃是区别尊贵与卑贱的用语。

〔三〕畏：惧怕、畏惧。

〔四〕望：看。

〔五〕未央：未尽、未完。

〔六〕熙熙：和乐的样子。

〔七〕大牢：即太牢，本义为古代帝王、诸侯祭祀社稷时，牛、羊、豕三牲全备，这里指丰盛的宴席。

〔八〕未兆：没有征兆，意为不露声色。

第六十四章 唯与诃，相去几何

〔九〕咳：形容婴儿的笑声。

〔一〇〕恖：乱，扰动。恖恖：纷乱扰动。

〔一一〕昭昭：光耀的样子。

〔一二〕闷闷：纯朴、诚实、糊涂的样子。

〔一三〕忽：捉摸不透的样子。

〔一四〕有以：有用、有为、有本领。

〔一五〕俚：这里指粗俗。

〔一六〕食：咀嚼，意为琢磨、探究。母：比喻"道"，指万物本源。

【阐释】

在本章中，老子首先提出"杜绝浮在表面的伪学"的观点，这是因为诸如应诺与责怒、贵贱善恶、是非美丑等对立的现象，其价值判断都是相对的，这些对立的各种显象，人们看到的都是浮在表面的东西，它们都会因环境的不同随时变动、转化。所以，我们要抛弃、杜绝这些只能反映事物表面的浮华学问，要深入事物的内部，探究其内在本质和万事万物运行的普遍规律。这样，就会从纷繁杂乱的劳累中解脱出来，明白事理而不忧了。

接下来，老子通过对比，开始揭露上层社会追逐物欲的贪婪之态，并以相反的形象夸张地描述自己。文中的"我"指的是与老子相似的一类人，"众人"指上层社会。这些人熙熙攘攘，纵情于声色货利，对善恶、是非、美丑的判断，并无严格标准，甚至是混淆的，任意而行。老子说"我"有"愚人之心"，甘守淡泊朴素，以求精神的升华，而不愿随波逐流。老子这些牢骚话，虽然愤世嫉俗，但是不乏深刻的哲理。

最后老子提出："我"为何情愿与众人疏离且不同呢？那是因为"我"追求的是对世间万物本质的探究，注重本，而不注重表。"众人"看重和崇尚的是"表"，他们学的是浮在表面的伪学或浮华之学，而"我"学的是事物内在的本质之学、实在的真学问。不是一类人，怎么能够走在一起呢？

这里谈谈关于"绝学无忧"句位置的三种处理方式。

1. 将"绝学无忧"归入第六十三章（今本19章）。

"绝学无忧"在楚简乙组4简上，在第十一章（今本48章）文字内容之后，即"学者日益，为道者日损。损之或损，以至无为也。无为而无不为"之后，明显不在第六十三章（今本19章）之后，而且文意明显与第六十三章（今本19章）不合，故将"绝学无忧"归入此章是错误的。

2. 将"绝学无忧"归入第六十四章（今本20章）。

"绝学无忧"中"学"的意思是指那些明显物象的知识，即显象的知识，老子认为这些显象的内容需要抛弃掉。

第六十四章 唯与诃，相去几何

那什么是显象的东西或知识呢？以那些相互矛盾、冲突的内容为例，比如高与低、赞扬与呵斥、美好与丑恶等，它们明显的区别及其外在的特征就是"显象"。然而，这些不是恒定的，它们是在不停地发生变化的，甚至在某些情况下是相互转化的，所以，我们要学的不是万事万物纷繁杂沓的外在显象，而是要透过这些外在的东西深入事物的内部，研究其内在的变化，进而找到事物与世界运行的普遍规律和本质，这就是道的真谛。这样我们就不会被大千世界繁杂的显象拖累而劳顿苦楚不已，只要抓住了根本，纲举目张，就会轻松自如、无忧无虑了。这就是老子"绝学"的概念。

而在楚简出土后，人们发现"绝学无忧"在楚简乙组4简上，确实在"唯与呵，相去几何？美与恶，相去何若？人之所畏，亦不可以不畏"之前，故应该将"绝学无忧"归入第六十四章（今本20章）。本书采用了此方案。

3.将"绝学无忧"独立成章。

严遵在《老子指归》中说："俗学则尊辩贵知，群居党议，古人得之以益，凶人得之以损。"他所说"俗学"也包括部分私学。在黄老之学看来，私学、俗学大多把追逐知识当成谋求私利、炫耀聪明的手段，"为利浅而为害深"，所以当绝当诛，而官学则不能绝。而且，老子认为这种现象已经在当时社会造成重大且持久的危害了，所以特别予以重视。如果这样来解释"绝学","绝学无忧"就与本章下文没有联系了。虽然本书选择了第二种处理方式,但将"绝学无忧"单独成章也是很有道理的。

再来谈谈对于"绝学无忧"文意的理解。

学术界有三种不同的理解。第一种意见认为,老子要毁灭一切文化,当然也就不要学习了,所以,老子是愚民政策的创始人,是愚民思想的鼓吹者。第二种意见认为,"绝学"指抛弃那些讲圣智、仁义、巧利的学问,将其置之度外,免去权欲的诱惑,做到无忧无患。第三种意见认为,老子所说的"绝",其实就是绝招的"绝",是指至深、独到的学问,老子认为只有取得不同于世俗的独到学问,才能获得对私欲无所冲动的自由,老子正是具有独到绝学的人,这表明了他的学习态度。

笔者认为第二种解读更有道理。

第六十五章　孔德之容，唯道是从

（今本 21 章）

【帛书复原本】

孔德之容〔一〕，唯道是从。道之物，唯望唯忽〔二〕。忽呵望呵，中有象呵〔三〕。望呵忽呵，中有物呵。幽呵冥呵〔四〕，中有情吔〔五〕。其情甚真，其中有信。自今及古，其名不去，以顺众父〔六〕。吾何以知众父之然？以此〔七〕。

【今本】

孔德之容，惟道是从。道之为物，惟恍惟惚。惚兮恍兮，其中有象；恍兮惚兮，其中有物。窈兮冥兮，其中有精；其精甚真，其中有信。自古及今，其名不去，以阅众甫。吾何以知众甫之状哉？以此。

【对比说明】

复原本与今本有 19 处不同，突出的是：

1."中有象呵""中有物呵""中有情吔"等句式，被今本改为"其中有象""其中有物""其中有精"等句式,已丢失古貌,且不通俗,不可取。

2."幽呵冥呵,中有情吔"的"情"字,帛书甲乙本均为"请"字,有人认为"请"是"精"的假借字,但是放在这里,解读起来有些牵强附会。《荀子·成相》:"听之经,明其请。"这里的"请"即"情"。《说文通训定声·鼎部》:"请,假借为情。""请"是"情"的假借字,放在这里的意思是"中间夹杂有人情人性,即人们对万物的感受与情绪"。这个"情"字与第六十章(今本16章)中"至虚,极也,守情,表也"的"情"是一个意思。

3."以顺众父"句,被今本等版本改为"以阅众甫",意思变了。

【译文】

大德的形态,就是完全顺从"道"而使然。"道"这个东西,或现或隐。它若隐若现啊,其中却有万象。它若现若隐啊,其中却有万物。它虽然幽深不明啊,但哪能离开人对它的感受与领悟。这感悟是最真实的,这感悟是可信的。从当今上溯到古代,永远离不开人对它的理解与命名,依据它才能理顺万物的根源。我怎么知道万物本质的情况呢?是从"道"认识的。

第六十五章　孔德之容，唯道是从

【注释】

〔一〕孔：甚，大。德：指"道"的显现和作用。容：形态、面貌。

〔二〕望：月满为望，引申为显现。忽：同"沕"，渺茫，不分明的样子。

〔三〕象：形象、具象。

〔四〕幽：幽深、深远。冥：暗昧，深不可测。

〔五〕情：人情、人性，人们对万物的感受与情绪。吔（yē）：叹词，表示惊异、惊讶和感叹等。

〔六〕父：引申为始。

〔七〕此：指道。

【阐释】

老子在本章阐述了"道"和"德"的关系，认为德的博大精深是由道衍生而成的，受道的支配。而"道"这个东西或明或暗，若隐若现，却包含有万物万象。所以，道既有虚无的一面，也有实的一面。"道"必须作用于物，透过物才能显现它的功能。这些功能和属性就是"德"，在人的层面，"道"就体现为"德"。

"道"虽然幽深不明，但是离不开人对它的感受、理解与命名。这里衍生出三重意思：

一是体现了老子人本主义的哲学思想。如果没有人的理解和感受，道还是道吗？它还存在吗？这些问题是很难回答的。

二是，此处的命名和《道篇》首章中的"有名"与"无名"联系了起来，这也证明此处的"情"字被后世误读和篡改的观点是很有道理的。

三是，正因为离不开人对道的感受与领悟，才让道的存在变得有意义且有意思。由此人们才能理顺万物的关系与根源，借以指导生活和实践，修身、理事、治天下，这正是道的规律与作用所在。

第六十六章　炊者不立，自视不彰

（今本 24 章）

【帛书复原本】

炊者不立[一]，自视不彰[二]，自见者不明[三]，自伐者无功[四]，自矜者不长。其在道，曰："余食、赘行[五]。"物或恶之，故有欲者弗居[六]。

【今本】

企者不立，跨者不行，自见者不明，自是者不彰，自伐者无功，自矜者不长。其在道也，曰余食赘行。物或恶之，故有道者不处。

【对比说明】

复原本与今本有 8 处不同，突出的是：

1."炊者不立"的"炊"字，帛书甲乙本均为"炊"。"炊"通"吹"。《说文通训定声·随部》："炊，假借为吹。"《荀子·仲尼》："可炊而僆也。"杨倞注："炊，与吹同。"

今本等版本改为"企",意思是抬起脚跟,脚尖着地,而"吹者不立"的意思是"吹嘘浮夸的人站不住脚",二者截然不同。后者为了配合解读,强行在后面增加了一句"跨者不行",实在有点搞笑!

2."自视不彰,自见者不明"的"视"字,帛书甲乙本均为"视",帛书整理小组校勘为"示"。《说文通训定声·履部》:"视,假借为示。"当"视"通"示"时,为"以事或物示人"的意思,如《汉书·高帝纪》:"亦视项羽无东意。"所以,笔者认为此处的"视"不通"示"。注意,这里的"视"和"见"是有区别的。"视"意为目光所及,也就是看,没有判断结果的含义;"见"则是在"视"的基础上有了对结果的判断,也就是看见了,有见地、见解的意思。因此,才有"熟视无睹""视而不见"等词语。同时,"视"还有看待的意思(如"视死如归")。结合上述"视"的两层意思,这里的"视"就有了很初级的"认同"含义,"自视"就有了"自我认同、自以为是"的意思,即"自是"(但"视"与"是"不同,有学者认为"视"为"是"的同音假借字,或不妥)。复原本取用帛书甲乙本的"视"字。

3."故有欲者弗居"的"有欲",帛书甲乙本均为"有欲",今本等版本改为"有道"。《老子》中的"欲",有很多这种用法,诸如"其欲先民也""恒有欲也,以观其所徼"等,且"有欲"更加符合文意,故采纳。

第六十六章　炊者不立，自视不彰

【译文】

吹嘘浮夸的人站不住脚，自以为是的人不会彰显名望，自逞己见的人难以明晓事理，自我夸耀的人不会取得成功，自高自大的人不能长久。从道的角度看，上述现象和行为，只能说是剩饭赘瘤。谁都厌恶它们，所以有心从道的人决不这样做。

【注释】

〔一〕炊：通"吹"，吹嘘、夸大。

〔二〕自视：意为自我认同、自以为是。

〔三〕自见：自逞己见，即仅靠自我观察。

〔四〕伐：夸、夸耀。

〔五〕行：通"形"，形体。赘行：多余的形体，指因饱食长出多余的肉。

〔六〕有欲：有志欲，有心从道。

【阐释】

老子在本章中论述的以退为进的处世哲学，正是推导出"委曲求全""不争"思想的重要根据和理由。

老子首先用了五个排比句，即"炊者不立""自视不彰""自见者不明""自伐者无功""自矜者不长"，告诫人们不要吹嘘浮夸、自以为是、自逞己见、标榜炫耀、自高自大，否则就会陷入不明事理、声誉不再、不可长久、难成事业，甚至难以立足的境况，他人就会像对待剩饭、赘瘤一样厌恶自己。这正是老子对"道"的实在性的很好诠释，这种实在，似乎可以立即让人进行生活检验和体验。可见，老子的哲学思想，玄妙、深奥时让人摸不着头脑，实在、现实时又是那样的朴实、真切。

第六十七章　夫唯不争，故莫能与之争

（今本22章）

【帛书复原本】

曲则全，枉则正[一]，洼则盈，敝则新[二]，少则得，多则惑。是以圣人执一[三]，以为天下牧[四]。不自视故彰，不自见故明，不自伐故有功，弗矜故能长。夫唯不争，故莫能与之争。古之所谓曲全者，几语哉[五]！诚全归之。

【今本】

曲则全，枉则直，洼则盈，敝则新，少则得，多则惑。是以圣人抱一，为天下式。不自见故明，不自是故彰，不自伐故有功，不自矜故长。夫唯不争，故天下莫能与之争。古之所谓曲则全者，岂虚言哉！诚全而归之。

【对比说明】

复原本与今本有 11 处不同，需要说明的是：

1. "以为天下牧"句，被今本等版本改为"为天下式"。《管子》中有一篇就叫《牧民》，此处将"牧"字改为"式"字，推测是后来的演变，前者符合古貌。

2. "不自视故彰，不自见故明"句，帛书甲本为"不自视故明，不自见故章（彰）"，帛书乙本将"明"与"彰"字互换位置，帛书整理小组认为帛书乙本准确，笔者赞同并采纳。句中的"视""彰"二字，参考第六十六章【对比说明】第 2 点解读。

3. "故莫能与之争"句，今本等版本添加"天下"二字。显然前者不定范围，更为准确。

4. "几语哉"的"哉"字，帛书甲乙本均为"才"。"才"同"哉"。《易经》："几者，动之微，吉之先见者也。"《管子·水地》："万物莫不尽其几。""几"有精微之意。"几语"指从客观事物中升华而至之经验之语。[①] 而王弼本（今本）、河上公本等版本为"岂虚言哉"。显然"几语哉"更准确，更符合古貌。

5. 首尾句"曲则全"与"成全归之"的两个"全"字，帛书甲本均为"金"字，帛书整理小组校勘为"全"字。注意，如按"金"字来理解的话，前者的意思就是

[①] 《老子帛书校注》，徐志钧校注，学林出版社，2002 年 5 月第 1 版，第 231 页。

第六十七章　夫唯不争，故莫能与之争

"弯曲（如木材弯曲）需要金属物件（如斧子）来修伐"，后者则有"精诚所至，金石为开"的意思。这样理解将会得出颠覆性的结论，即对"委曲求全"这一成语的"正确性"提出挑战。这种"委曲求全"的思想会不会对"懦弱性格"的塑造起到推波助澜的作用呢？这一点争议太大，待未来再考校。

【译文】

委曲反能保全，屈枉反能直伸，低洼反能充盈，陈旧反会更新，少取反能多获，贪多反而迷乱。所以圣人坚守这一原则，作为天下事理的范式。不自以为是故能彰显名望，不自逞己见故能明晓事理，不自我夸耀故能功成业就，不自高自大故能保持长久。正因为不与人争，所以没有人能与他争。古人所说的委曲反能保全的话，精妙至微啊！能保全者要归功于这个道理。

【注释】

〔一〕枉：屈、弯曲。

〔二〕敝：凋敝、陈旧。

〔三〕执：守、坚持。一：这里指代上文所述的这一原则。执一：意为守道。

〔四〕牧：法、范式。

〔五〕几语：从客观事物中升华而至之经验之语，即精妙至微的意思。

【阐释】

本章伊始,老子连续用了六个排比短句"曲则全,枉则正,洼则盈,敝则新,少则得,多则惑",讲述生活中常遇到的十二种现象,即委曲和保全、屈枉和伸直、低洼和盈溢、陈旧和新生、少拿和多获、贪多和迷乱。这些现象相互对立但能相互转化。

接着,老子承接这一道理,列出得道的圣人的四种明智修为与原则,即"不自视故彰,不自见故明,不自伐故有功,弗矜故能长",并提示人们应该将此作为立身处世的范式。

归根到底,就是"不争"。如果能做到的话,就没有人能够与自己争了。这犹如手中的沙子,握得越紧,它流走得越快。又如教育子女,控制得越严,小孩叛逆得越厉害,反倒教育不好。

当然,老子还引申出这样的道理:正面与负面,并非截然不同的东西,而是互相包含又相互转化的,事物常在对立的关系中产生,所谓物极必反,便是这个道理。所以,人们对事物的对立面都应当关注,从正面去透视负面的状况,对于负面的把握,更能显现出正面的内涵。

第六十八章　飘风不终朝，暴雨不终日

（今本 23 章）

【帛书复原本】

希言自然[一]。飘风不终朝[二]，暴雨不终日。孰为此？天地，而弗能久，又况于人乎？故从事而道者同于道[三]，德者同于德，失者同于失[四]。同于德者，道亦德之。同于失者，道亦失之。

【今本】

希言自然，故飘风不终朝，骤雨不终日。孰为此者？天地。天地尚不能久，而况于人乎？故从事于道者，道者同于道，德者同于德，失者同于失。同于道者，道亦乐得之；同于德者，德亦乐得之；同于失者，失亦乐得之。信不足，焉有不信焉。

【对比说明】

复原本与今本有 13 处不同，突出的是（或其他说明）：

1."希言自然"句，恐怕有脱误之嫌疑，因其意思与后文联系不明显。王安石说："多言数穷，故希言则自然。""希"同"稀"。① 在"飘风不终朝"句前，今本等版本添加"故"字。

2."暴雨不终日"的"暴雨"，帛书甲乙本均为"暴雨"，今本等版本改为"骤雨"，骤雨本身很短暂，与"不终日"不契合，且古时常用"暴"字，符合古貌。

3."同于德者，道亦德之"句，被今本等版本改为"同于道者，道亦乐得之；同于德者，德亦乐得之"。显然，这种改动有繁复修饰的嫌疑，反而让文意显得散乱累赘了。

另外，"德者同于德""同于德者，道亦德之"的四个"德"字，帛书甲乙本均为"德"字，帛书整理小组校勘为"得"字，笔者不予采纳，保持帛书甲乙本原貌更合理些。其中，最后一个"德"字是"德泽、恩泽"的意思。

4.最后部分，今本等版本添加"信不足，焉有不信焉"，意思与全文几乎毫无联系，实为画蛇添足。

---

① 许抗生：《帛书老子注译与研究》（增订本），浙江人民出版社，1985 年 3 月第 2 版，第 112 页。

第六十八章　飘风不终朝，暴雨不终日

【译文】

少施政令不扰民是合乎自然的。狂风刮不了一个早晨，暴雨下不了一整天。谁让它们这样的呢？天地。天地的狂暴尚且不能长久，更何况是人呢？所以从事于道的人志必同于道，有德的人志必同于德，失德的人就等同于失道。与有德者一致的人，也会得到道的惠泽。与失德的人一致的人，也会失道。

【注释】

〔一〕希言：少说话，这里指统治者少施加政令、不扰民。

〔二〕飘风：大风、强风。

〔三〕从事而道者：指按道办事、按道施政的人或团体。

〔四〕失：指失道或失德。

【阐释】

老子开篇提出一个重要的观点，即少施政令不扰民才合乎自然的本意与社会、国家运行的规律，为什么呢？老子用自然界常见的现象来阐述这一道理，他说狂风暴雨凶猛异常，但是不能持久，这是天地使然，这也是天地的规律与道理啊，何况人呢？从而告诫那些对民横加干涉和实施暴政的行为是错误的，是违背自然、社会规律的，必将带来严重的后果。历史上因暴政、扰民而引发的社会动

乱、国家衰亡、政权被推翻的实例太多太多，这里就不再列举了。

接下来，老子将重心放到领导者该如何修身树德的问题上，因为国家、社会、民众就是这些人去治理、管理的，他们不具备道德，就不可能治理好国家与社会。所以老子用了本章一半的篇幅，从因果、对比等角度阐述了何为道、何为德、何为失，以及道与道、德与德、道与德、失与道、失与德、失与失之间的关系及其内在联系，对人们的引导可谓苦口婆心、循循善诱。

第六十九章　有物混成，先天地生

（今本 25 章）

【帛书复原本】

有物混成[一]，先天地生。萧呵穆呵[二]，独立而不垓[三]，可以为天地母[四]。吾未知其名，字之曰道，吾强为之名曰大。大曰逝[五]，逝曰远，远曰反[六]。道大，天大，地大，王亦大[七]。国中有四大安[八]，而王居一安焉。人法地，地法天，天法道，道法自然。

【楚简本】

有状混成，先天地生。夺穆①、独立、不垓②，可以为天下母。未知其名，字之曰道，吾强为之名曰大。大曰逝，逝曰远，远曰反。天大，地大，道大，王亦大。国中有四大安，王居一安。人法地，地法天，天法道，道法自然。

---

① 此处争议很大，暂考校为"夺穆"。
② "垓"，原文为"亥"，学者丁原植经考证认为，"亥""絯"都是"垓"的假借字。本书取用"垓"，"垓"为"界限"的意思。参见廖名春：《郭店楚简老子校释》，清华大学出版社，2003 年 6 月第 1 版，第 212 页。

【今本】

有物混成，先天地生。寂兮寥兮，独立不改，周行而不殆，可以为天下母。吾不知其名，字之曰道，强为之名曰大。大曰逝，逝曰远，远曰反。故道大，天大，地大，王亦大。域中有四大，而王居其一焉。人法地，地法天，天法道，道法自然。

【对比说明】

复原本与今本有 10 处不同，参考楚简，突出的是：

1."有物混成"的"混"字，帛书甲乙本均为"昆"，王弼本（今本）、傅奕本等版本均为"混"，"昆"通"混"，这里取用"混"字。

2."萧呵穆呵"句，帛书甲本为"绣呵缪呵"，帛书乙本为"萧呵漻呵"，参考楚简对应的"夺穆"，故取用"穆"字。另，《淮南子·齐俗训》："萧条者，形之君。"高诱注："萧条，深静也。""萧"有静、深静的意思。[①] 这里取用帛书乙本的"萧"字，于是整句就是"萧呵穆呵"。今本等版本改为"寂兮寥兮"，意思大变。前者的意思是"多么深静多么肃穆啊"，后者的意思是"多么寂静多么空虚啊"，整个境界大变。

---

① 许抗生：《帛书老子注译与研究》（增订本），浙江人民出版社，1985 年 3 月第 2 版，第 113 页。

第六十九章　有物混成，先天地生

3."独立而不垓"的"垓"字，帛书甲本缺失，帛书乙本为"骇"字，参考楚简的"不垓"（参见第337页脚注），应该是帛书乙本误写。《说文》："垓，兼晐八极之地也。""垓"即区域、界限的意思。[①] "独立而不垓"句被今本等版本改为"独立不改，周行而不殆"，其中"不垓"更是被改为"不改"，意思大变，而且增加一句来文过饰非。

4."王亦大"句，唐宋后被很多版本改为"人亦大"，不过王弼本（今本）依然用的是"王亦大"，此为古貌。

5."国中有四大安，而王居一安焉"句，帛书甲乙本均为"国中有四大，而王居一焉"，而楚简多了两个"安"字，联系上下文意，显然添加"安"字最为准确。句中的"国"字，帛书甲乙本、楚简均为"国"字，今本为"域"字。"国"与"王"相呼应，最为准确。

6."道法自然"的"自然"并非"大自然"，而是指"道"本来的面目（即"道"本来的运行轨迹与规律）。因为"道"是包括"大自然"在内的一切事物的主宰和原动力，所以，"道"是不可能效法"大自然"的。

【译文】

有一种事物浑然天成，它先于天地而存在。多么深静多么肃穆啊，它独立长存，无边无际，可以作为天地的根

---

① 尹振环:《帛书老子再疏义》，商务印书馆，2007年5月第1版，第314页。

本。我不知道它的名字，所以勉强把它叫作"道"，我再勉强给它起个名字叫作"大"。大就是运行不息，运行不息就是广阔无边，广阔无边就是返回本源。所以说道大、天大、地大、王也大。国中有四安，而尊王之大也是安全因素之一。人取法地，地取法天，天取法道，道取法于它本来的运行规律。

【注释】

〔一〕物：指"道"。混成：浑然天成，含浑朴的意境。

〔二〕萧：静、深静。穆：肃穆。

〔三〕不垓：无边无际的样子。

〔四〕母：指"道"，天地万物因"道"而生，故称"母"。

〔五〕逝：流逝，指"道"流动长存、运行不息。

〔六〕反：同"返"，这里指返回到初始、原本的状态。

〔七〕王亦大：指古代国王具有最高权力。

〔八〕安：安全，以其为安之意。

【阐释】

老子在本章中再次阐释了"道"的内涵。"道"这种事物在天地形成之前、宇宙混沌之初就存在了。这与盘古开天辟地的神话故事有相似之处，那个"盘古"最后化身为山川万物，莫非"盘古"也可理解为"道"的一部分？

第六十九章　有物混成，先天地生

抑或是开创这个神话的人是以老子"道"的概念来塑造了盘古？不得而知。

同时老子认为，"道"是由万物混杂糅合形成而又反过来孕育了万物，它独立存在，深静而肃穆，无边无际，所以，"道"既是一个绝对体，又是一个相对体。它的绝对性体现在它的唯一与独立，是开创万物的根本与生育万物的母体，它的相对性体现在它融于万物并通过万物来展现它千姿百态、千变万化的能动性。所以，"道"的概念就是"大"，"大"就是运行不息、广阔无边和返回本源。

由此，老子将"道"与人、人事和国家联动了起来。因为不论"道"有多么伟大而神秘，对于我们人来说，理解"道"就是要用其来指导"修身""齐家""治国"的，所以老子在本章中紧跟着就提出了四个"大"的概念，即"道大，天大，地大，王亦大"。显然，这个"王亦大"的思想是有很大局限性的，不过有两个原因让我们又能够认同这个局限性。一方面，当时的社会就是以王为核心来统治、治理天下的，一国之王往往有着生杀予夺、至高无上的权力；另一方面，老子在后文中对这个"王亦大"作了注释，这就是"在一国之中，尊王是四大安全因素之一"，所以我们得尊王之大来确保国家与社会的安全。

最后，老子进一步限制了王的权力，同时告诉那些统治者及所有人一个约束且能提升自身修养、修炼的根本法则，那就是"人法地，地法天，天法道，道法自然"。"王"是人，高人也是人，不论多么有权有势，多么出类拔萃，是人都得约束自己，人是不可能胜地、胜天、胜道、胜自然的。

第七十章　轻则失本，躁则失君

（今本26章）

【帛书复原本】

重为轻根，静为躁君[一]。是以君子终日行[二]，不离其辎重[三]，唯有环官[四]，燕处则昭若[五]。若何万乘之王而以身轻于天下[六]？轻则失本，躁则失君。

【今本】

重为轻根，静为躁君，是以圣人终日行，不离辎重。虽有荣观，燕处超然。奈何万乘之主，而以身轻天下？轻则失本，躁则失君。

【对比说明】

复原本与今本有9处不同，突出的是：

1."是以君子终日行"句，帛书甲乙本均为"君子"，今本为"圣人"，景龙本、易玄本、敦煌本、傅奕本、司马光本、范应元本、苏辙本及《韩非子·喻老》等版本中均为"君子"①，此应该为古貌，且"君子"在此处与文意更契合，所以，取用帛书原文字"君子"。

2."唯有环官"的"环官"，帛书甲乙本均为"环官"，今本等版本为"荣观"。《左传·庄公四年》："营军临随。""营"为动词，即为军队筑营垒也，或曰营读环，谓围其四围。"环""荣"二字通"营"，"官""观"音近而有军事建筑相关含义，"荣观"即"环官"。联系下文的"万乘之王"，则"环官"为营垒，引申为环卫的军队。②《左传·文公元年》："使为大师，且掌环列之尹。""环列之尹，宫卫之官，列兵而环王官。"所以，过往一些版本将"荣观"当作"胜景、壮景"来解读，就与"环官"截然不同了，意思彻底改变了。

3."燕处则昭若"句，帛书甲本缺失"则昭"二字，以帛书乙本补足，"昭若"的意思是如同白昼。今本等版本改为"燕处超然"，意思也大变了。

【译文】

稳重是轻率的根本，清静是躁动的主宰。所以君王行走在外，不会离开他的后备辎重，唯有增加禁卫戒备，连

---

① 高明：《帛书老子校注》，中华书局，1996年5月第1版，第355页。
② 《老子帛书校注》，徐志钧校注，学林出版社，2002年5月第1版，第240-241页。

第七十章　轻则失本，躁则失君

黑夜也如同白昼那样。为什么一些大国君主要轻贱自己的身体，甚至有时要轻率地作出治国决策呢？轻率就会失去根本，躁动就会丧失君主。

【注释】

〔一〕躁：动。君：主宰。

〔二〕君子：原指有才德之人，这里指君王、君主。

〔三〕辎重：出门携带的物资。

〔四〕环官：禁卫、营卫、环卫。

〔五〕燕：通"宴"。燕处：就宴处，指晚上、夜晚。

〔六〕万乘：指拥有兵车万辆的大国。

【阐释】

在本章中，老子首先阐述了对立事物的两面是有侧重的，比如轻与重的关系中，重是根本，轻是其次，只注重轻而忽略重，则会失去根本；而在动与静的关系中，静是根本，动是其次，只重视动则会失去根本。

接着，老子以"君子"（原文指君王，这里以"君子"阐释）为例来进一步论证他的观点。老子说，君子游走四方，从来都不会轻易远离他随身所带的辎重，因为一旦这些为在外赶路之人提供的食宿与行动补给丢失了，君子就会寸步难行了。（这一点与现代的旅行有些不同，不要按照现代的思维方式去理解。)所以,君子在游走与保护辎重不丢失的一对矛盾中,选择侧重后者,增加警卫戒备,甚至夜晚与白昼一样地看重,从不懈怠。

由此,老子将矛头直指"万乘之王"的大国之君,说很多人身为一国之主,骄奢淫逸,纵欲自残,如此轻贱自己的身体,并以轻率的方式来治理天下。这样是非常危险的,轻浮纵欲就会丧失治身之根本,盲目躁动更可能丢失国君之位。所以,学者陈鼓应在《老子今注今译》中说:"一国的统治者,当能静重,而不轻浮躁动。"[1]这是有一定道理的。

---

[1] 《老子今注今译》,陈鼓应注译,商务印书馆,2016年5月第1版,第178页。

第七十一章　善行者无辙迹，善言者无瑕谪

（今本27章）

【帛书复原本】

善行者无辙迹[一]，善言者无瑕谪[二]，善数者不以筹策[三]。善闭者无关籥而不可启也[四]；善结者无缪约而不可解也[五]。是以圣人恒善救人，而无弃人，物无弃财，是谓忡明[六]。故善人，善人之师；不善人，善人之资也[七]。不贵其师，不爱其资，虽智乎大迷，是谓妙要[八]。

【今本】

善行无辙迹，善言无瑕谪，善数不用筹策，善闭无关楗而不可开，善结无绳约而不可解。是以圣人常善救人，故无弃人；常善救物，故无弃物，是谓袭明。故善人者，不善人之师；不善人者，善人之资。不贵其师，不爱其资，虽智大迷，是谓要妙。

【对比说明】

复原本与今本有 21 处不同，突出的是：

1."物无弃财"句，被今本等版本改为"常善救物，故无弃物"。前者的意思是"没有被浪费的财物"，显然比后者更好，后者增添四字修饰一番后，只谈到了"物"，却丢掉了"财"。

2."是谓忡明"的"忡明"，帛书甲本为"忡明"，帛书乙本为"曳明"，今本等版本改为"袭明"，此处取用"忡明"。《说文》："㦖，习也，从心，大声。"段玉裁注："各本作愯。"帛书整理小组注释说，"袭""习"古通用，"忡"疑是"愯"字的误写。[①]"忡明"的意思是"深思出来的明智"，而"袭明"的意思是"内藏明智"，前者似乎更符合文意。

3."善人之师"句，帛书甲本缺失二字，帛书乙本如此，今本等版本添加了"不"字，变成了"不善人之师"，意思反转。本书取用帛书乙本，弃用"不"字。

【译文】

善于行走的人不会留下痕迹，善于辞令的人说话不会有差错，善于计数的人不用筹码策录。善于闭门的人不用门闩

---

① 马王堆汉墓帛书整理小组编《马王堆汉墓帛书老子》，文物出版社，1976年3月第1版，第33页。

第七十一章　善行者无辙迹，善言者无瑕谪

而他人难以打开，善于打结的人不用绳索而他人不能解开。因此，圣人常常善于拯救他人，而没有被抛弃的人，也没有被抛弃的财物，这就叫作深思出来的明智。所以善于上述本领的人是善良者的老师，不善于上述本领的人可以作为善良者的借鉴。不尊重自己的老师，不爱惜他人的借鉴，虽然自认为聪明，实则是大糊涂。这正是微妙深奥的诀窍。

【注释】

〔一〕辙迹：轨迹，行车时车轮留下的痕迹。

〔二〕瑕谪：缺点、过错。

〔三〕筹策：古人用作计算的器具。

〔四〕籥：同"钥"，锁钥。

〔五〕缪（mò）：绳索。

〔六〕恓（shēn）：忧思的样子，详见【对比说明】中的解读。

〔七〕资：取资、借鉴。

〔八〕妙：深远微妙。

【阐释】

本章老子谈了四个层次的修为与奥妙。

第一层次（善事），有一技之长的人，轻易就能把擅长的事做得完美无瑕，所谓"善行者无辙迹，善言者无瑕谪，善数者不以筹策"。

第二层次（善事），开始与他人互动了。这些技艺之人借用或浪费的物资很少，还能做出让他人难以破坏的物件，即"善闭者无关籥而不可启也；善结者无绳约而不可解也"。

第三层次（从善事到善人），就是从擅长具体的事件升华到善于帮助、拯救他人，并且能做到人尽其才、物尽其用，不丢下任何一个人。这已经到了"圣人的境界"，但是还没有完。

第四层次（上述三个层次是从正向来说的，而忽略了反向的作用），"故善人，善人之师；不善人，善人之资也"，也就是说，从擅长各种技巧、用人、治世的人那里汲取知识、获得能力，同时，从不擅长上述本领的人那里获得失败的经验教训。所以，不仅仅是尺有所短、寸有所长的问题。

老子最后得出结论：不从正面"贵其师"，不从侧面"爱其资"，那就是自以为自己充满智慧，实际上是个知其一不知其二的大糊涂虫。

第七十二章　知雄守雌，大制无割

（今本 28 章）

【帛书复原本】

知其雄[一]，守其雌[二]，为天下溪[三]。为天下溪，恒德不离。恒德不离，复归婴儿[四]。知其白，守其辱[五]，为天下谷。为天下谷，恒德乃足。德乃足，复归于朴。知其白，守其黑[六]，为天下式[七]。为天下式，恒德不忒[八]。德不忒，复归于无极[九]。朴散则为器[一〇]，圣人用则为官长[一一]，夫大制无割[一二]。

【今本】

知其雄，守其雌，为天下溪。为天下溪，常德不离，复归于婴儿。知其白，守其黑，为天下式。为天下式，常德不忒，复归于无极。知其荣，守其辱，为天下谷。为天下谷，常德乃足，复归于朴。朴散则为器，圣人用之则为官长，故大制不割。

道德经，古今有何不同

【对比说明】

复原本与今本有 11 处不同，突出的是：

1. 原文本意到底是"白""辱"相对，还是"白""黑"相对？存在后人重大改动吗？详见【阐释】部分解读。

2. 今本等版本将多个句子改换了位置，让层层递进的关系与文意发生了变化。

3. 帛书中出现多个反复句，如"为天下溪。为天下溪"等，以示强调，并增强了从溪、谷到式，再到无极的递进关系，最后落到设官分制与天下大治的启示与结论，文意才不会显得唐突无力。

4. 最后的"朴散则为器，圣人用则为官长，夫大制无割"句，有人认为应该放到下一章去，详见【阐释】部分解读。

【译文】

深知雄强，却安守雌柔，宁愿处于天下溪涧的低浅之处。处溪涧之低，永恒的德行就不会离开。德行不离，就会回到婴儿般的纯粹状态。深知洁白，却安于污浊，甘愿处在天下的低谷之地。处低谷之地，永恒的德行就会充足。德行充足，就会重新回归质朴之态。深知明达，却安守暗昧，成为天下的示范。成为示范，永恒的德行才不会缺失。德行不缺，就会回到自然之初的混沌浑朴状态。浑

第七十二章 知雄守雌，大制无割

朴的混沌散播开来形成万物万器，圣人利用浑朴之道设官分制，于是天下大治而不会被割裂。

【注释】

〔一〕雄：比喻刚劲、躁动、强大。

〔二〕雌：比喻柔弱、静穆、谦下。

〔三〕溪：沟溪。

〔四〕婴儿：象征稚气、纯真。

〔五〕白：洁白。辱：黑垢、污垢、污浊。

〔六〕白：明亮、明达，意为明白事理。黑：暗昧、糊涂。

〔七〕式：楷模、范式。

〔八〕忒：过失、差错。

〔九〕无极：无穷尽、无边际。

〔一〇〕朴：朴素、纯朴。器：器物，指万事万物。

〔一一〕官长：指管理者、领导者。

〔一二〕制：制作器物，引申为政治。割：割裂。

【阐释】

本章争议很大，主要集中于三个方面。

第一，"知其白，守其辱，为天下谷"的"白"字，帛书甲乙本均为"白"，而后文"知其白，守其黑，为天下式"的"白"字，帛书甲本脱失，帛书乙本为"白"

字,这里又将"白"与"黑"对应。而《庄子》引用本章时,只有"知其雄,守其雌,为天下溪;知其白,守其辱,为天下谷",并没有"守其黑,为天下式。为天下式,恒德不忒。德不忒,复归于无极"这段话。或许"守其黑"的一段是后人增加进去的。① 如果是这样的话,那么《道德经》中就是"白""辱"相对,而非"白""黑"相对了。根据第三章(今本41章)"大白如辱",也可知"白""辱"相对。② 这里的"白"就是洁白的意思,"辱"就是"黑垢、污垢、污浊"的意思。

另外,按河上公注:"白以喻昭昭,黑以喻默默。人虽自知昭昭明达,当复守之以默默,如暗昧无所可。如是则可为天下法式,则其德常在。"③ 文中的第二个"白"就是明亮、明达的意思。

第二,如果把"朴散则为器,圣人用则为官长,夫大制无割"翻译成"朴素本初的东西经制作而成器物,圣人利用真朴则为百官之长,所以完善的政治、制度是不可分割的"(通常的翻译),就不能与前面"天下的溪水""天下的山谷"和"天下的示范"等宏大的概念相对应了,也

---

① 《老子帛书校注》,徐志钧校注,学林出版社,2002年5月第1版,第247页。
② 马王堆汉墓帛书整理小组编《马王堆汉墓帛书老子》,文物出版社,1976年3月第1版,第33—34页。
③ 许抗生:《帛书老子注译与研究》(增订本),浙江人民出版社,1985年3月第2版,第119页。

第七十二章 知雄守雌，大制无割

不能与"无极"的概念相对应了。所谓无极，就是《道德经》中提出的"道"的终极性概念。所以，文中紧跟在"无极"后面的"朴散则为器"的"器"字，也应该理解为"万物万器"。总不可能有人把宇宙之源、洪荒无限的"无极"简单地拿来制造出几个器皿吧？老子是什么人？"圣人"啊！《道德经》的初衷就是讲述"人君南面术"，因此，本章正是老子站在"帝王之道"的高度来论事的，只不过他采用的方式是"见微知著"。

如果按照上述思维来理解的话，那么，一些学者提出的问题——"天下式"与"天下溪""天下谷"相比也显得很突兀，"复归于无极"与"朴""婴儿"也不是同一类事物，等等——也就不是问题了，即这些类别、迁移性引申等都是合情合理的了。这也正是本书要将"朴散则为器，圣人用则为官长，夫大制无割"翻译成"浑朴的混沌散播开来形成万物万器，圣人利用浑朴之道设官分制，于是天下大治而不会被割裂"的原因。

第三，有人认为"朴散则为器，圣人用则为官长，夫大制无割"实在与上文联系太少，其中的"器"与下一章，即第七十三章（今本29章）讲的"神器"的"器"有联系，所以，应该归入下一章。

根据上述第二方面的解读，本书暂时将其归入本章。未来考证后，再行定夺。

第七十三章　天下神器，非可为者

（今本 29 章）

【帛书复原本】

将欲取天下而为之[一]，吾见其弗得已[二]。夫天下，神器也[三]，非可为者也。为者败之，执者失之[四]。物或行或随[五]，或热或吹，或强或挫，或培或堕[六]。是以圣人去甚、去大[七]、去奢。

【今本】

将欲取天下而为之，吾见其不得已。天下神器，不可为也。为者败之，执者失之。故物或行或随，或歔或吹，或强或羸，或挫或隳。是以圣人去甚，去奢，去泰。

【对比说明】

复原本与今本有 10 处不同，突出的是：

1."夫天下，神器也，非可为者也"句，被今本等版本改为"天下神器，不可为也"。前者的意思是"所谓天下，

第七十三章 天下神器，非可为者

是神圣的权力，不是随便可以得到的"，后者的意思是"天下神圣的东西，不可得到"，显然意思大变。老子的意思是，既然"天下不是随便可以得到的"，那么就不能由某个人随便说了算，也就是必须代表人民的整体利益。而今本等版本歪曲老子对"神"的理解，以唯心论的方式说管理天下的大权是由"天神"授予的，只能由"天子"来掌管，其他人则"不可为也。为者败之，执者失之"。

2."或培或堕"句，被今本等版本改为"或挫或隳"。前者的意思是"有的成长有的衰亡"，后者的意思是"有的摧折有的危殆"，意思变了。

3."去大"被今本等版本改为"去泰"并与"去奢"交换了位置，意思与前面的"去甚"有些重复，且上下文意不连贯。

另外，有学者认为本章内容应该以"执者失之"句之后为界分为两章。详见【阐释】部分解读。

【译文】

想夺取天下而为私用，我看他是达不到目的。所谓天下，是神圣的权力，不是谁都可以得到并说了算的（需代表人民的意志）。强行夺取就会失败，强力把持就会丢失。事物有前行有后随，有的热有的冷，有的强有的弱，有成长也有衰亡。因此，圣人不贪，不好大喜功，不奢侈。

【注释】

〔一〕取：取得、治理。为：靠强力去做。

〔二〕弗得已：达不到、得不到。

〔三〕神器：神圣的器物，这里指神圣的权力。

〔四〕执：掌握、把持。

〔五〕物：指人，也指一切事物。

〔六〕培：培养、成长。堕：衰亡。

〔七〕大：好大喜功。

【阐释】

本章老子阐述了三个方面的内容。

第一，老子专门讲述了什么是天下，说它是神圣之器。既然是神圣的，那当然就不是随便可以侵犯、夺取、把持、胡为甚至据为私用的。然而过往的一些帝王将相往往就在"侵犯、夺取、把持、胡为、私用"这五个方面犯下大错、招致大败、遭受大殃，到底是什么原因呢？这可能是人本性中固有的诸如自大、狂妄、自私等弱点所决定的。当然，因地位处境不同，神器的内涵也是不同的，所以，百姓也可以在生活、学习与工作中予以借鉴。

第二，延续上文对神器的阐释，老子进一步解读了"无为"的概念，"无为"就是有所为有所不为，更不能胡为。因为万事万物都是对立性的存在，所谓"或行或随，

第七十三章　天下神器，非可为者

或热或吹，或强或挫，或培或堕"。所以，做得好就正向发展带来好处，做不好就会走向反面，导致失败或祸害。

第三，结合"私用"与"无为"的真正含义，老子特别告诫领导者不能"贪""好大""奢侈"，同时也反证，所谓无为就是"有所为有所不为，更不能胡为"。

另外，"器"与"物"是连在一起的，有器就有物，有物必有器。通过上述分析，或许可以在一定程度上终结"本章内容是否应该分为两章"的业界争议。

第七十四章　物壮而老，是谓之不道

（今本 30 章）

【帛书复原本】

以道佐人主，不以兵强于天下，其事好还[一]。师之所居，楚棘生之[二]。善者果而已矣[三]，毋以取强焉[四]。果而毋骄，果而勿矜，果而勿伐，果而毋得已居，是谓果而不强。物壮而老[五]，是谓之不道[六]，不道早已[七]。

【楚简本】

以道佐人主者，不欲以兵强于天下，善者果而已，不以取强。果而弗伐，果而弗骄，果而弗矜，是谓果而不强。其事好。

【今本】

以道佐人主者，不以兵强天下，其事好还。师之所处，荆棘生焉；大军之后，必有凶年。善有果而已，不敢以取强。果而勿矜，果而勿伐，果而勿骄，果而不得已，

第七十四章　物壮而老，是谓之不道

果而勿强。物壮则老，是谓不道，不道早已。

【对比说明】

复原本与今本有 18 处不同，突出的是：

1. 今本的"大军之后，必有凶年"句，帛书甲乙本、景龙本、敦煌本无此句，王弼本（今本）、河上公本、傅奕本、范应元本等版本有此句，或许是为了强调"兵祸"对民众与社会的巨大危害而强行增添的。同时，添加此句是针对一切用兵而言的，不符合老子的用兵思想（老子并不完全反对用兵）。

2. "楚棘生之"句，帛书甲乙本都是如此，"楚"有"荆"之意，今本等版本改为"荆棘生焉"，"楚"或许为原貌。

3. "果而毋骄，果而勿矜，果而勿伐"三句，被今本等版本调换了位置，变成了"果而勿矜，果而勿伐，果而勿骄"，与楚简亦不同。同时，"果而毋骄"的"毋"被改为"勿"后，意境发生变化，"勿"的态度不如"毋"坚定。

4. "物壮而老"句，帛书甲乙本都是如此，意为变老是有个过程的，而今本等版本改为"物壮则老"，显然不能表达渐进的过程。

5. "果而毋得已居，是谓果而不强"句，被今本等版本改为"果而不得已，果而勿强"，意思大变了。

【译文】

用"道"来辅佐君王,不以兵力逞强于天下。穷兵黩武必有报应。军队驻扎过的地方,荆棘横生。善于用兵的人达到目的就适可而止,是不会逞强好斗的。胜利了而不骄傲,胜利了而不自高自大,胜利了而不自我夸耀,是因为这种胜利是不得已而为之,所以胜利了就不能逞强。用武兴盛就会走向衰败,这就叫作背"道"而为,不按照"道"的原则行事必然加速灭亡。

【注释】

〔一〕还:还报、报应。

〔二〕楚:荆。

〔三〕果:成功之意,指达到目的。

〔四〕取强:逞强、好胜。

〔五〕壮:强壮。

〔六〕不道:不合乎"道"。

〔七〕已:死、完结。

【阐释】

《道德经》是一部治国治世、修身理事的实用而智慧的典籍,它的层次非常高,不是一般领军用兵的书籍。因其涉及天下与治国大事,所以又不得不涉及军事与用兵。

第七十四章 物壮而老，是谓之不道

本章与下一章就是论述用兵的问题。

老子开篇便阐述了辅佐君主的人不能弄反了主次，千万不要以兵来逞强于世道，所谓"兵者，凶器也"；要用"道"来树德于天下。老子讲了四个原因：

一是"师之所居，楚棘生之"。所谓"国以民为本"，用兵对民众、国家与社会造成的巨大灾难，是其他灾害难以比拟的。

二是"善者果而已矣，毋以取强焉"。用兵是不得已而为之的事情，取得胜利并不是什么值得得意的事情。

三是，如果把用兵获得的胜利当成国家强大的重要因素的话，那就是舍本逐末了。比如秦始皇统一六国之后，依然将用兵时治民的高压政策沿袭下来，仅仅过了16年，如此强大的帝国便轰然倒塌。看来，老子所谓的"果而毋骄，果而勿矜，果而勿伐"，便在秦朝身上应验了。这个大预言可谓是给秦帝国量身定制的啊！

四是，通过军事收获的兴盛基本上都是短暂的，速盛必速衰。利用强大的军事力量，获胜的时候势不可当，衰败的时候也摧枯拉朽，基本上都没有什么过渡地带。

所以，老子认为动辄用兵是人类最愚昧、最残酷的行为。只有坚持"道"，顺应民意，按照事物发展的规律来辅佐君主、治理国事，国家的强盛才能持久，否则就会遭受灾祸，迅速灭亡。

第七十五章　兵者，不祥之器

（今本 31 章）

【帛书复原本】

夫兵者[一]，不祥之器也。物或恶之[二]，故有欲者弗居。君子居则贵左[三]，用兵则贵右，故兵者非君子之器也。兵者不祥之器也，不得已而用之，铦袭为上[四]，勿美也！若美之，是乐杀人也。夫乐杀人，不可以得志于天下矣。是以吉事上左，丧事上右；是以偏将军居左，上将军居右。言以丧礼居之也。杀人众，以悲哀莅之[五]；战胜，以丧礼处之。

【楚简本】

君子居则贵左，用兵则贵右。故曰：兵者，非君子之器，不得已而用之，铦袭①为上。弗美也，美之，是乐杀人。夫乐杀人，不可以得志于天下。故吉事上左，丧事上右；是以偏将军居左，上将军居右。言以丧礼居之也。故杀人众，则以哀悲莅之。战胜，则以丧礼居之。

① 此处争议较大，暂校用"铦袭"，意思是以利器突袭，符合老子的思想。

第七十五章　兵者，不祥之器

【今本】

夫佳兵者，不祥之器。物或恶之，故有道者不处。君子居则贵左，用兵则贵右。兵者不祥之器，非君子之器，不得已而用之，恬淡为上。胜而不美，若美之者，是乐杀人。夫乐杀人者，则不可以得志于天下矣。吉事尚左，凶事尚右。偏将军居左，上将军居右，言以丧礼处之。杀人之众，以哀悲泣之。战胜，以丧礼处之。

【对比说明】

复原本与今本有 20 处不同，突出的是：

1. 开篇的"夫兵者"，被今本等版本改为"夫佳兵者"，"佳"字在此处讲不通。其他版本还有"美兵""唯兵""舒兵""作兵"等表述，太乱了。显然，帛书的"夫兵者"直截了当，言简意赅。

2."故有欲者弗居"的"有欲者"，帛书甲本为"有欲者"，帛书乙本毁损，今本等版本改为"有道者"，意思大变，且不准确。

3."铦袭为上"句，被今本等版本改为"恬淡为上"，意思截然不同。前者表明老子并不完全反对用兵，后者篡改了老子的本意。

4."勿美也"句，帛书甲乙本都是如此，今本等版本改为"胜而不美",意思变了。

5."夫乐杀人"句,被今本等版本改为"夫乐杀人者",前者指事件,后者指人,含义大变。"杀人众,以悲哀莅之"句,被今本等版本改为"杀人之众,以哀悲泣之",前者是"用悲哀为其悼念",后者意思变了。这两处改动,有大事化小、小事化了的嫌疑。

【译文】

用兵打仗,是不祥的事情。谁都讨厌它,所以有志向的人绝不能停留在用兵打仗上。君子平时以左边为贵,用兵时以右边为贵,所以用兵打仗不应该成为君子的工具。用兵打仗是不祥的事情,只有到了迫不得已的时候才使用它,并且最好以精锐之师展开突袭。不应该赞美打仗,如果赞美打仗的话,就是以杀人为乐了。喜欢制造杀人事件的人,就不可能得志于天下。所以吉庆的事情以左边为上,丧事以右边为上,由此偏将军居于左边,主杀的上将军居于右边。这就是说要以丧礼的仪式来对待用兵打仗。战争中杀人众多,要用哀痛的心情来悼念死者;打了胜仗,要以丧礼的礼仪去对待胜利。

第七十五章 兵者，不祥之器

【注释】

〔一〕兵者：用兵打仗。

〔二〕物：指人。物或恶之：意为人所厌恶、憎恶的东西。

〔三〕贵左：古人以左为阳、为强、为攻、为贵，以右为阴、为弱、为守、为低下。上左、上右、居左、居右都是古人的礼仪。

〔四〕铦（xiān）：锋利，指精锐。铦袭：精锐部队突然袭击。

〔五〕莅：到达、到场。莅之：这里指到场凭吊。

【阐释】

老子在上一章阐述"兵者，凶器也"，即不能以兵逞强的道理之后，本章更进一步论述了用兵打仗的问题。在短短一百多字的段落中，老子两次谈到"兵者，不祥之器也"，说明老子是非常反对战争的。战争中受害最大的就是普通百姓了。每逢战争，百姓扶老携幼、离乡背井、四处逃亡，饥饿疾病、无衣无食，丧亲丢子，可谓悲惨至极；同时，也造成严重的社会动荡和危害。所以，战争对任何一方，对任何相关的个体，都是不祥中的不祥。

但是，国家有时候不得已又必须要用兵，那么，该怎么办呢？老子提出以智谋、以奇袭的方式来解决，目的就是少死人。不过，有三点需要注意：

一是不应该赞美用兵打仗，如果有人赞美用兵打仗的话，他就是喜欢用武杀人的人，老子站在道德的制高点对其予以谴责，同时指明凡是喜欢制造杀人事件的人，都将获得"不可能得志于天下"的恶果。当然，这样的人都只是那些将军以上的人物了。

二是无论胜负都要用丧礼的礼仪对待战争，也就是要用丧礼来庆祝胜利。这才能"对冲"如此"不祥之器"带给国家、民族与人民的痛苦、灾害与晦气。然而，在历代战争中，很多战胜的一方，往往大摆宴席、犒劳四方，把本该给予的丧礼礼仪当成喜庆的事情来办，这是很不祥瑞的表现。

三是一定要到场悼念在战争中死亡的人，抚恤死者亲属，以此尽可能地抚平个人与社会的创伤。

所以，老子谈论战争问题，目的在于反对战争。由此也可看出《道德经》不是兵书，不是研究战争问题的，尤其不是为用兵者出谋划策的，它讲究的是如何依照社会、自然规律，发掘"道"的最大化智慧，尽可能地去避免与化解战争的问题。

第七十六章　朴虽小而天地弗敢臣

（今本32章）

【帛书复原本】

道恒无名，朴虽小而天地弗敢臣〔一〕，侯王若能守之，万物将自宾〔二〕。天地相合，以俞甘露〔三〕，民莫之令而自均焉。始制有名〔四〕。名亦既有，夫亦将知止，知止所以不殆〔五〕。譬道之在天下也，犹小谷之与江海也。

【楚简本】

道恒无名，朴虽微天地弗敢臣。侯王如能守之，万物将自宾。天地相合也，以俞①甘露。民莫之令②而自均安。始制③有名，名亦既有，夫亦将知止，知止所以不殆。譬道之在天下也，犹小谷之与江海。

---

① "俞"字有争议，原文为"逾"，暂考校为"俞"，意为允许。
② "令"，原文为"命"，楚简编撰小组校勘为"令"。
③ "制"，原文为"折"，楚简编撰小组校勘为"制"。

【今本】

道常无名，朴虽小，天下莫能臣也。侯王若能守之，万物将自宾。天地相合，以降甘露，民莫之令而自均。始制有名，名亦既有，夫亦将知止，知止所以不殆。譬道之在天下，犹川谷之于江海。

【对比说明】

复原本与今本有10处不同，参考楚简，突出的是：

1."朴虽小而天地弗敢臣"的"天地"，帛书甲本缺失，帛书乙本为"天下"，楚简为"天地"。由于这是在谈"道"，不应该是"天下"，应该是"天地"，所以采纳楚简。句中的"弗敢"二字被今本等版本改为"莫能"，意思大变。

2."天地相合，以俞甘露"的"俞"字，帛书甲乙本均为"俞"字，楚简暂考校为"俞"字，今本等版本改为"降"。"俞"字还有"应允"的意思，更为准确。

3."民莫之令而自均焉"的"焉"字，帛书甲乙本均为"焉"字，楚简为"安"字，而今本等版本没有"焉"或"安"字。楚简中这一句的意思是"民众没有要求它就自然获得同等恩惠而安定下来"，帛书和今本等版本中这一句的意思是"民众没有要求它就自然获得同等恩惠"。似乎楚简更有道理，但此处保持帛书原貌。

第七十六章　朴虽小而天地弗敢臣

【译文】

"道"永远无名,质朴的"道"虽然隐蔽但天地都不敢以它为臣。侯王如果遵守"道"的无名与质朴,百姓将自然归顺。万物阴阳交合,就会普降甘露,民众没有要求就自然获得同等恩惠。治理天下开始于建立制度并分出名分(官职),既然有了名分就要有所制约,适可而止,知道制约、适可而止,就没有什么危险了。就像"道"存在于天下而使天下顺从,如同溪谷流归于江海而对江海宾服。

【注释】

〔一〕朴:质朴,指"道"的特征。小:形容"道"隐蔽不可见的特点。臣:使服从。

〔二〕宾:服从,指宾服于"道"。

〔三〕俞:应允。

〔四〕名:名分,这里指官职的等级名称。

〔五〕不殆:没有危险。

【阐释】

本章老子继续讨论"道"的问题,提出了"道"的另一个特征,就是"微"。联系老子之前的各类讲述,可以大致明白"道"的概念,即"道"是永恒的,既如无名之朴，又是极幽微的。正如学者任继愈和冯憬远在《老子哲学讨论集》中所说的那样："老子的哲学，无论在世界观方面或在辩证法方面都具有这种素朴的、直观的特点。道，老子的书中也是用直观来说明自然现象的普遍联系的。老子对世界的本源，说'无以名之，字之曰道，强名之曰"大"'。又把道叫做'朴'（道常无名，朴虽小，天下莫能臣也）。有时把道叫做'无名'。（第一章，'无名，天地之始'。第三十二章，'道常无名'。第三十七章，'……镇之以无名之朴'。第四十一章，'道隐无名'。）从这些例子可以证明老子书中的道，实在是混然一体'无名'或'朴'。把老子的道看做纯精神的客观实在为绝对理念，与老子的原意不合。"[①]

如何理解"道"的"如无名之朴"呢？老子用"朴"来形容"道"的原始"无名"的状态。联系老子在之前章节的有关论述，"无名"即指完全做到了不自见、不自视、不自伐、不自矜，所以称之为"朴"。这种原始质朴的"道"，向下运作便使万物兴作，进而产生各种名称和名分。以此类推，侯王该如何治理天下呢？老子认为，需要依照"道"的法则立制度、定名分、设官职，同时又要有所约束、适可而止。那为何"名分"要有约束、适可而

[①] 任继愈、冯憬远：《老子的研究》，载哲学研究编辑部编《老子哲学讨论集》，中华书局，1959年12月第1版，第20页。引文中的章次对应今本。

第七十六章 朴虽小而天地弗敢臣

止呢？在老子看来，"名"是人类社会引发争端的重要根源，所以，适可而止的话，就会避免失败和灾祸。这样，百姓就会自动归顺臣服了。

第七十七章　知人智，自知明

（今本33章）

【帛书复原本】

知人者，智也。自知者，明也。胜人者，有力也。自胜者，强也[一]。知足者，富也。强行者[二]，有志也。不失其所者[三]，久也。死而不忘者[四]，寿也。

【今本】

知人者智，自知者明。胜人者有力，自胜者强。知足者富，强行者有志，不失其所者久，死而不亡者寿。

【对比说明】

复原本与今本有8处不同，突出的是：

1.今本等版本删除了帛书的8个"也"字。有"也"字，一是强调每句的因果与逻辑关系，明确断句；二是符合古貌。

2."死而不忘者"句，帛书甲本无"而"字，帛书乙本有"而"字,采纳乙本内容。句中的"忘"字,帛书甲乙本均为"忘"字,今本等版本改为"亡"字。

【译文】

能识别他人的人叫作智慧,能明晓自身优劣的人才算聪明。能战胜他人的人叫作有力量,能克制自身弱点的人才算强大。知道满足的人叫作富有,身体力行、持之以恒的人叫作有志向。不失自身根本的人才能长久,死后不被遗忘的人才算真正的长寿。

【注释】

〔一〕强:刚强、强大。

〔二〕强行:身体力行、持之以恒。

〔三〕所:根本,这里指人生的根本原则。

〔四〕忘:忘记。"死而不忘"另含有身死"道"犹存的意思。

【阐释】

老子本章从"知人""自知""胜人""自胜""知足""强行""不失其所""死而不忘"八个方面讲述了如何修身、自强的问题,可谓字字珠玑。按照上述标准,如果一个人完全能够做到的话,那他就是圣人了,能做到十之一二的话,也能成为现实中出类拔萃的人。

成语"自知之明"就是来自"自知者，明也"。"知人"和"胜人"都是很了不起的，但这只是老子的初级要求，做到"自知"和"自胜"才能更上一层楼。这就告诫人们，不要眼睛总盯住竞争对手，要紧紧盯住自己，做好自己的事，不停地努力，战胜自己，就间接地战胜了他人。

不过，这里有个问题，老子提醒人们必须搞明白，那就是努力不能胡来，而是要认清自身的优劣，认清自己到底是什么样的材料。你本身具备餐饮大家的特质，而解析几何学半年都不能入门，但你硬是强行想成为数学天才，那么，你的努力可能就不会带来太大进步了。所以，"自知"比"知人"更重要。

在具备上述四个方面能力的同时，如果还能"知足"而"强行"，那就更加了不起了。文中的"富"并不仅仅指财富，还包括学识、修炼、认知与精神等方面。人生道路是曲折的，并非平坦而一帆风顺，有了"他知""自知"并明白这样的道理后，就知道在什么时候该退与忍了，这又是高一层的境界了。一旦找到方向，机会来临，就得身体力行、持之以恒去实践自己的"志"。注意，老子在这里强调了"强"字，就是所谓"静若处女，动若脱兔"。

如果上面两点也做到了，且没有失去自身行事的根本原则（即"不失其所"），进而达到"有所为有所不为，更

第七十七章 知人智，自知明

不能胡为"，也就是做到了老子所提倡的"无为"的话，那就更妙了，就真的很完美了。此时，即便身体死亡了，思想与名字还会长存于世，成为真正的寿者。

由此分析，也可证明老子在文中用了多个"者""也"断句予以排除误导（错误断句会引发误解）并以示强调的重要性了。

第七十八章　以其不为大，故能成大

（今本 34 章）

【帛书复原本】

道，泛呵[一]，其可左右也。成功遂事而弗名有也。万物归焉而弗为主[二]，则恒无欲也[三]，可名于小[四]；万物归焉而弗为主，可名于大[五]。是以圣人之能成大也，以其不为大也，故能成大。

【今本】

大道泛兮，其可左右。万物恃之而生而不辞，功成不名有，衣养万物而不为主。常无欲，可名于小；万物归焉而不为主，可名为大。以其终不自为大，故能成其大。

【对比说明】

复原本与今本有 19 处不同，突出的是：

1."道，泛呵"的"泛"字，易玄本、庆阳本、磻溪本、赵孟頫本、楼正本、傅奕本等版本均为"汎"字，景

第七十八章 以其不为大，故能成大

龙本、遂州本、敦煌丁本、王弼本（今本）、范应元本等版本均为"氾"字，帛书整理小组校勘为"汛"或"汎"。"汎""氾"二字同"泛"，这里取用"泛"字，意为无所不在。

2."万物恃之而生而不辞"句，是今本等版本凭空增加上去的，帛书甲乙本都没有这一句。

3."成功遂事而弗名有也"句，被今本等版本改为"功成不名有"，傅奕本为"功成而不去"，帛书文字更好些。

4."是以圣人之能成大也"句被今本等版本删除，主语变成了"大道"，意思大变了。

5."以其不为大也"句，今本等版本添加"终""自"，变成"以其终不自为大"，不仅多余，而且意思变了。

【译文】

道，无所不在啊，它可以左右一切。它成功遂事却寂寂无闻。万物归附却不去控制它们，那是因为它没有私欲，这可以说是道的微小之处。万物归附而不自以为主宰，这可以说是道的伟大之处。圣人之所以能够成就伟大，是因为他不自以为伟大，所以变得伟大。

【注释】

〔一〕泛：意为无所不在。

〔二〕弗为主：不去控制，不自以为主宰。

〔三〕欲：私欲、欲望。

〔四〕小：这里指"道"微小到看不到。

〔五〕大：伟大。

【阐释】

这一章说明"道"的作用，老子在《道德经》中再次谈到"道"的问题。他认为，"道"生长万物，养育万物，使万物各取所需，而"道"又不主宰万物，完全顺其自然。这些观点，老子在前面章节已经有过论述。

这一章继续升华，讲"道"可以名为"小"，也可名为"大"，虽然没有明确指出"圣人""侯王"，实际是在期望统治者像"道"那样起"朴"的作用。本章内容从另一角度看，又是在谈作为"圣人""侯王"所应该具备的素质。

第七十九章　势大象，天下往

（今本 35 章）

【帛书复原本】

势大象[一]，天下往。往而不害，安平大[二]。乐与饵[三]，过格止。古道之出言也，曰："淡呵，其无味也，视之，不足见也。听之，不足闻也。用之，不可既也[四]。"

【楚简本】

势大象，天下往。往而不害，安平大。乐与饵，过客止。古①道之出言，淡呵，其无味也。视之不足见，听之不足闻，而不可既也。

【今本】

执大象，天下往；往而不害，安平太。乐与饵，过客止。道之出口，淡乎其无味，视之不足见，听之不足闻，用之不足既。

---

① "古"，原文为"古"，有人校勘为"故"，不准确，"古"符合文意。

【对比说明】

复原本与今本有 12 处不同，参考楚简，突出的是：

1."势大象"的"势"字，帛书及众多版本均为"执"，而楚简为"势"，这里取用"势"字。老子在第七十三章（今本 29 章）说"夫天下，神器也，非可为者也"，连天下都是不可随便夺取的，更不用说比天下更伟大更玄妙的"道"了；老子在第七十六章（今本 32 章）说"道恒无名，朴虽小而天地弗敢臣"，"道"是天地都不敢以之为臣的，更不可能执掌它了；老子在第二十七章（今本 64 章）说"执之者失之""无执也，故无失也"，进一步说明了"道"是不可能被执掌的。所以，本章诸多版本中的"执大象"，即执掌大道之象的"执"是错误的，应该为"势大象"，即"顺应道的盛大势头或趋势"。可谓一字之差，谬以千里。

2."过格止"句，帛书甲乙本均为"过格止"，王弼本（今本）、傅奕本等版本为"过客止"，而帛书整理小组校勘为"过格止"，理由是《尔雅·释诂》："格，至也。""过格止"三字与上文"安平大"相对为文，自可通。[①] 另，"过"指途经而至，"格"指拜访而至，"止"指至而留下，三字都是到达的意思，然而程度不同，此处泛指"乐从

[①] 马王堆汉墓帛书整理小组编《马王堆汉墓帛书老子》，文物出版社，1976年3月第1版，第34-35页。

第七十九章 势大象，天下往

之众甚多"。①

3."古道之出言也"的"古"字，帛书甲乙本均为"故"，而楚简为"古"，这里取用"古"字。此处是承接转折之意，"故"字不符合文意。

【译文】

顺应"道"的盛大势头，天下就会归附。归附后就不会受到伤害，国家就会安定太平。动听的音乐和美好的食物，乐从的人很多很多。而对"道"的评论，可以说："平淡啊，它是那样的无滋无味。看它，看不到它的形迹。听它，听不到它的声音。用它，价值却无穷尽。"

【注释】

〔一〕大象："道"的盛大之象。

〔二〕安：乃、则、于是。大：通"太""泰"，安宁、平和。

〔三〕乐：音乐。饵：美食。

〔四〕既：尽。

---

① 《老子帛书校注》，徐志钧校注，学林出版社，2002年5月第1版，第270-271页。

【阐释】

承接上一章，老子继续谈论"道"的特征与作用。老子说，要是普通人谈论"道"的话，他们就会说：平淡啊，无滋无味。这既说明了"道"的隐性形态与"不可道"的特征，又体现了"道"是"大方无隅，大器免成，大音希声，大象无形"的，这就表明"道"根本就不是一般人可以捉摸得了的，这也是"道"的一个特性，即"普通人的不可捉摸性"。所以，人们才会说它平淡、无滋无味。

有趣的是，老子把这种"无滋无味、看又看不见、听又听不见"的"道"与"动听的音乐和美好的食物"的现实诱惑对照起来进行了描述，说明人们很容易被感官刺激所吸引，而对五官没法直接感受的"道"是很难捉摸与下功夫去探索的。这既谈到了人的本能问题，又谈到了哲学的问题，更进一步表明了"道"的深邃、高大、玄妙与难以捉摸的特点。看来，老子是在告诫人们：要想领悟"道"的更高层次，就得跳出低层次的享乐与俗趣，要达到"格物致知，先格己身"的境界才能有所收获。

第八十章　将欲弱之，必姑强之

（今本 36 章）

【帛书复原本】

将欲拾之[一]，必姑张之[二]。将欲弱之，必姑强之。将欲去之，必姑与之。将欲夺之[三]，必姑予之。是谓微明[四]，柔弱胜强。鱼不脱于渊，邦利器不可以示人[五]。

【今本】

将欲歙之，必固张之；将欲弱之，必固强之；将欲废之，必固兴之；将欲夺之，必固与之，是谓微明。柔弱胜刚强。鱼不可脱于渊，国之利器不可以示人。

【对比说明】

复原本与今本有 11 处不同，突出的是：

1."将欲拾之"的"拾"字，帛书甲本为"拾"字，帛书乙本为"擒"字，王弼本（今本）、河上公本、傅奕本、范应元本及《韩非子·喻老》等版本中均为"歙"字

（含"翕""噏"等异体字）。笔者认为"拾"字最佳,符合古貌,故取帛书甲本。

2."必姑张之"等句的"姑"字,帛书甲乙本均为"古"字,王弼本(今本)、河上公本、傅奕本、范应元本等版本均为"固"字。《说文》:"姑,古声。""古"为"姑"的假借字。《韩非子·说林》:"《周书》曰:将欲败之,必姑辅之;将欲取之,必姑予之。"也可证明"姑"字正确。[①]这里取用"姑"字。

3."邦利器不可以示人"的"示"字,帛书甲本为"视",乙本为"示",帛书整理小组校勘为"示"。《说文通训定声·履部》:"视,假借为示。"这里的"视"通"示",与第六十六章(今本24章)、第六十七章(今本22章)的"视"不同。

【译文】

想要收敛它,必先暂时扩张它。想要削弱它,必先暂时加强它。想要废除它,必先暂时抬举它。想要夺取它,必先暂时给予它。这就叫作微妙的明智,柔弱战胜刚强。正如鱼不可以脱离深渊一样,国家的核心权力机制也是不能轻易昭示于人的。

---

① 尹振环:《帛书老子再疏义》,商务印书馆,2007年5月第1版,第356页。

第八十章　将欲弱之，必姑强之

【注释】

〔一〕拾：收敛、收集。

〔二〕姑：暂且、暂时。

〔三〕夺：夺取。

〔四〕微：微妙。明：明智。

〔五〕利器：锋利的武器，指核心权力机制。

【阐释】

本章老子讲了一个以弱胜强的大技巧与大智慧，核心在于利用人们自大的弱点，让其麻痹大意，进而犯下错误。这也正是"道"给予万事万物的两面性，即"拾"与"张"、"弱"与"强"、"去"与"与"、"夺"与"予"这四对矛盾，在万事万物中必然存在。万事万物存在的根本就在于这些矛盾的此消彼长。

老子提倡与其站在刚强的一方，不如居于柔弱的一面，这是老子对人与物做了深入而普遍的观察、研究之后所得出的结论。老子认为，柔弱的东西里面蕴含着丰富的内敛因素，往往富有极其强大的韧性，生命力非常旺盛，发展的余地与空间极大。相反，看起来强大与刚强的东西，由于它的显扬外露，往往失去发展的前景，因而不能持久。这正是老子的大智慧所在，也是"道"的重大法则与规律之一。

这个规律与法则，正是"物极必反""盛极而衰"的辩证思想得以成为真理的重要原因。两千多年前，老子就明白其中内涵了。

第八十一章　道恒守之，万物将自化

（今本 37 章）

【帛书复原本】

道恒无名[一]，侯王若守之[二]，万物将自化[三]。化而欲作[四]，吾将阗之以无名之朴[五]，阗之以无名之朴，夫将不辱[六]。不辱以情[七]，天地将自正。

【楚简本】

道恒无为也，侯王能守之，而万物将自化。化而欲作，将镇之以无名之朴。夫亦将知，知足以静，万物将自定。

【今本】

道常无为而无不为，侯王若能守之，万物将自化。化而欲作，吾将镇之以无名之朴。无名之朴，夫亦将无欲。不欲以静，天下将自定。

【对比说明】

复原本与今本有 8 处不同,突出的是:

1."道恒无名"句,帛书甲乙本都是如此,今本等版本改为"道常无为而无不为"。一者意思大变;二者这样改后,内涵极为广泛,侯王是不可能做到的,有悖常理。所以这里取用帛书原貌。

2."吾将阗之以无名之朴"的"阗"字,帛书甲本毁损,帛书乙本为"阗",很多学者依据传世诸本校勘为"镇"字,或不妥。"阗"为填补、充实的意思,此处与文意相符(不是镇住),故取用帛书乙本文字"阗"。

3."夫将不辱"句,帛书甲乙本都是如此,今本等版本改为"夫亦将无欲",意思大变。

4."不辱以情"的"情"字,帛书甲本为"情",帛书整理小组校勘为"静",帛书乙本和今本等版本均为"静"。这里取用帛书甲本的"情"字最符合文意,历代将其理解为"静"字很牵强。

【译文】

道是永远不追求名分的,侯王如果能像道那样安守名分的话,万物将自然归化。万物归化后如贪欲发作,我将以"道"的无名之质朴让其充实,那它就不会遭受困辱。以情理让其明晓不再遭受困辱的原因,那么天地万物就会

第八十一章 道恒守之，万物将自化

自我调节达到治理。

【注释】

〔一〕名：名分。

〔二〕守之：即守道。

〔三〕自化：自然归化。

〔四〕欲：指贪欲。

〔五〕朴：指"道"的真朴、质朴。

〔六〕辱：困辱。

〔七〕情：晓之以情理。

【阐释】

本章是《道篇》的最后一章，老子再一次强调，"道"运用于天下治理时，最重要的就是不能看重"名分"。治理国家就要盯住"治"字，不能时时把自己王侯将相的名分挂在心上，也就是要将名利、地位与私欲都置之度外，这样才能真正治理好国家和天下。

具体来说，侯王能够守住"无名"的原则，就会大公无私，这样万物就会自然被感化而顺从。如果顺从的民众出现私欲大发、胡作非为的情况，那么，就可以以"道"的不求名利将其制服，这样他们就不会再陷入困顿与侮辱之中了。

注意，老子强调：制服只是一切的开始，最为关键的是要让民众明白他们不再陷入困辱的原因，要用情理去感化他们，让他们真正明白"道"的无名与摆脱困辱之间的关系，这样，天下才能真正的稳定、安宁下来。也就是要让民众发自内心认同，才能天下大治。

今本等版本将"无名"改为"无为而无不为"，这种篡改让世人歪曲了老子的本意和《道德经》的真谛，误解长达两千多年。可见，谬传对于人们对老子思想的理解影响太大了，将其更正是很有必要的。

附文

帛书《老子》释文

这里列出帛书《老子》的释文版本,作为读者进一步比对研究的补充资料。

帛书释文可以理解为【帛书复原本】的过渡版本,二者的区别在于:【帛书复原本】对帛书中的异体字、古体字、假借字、夺字、衍字,以及涂改过或未写全的废字等不再列示,定位于大众性、通俗性,以方便读者阅读;帛书释文则添加校勘符号,对帛书校勘中的补文、夺字均标以〔〕,异体字、古体字、假借字、错字均标以( ),衍字标以〈 〉。

相关说明如下:

1. 帛书释文除添加校勘符号外,其他校勘内容(如帛书与今本、楚简及传世诸本的比对、考校等)不再列示,可参看正文。

2. 帛书释文校勘方式与【帛书复原本】一致,即以马王堆汉墓出土的帛书《老子》甲本为底本,残损内容由帛书乙本补充(或两版本互校互补),帛书甲乙本都缺失的少数字句参考楚简和传世诸本补足,并对有争议的文字进行了再校勘与调整。

3. 帛书释文的文字选取标准与【帛书复原本】一致，主要是在马王堆汉墓帛书整理小组校勘并编撰的《马王堆汉墓帛书老子》（文物出版社，1976年3月第1版）一书的通用规范汉字的基础上，参考1973年12月以来国内外学者的数百篇（部）相关学术研究成果进行了再考校，重点对其中有争议的文字进行了校勘。

4. 帛书释文各章排序与本书正文一致。

5. 由于正文第二十二章（今本59章）、第五十三章（今本9章）、第六十一章（今本17章）、第六十二章（今本18章）均选用楚简来阐释《老子》的字句及文意，这里在相应章节还列出了楚简释文，以便读者比对研究。

第一章（今本38章）

〔上德不德，是以有德。下德不失德，是以无〕德。上德无〔为而〕无以为也，上仁为之〔而无〕以为也，上义为之而有以为也，上礼〔为之而莫之应也，则〕攘臂而乃（仍）之。故失道。失道矣而后德，失德而后仁，失仁而后义，〔失〕义而〔后礼。夫礼者，忠信之薄也〕，而乱之首也。〔前识者〕，道之华也，而愚之首也。是以大丈夫居其厚而不居其泊（薄）；居其实不居其华。故去皮（彼）取此。

第二章（今本39章）

昔之得一者，天得一以清，地得〔一〕以宁，神得一以霝（灵），浴（谷）得一以盈，侯〔王得一〕而以为正。其致（至）之也，胃（谓）天毋已清将恐〔裂〕；胃（谓）地毋〔已宁〕将恐〔发〕；胃（谓）神毋已霝（灵）将恐歇；胃（谓）浴（谷）毋已盈将〈将〉恐渴（竭）；胃（谓）侯王毋已贵〔以高将恐蹶〕。故必贵而以贱为本，必高矣而以下为基。夫是以侯王自胃（谓）〔曰〕孤寡不橐（榖）。此其贱〔之本〕与？非〔也〕。故致数与（誉）无与（誉）。是故不欲〔禄禄〕若玉，硌〔硌若石〕。

第三章（今本41章）

〔上士闻道，勤而行之。中士闻道，若存若亡。下士闻道，大笑之。弗笑，不足以为道。是以建言有之曰：明道如费，进道如退，夷道如类。上德如谷，大白如辱，广德如不足，建德如偷，质真如渝。大方无隅，大器免成，大音希声，大象无形，道褒无名。夫唯〕道，善〔始且善成〕。

第四章（今本40章）

〔反也者〕，道之动也。弱也者，道之用也。天〔下之物生于有，生于无〕。

第五章（今本 42 章）

〔道生一，一生二，二生三，三生万物。万物负阴而抱阳〕，中（冲）气以为和。天下之所恶，唯孤、寡、不橐（榖），而王公以自名也。勿（物）或敚（损）之〔而益，益〕之而敚（损）。故人〔之所〕教，夕（亦）议（我）而教人。故强良（梁）者不得死，我〔将〕以为学父。

第六章（今本 43 章）

天下之至柔，〔驰〕骋于天下之致（至）坚。无有入于无间，五（吾）是以知无为〔之有〕益也。不〔言之〕教，无为之益，〔天〕下希能及之矣。

第七章（今本 44 章）

名与身孰亲？身与货孰多？得与亡孰病？甚〔爱必大费，多藏必厚〕亡。故知足不辱，知止不殆，可以长久。

第八章（今本 45 章）

大成若缺，其用不幣（弊）；大盈若盅（盅），其用不𥥉（穷）。大直如诎（屈），大巧如拙，大赢如炳（绌）。趮（躁）胜寒，靓（静）胜炅（热）。请（清）靓（静），可以为天下正。

第九章（今本46章）

天下有道，〔却〕走马以粪；天下无道，戎马生于郊。罪莫大于可欲，䘑（祸）莫大于不知足，咎莫憯于欲得。〔故知足之足〕，恒足矣。

第十章（今本47章）

不出于户，以知天下；不规（窥）于牖，以知天道。其出也弥远，其〔知弥少。是以圣人弗行而知，弗见而明〕，弗为而〔成〕。

第十一章（今本48章）

为〔学者日益，闻道者日损。损之又损，以至于无为，无为而无不为。将欲〕取天下也，恒〔无事，及其有事也，又不足以取天下矣〕。

第十二章（今本49章）

〔圣人恒无心〕，以百〔姓〕之心为〔心〕。善者善之，不善者亦善〔之，德善也。信者信之，不信者亦信之，德〕信也。〔圣人〕之在天下，愉（歙）愉（歙）焉，为天下浑心。百姓皆属耳目焉，圣人皆咳（孩）之。

第十三章（今本 50 章）

〔出〕生〔入死，生之徒十〕有〔三，死之〕徒十有三，而民生生，动皆之死地之十有三。夫何故也？以其生生也。盖〔闻善〕执生者，陵行不〔劈〕矢（兕）虎，入军不被甲兵。矢（兕）无所揣（揣）其角，虎无所昔（措）其蚤（爪），兵无所容〔其刃。夫〕何故也？以其无死地焉。

第十四章（今本 51 章）

道生之而德畜之，物刑之而器成之。是以万物尊道而贵〔德。道〕之尊，德之贵也，夫莫之时（爵），而恒自然也。道生之，畜之，长之，遂之，亭之，〔毒〕之，〔养之，覆之。生而〕弗有也，为而弗寺（恃）也，长而弗宰也，此之谓玄德。

第十五章（今本 52 章）

天下有始，以为天下母。恩（既）得其母，以知其〔子，既知其子〕，复守其母，没身不殆。塞其闷（兑），闭其门，终身不堇（勤）。启其闷（兑），济其事，终身〔不救。见〕小曰〔明〕，守柔曰强。用其光，复归其明，毋道（遗）身央（殃），是胃（谓）袭常。

第十六章（今本53章）

使我挈（挈）有知也，〔行于〕大道，唯〔他是畏。大道〕甚夷，民甚好解。朝甚除，田甚芜，仓甚虚，服文采，带利〔剑，厌〕食，货〔财有余，是谓盗夸。盗夸，非道也〕。

第十七章（今本54章）

善建〔者不〕拔，〔善抱者不脱〕，子孙以祭祀〔不绝。修之身，其德乃真。修之家，其德有〕余。修之〔乡，其德乃长。修之邦，其德乃丰。修之天下，其德乃博。故〕以身〔观〕身，以家观家，以乡观乡，以邦观邦，以天〔下〕观〔天下。吾何以知天下之然兹？以此〕。

第十八章（今本55章）

〔含德〕之厚〔者〕，比于赤子。逢（蜂）𧉱（虿）虺（虺）地（蛇）弗螫，攫鸟猛兽弗搏。骨弱筋柔而握固。未知牝牡〔之会〕而朘〔怒〕，精〔之〕至也。终日（日）号而不发（嚘），和之至也。和曰常，知和曰明，益生曰祥，心使气曰强。〔物壮〕即老，胃（谓）之不道，不〔道早已〕。

第十九章（今本56章）

〔知者〕弗言，言者弗知。塞其闷（兑），闭其〔门，和〕其光，同其塺（尘），坐（挫）其阅（锐），解其纷，是胃（谓）玄同。故不可得而亲，亦不可得而疏；不可得而利，亦不可得而害；不可〔得〕而贵，亦不可得而浅（贱）。故为天下贵。

第二十章（今本57章）

以正之（治）邦，以畸（奇）用兵，以无事取天下。吾何〔以知其然〕也才（哉）？夫天下〔多忌〕讳，而民弥贫；民多利器，而邦家兹（滋）昏；人多知（智），而何（奇）物兹（滋）〔起；法物滋章，而〕盗贼〔多有。是以圣人之言曰〕："我无为也，而民自化，我好静而民自正，我无事〔而〕民〔自富，我欲不欲而民自朴〕。"

第二十一章（今本58章）

〔其正闵闵，其民屯屯〕；其正察察，其邦夬夬。鼧（祸），福之所倚；福，鼧（祸）之所伏。〔孰知其极？其无正也。正复为奇，善复为妖。人之迷也，其日固久矣。是以方而不割，廉而不刺，直而不肆，光而不耀〕。

第二十二章（今本 59 章）

〔治人事天莫若啬。夫唯啬，是以早服。早服是谓重积德。重积德则无不克，无不克则莫知其极。莫知其极〕可以有国。有国之母，可以长久。是胃（谓）深槿固氐，长〔生久视之〕道也。

【楚简释文】

给人事天莫若啬。夫唯啬，是以早〔备〕，是以早备是胃（谓）〔重积德，重积德则无不克，无〕不克则莫智（知）其极，莫智（知）其极可以又（有）国。又（有）国之母，可以长〔久。是谓深槿固氐〕，长生舊（久）视之道也。

第二十三章（今本 60 章）

〔治大国若烹小鲜，以道立〕天下，其鬼不神。非其鬼不神也，其神不伤人也。非其申（神）不伤人也，圣人亦弗伤〔也。夫两〕不相〔伤，故〕德交归焉。

第二十四章（今本 61 章）

大邦者，下流也，天下之牝。天下之郊（交）也，牝恒以靓（静）胜牡。为其靓（静）〔也，故〕宜为下。大邦〔以〕下小〔邦〕，则取小邦。小邦以下大邦，则取于大邦。故或下以取，或下而取。〔故〕大邦者不过欲兼畜人，小邦者不过欲入事人。夫皆得其欲，〔则大邦者宜〕为下。

第二十五章（今本62章）

〔道〕者，万物之注也，善人之瑧（宝）也，不善人之所瑧（保）也。美言可以市，尊行可以贺（加）人。人之不善也，何弃〔之〕有？故立天子，置三卿，虽有共之璧以先四（驷）马，不善（若）坐而进此。古之所以贵此者何也？不胃（谓）求〔以〕得，有罪以免舆（与）？故为天下贵。

第二十六章（今本63章）

为无为，事无事，味无未（味）。大小多少，报怨以德。图难乎〔其易也，为大乎其细也〕。天下之难作于易，天下之大作于细。是以圣人冬（终）不为大，故能〔成其大。夫轻诺者必寡信，多易〕必多难。是〔以圣〕人猷（犹）难之，故终于无难。

第二十七章（今本64章）

其安也，易持也。〔其未兆也〕，易谋〔也。其脆也，易判也。其微也，易散也。为之于其未有，治之于其未乱也。合抱之木，生于〕毫末；九成之台，作于蠃土；百仁

(刃）之高，台（始）于足〔下。为之者败之，执之者失之。圣人无为〕也，〔故〕无败〔也〕；无执也，故无失也。民之从事也，恒于其成事而败之。故慎终若始，则〔无败事矣。是以圣人〕欲不欲，而不贵难得之朦（货）；学不学，而复众人之所过；能辅万物之自〔然，而〕弗敢为。

第二十八章（今本65章）

故曰：为道者，非以明民也，将以愚之也。民之难〔治〕也，以其知也。故以知知邦，邦之贼也；以不知知邦，〔邦之〕德也。恒知此两者，亦稽式也。恒知稽式，此胃（谓）玄德。玄德深矣，远矣，与物〔反〕矣，乃〔至大顺〕。

第二十九章（今本66章）

〔江〕海之所以能为百浴（谷）王者，以其善下之，是以能为百浴（谷）王。是以圣人之欲上民也，必以其言下之；其欲先〔民也〕，必以其身后之。故居前而民弗害也，居上而民弗重也。天下乐隼（推）而弗猒（厌）也，非以其无静（争）与，故〔天下莫能与〕静（争）。

第三十章（今本80章）

小邦寡民。使十百人之器毋用，使民重死而远送

（徙），有车周（舟）无所乘之，有甲兵无所陈〔之。使民复结绳而〕用之。甘其食，美其服，乐其俗，安其居。瓯（邻）邦相墅（望），鸡狗之声相闻，民〔至老死不相往来〕。

第三十一章（今本81章）

〔信言不美，美言〕不〔信。知〕者不博，〔博〕者不知。善〔者不多，多〕者不善。圣人无积，〔既〕以为〔人，己愈有；既以予人矣，己愈多。故天之道，利而不害；人之道，为而弗争〕。

第三十二章（今本67章）

〔天下皆谓我大，大而不肖〕。夫唯〔大〕，故不宵（肖）。若宵（肖），细久矣（也）。我恒有三葆（宝），〔市而保〕之：一曰兹（慈），二曰检（俭），〔三曰不敢为天下先。夫慈，故能勇；俭〕，故能广；不敢为天下先，故能为成事长。今舍其兹（慈），且勇；〔舍其俭，且广〕；舍其后，且先；则必死矣。夫兹（慈），〔以战〕则胜，以守则固。天将建之，女（如）以兹（慈）垣之。

第三十三章（今本68章）

善为士者不武，善战者不怒，善胜敌者弗〔与〕，善用人者为之下。〔是〕胃（谓）不静（争）之德，是胃（谓）用人，是胃（谓）天，古之极也。

第三十四章（今本69章）

用兵有言曰："吾不敢为主而为客；吾不〔敢〕进寸而芮（退）尺。"是胃（谓）行无行，襄（攘）无臂，执无兵，乃无敌矣。鼺（祸）莫于（大）于无适，无适，斤亡吾〈吾〉葆矣。故称兵相若，则哀者胜矣。

第三十五章（今本70章）

吾言甚易知也，甚易行也。而人莫之能知也，而莫之能行也。言有君，事有宗，其唯无知也，是以不〔我知。知我者希，则〕我贵矣。是以圣人被褐而襄（怀）玉。

第三十六章（今本71章）

知不知，尚矣；不知〈不〉知，病矣。是以圣人之不病，以其〔病病，是以不病〕。

第三十七章（今本72章）

〔民之不〕畏畏（威），则大〔威将至〕矣。母（毋）闸其所居，毋猒（厌）其所生。夫唯弗猒（厌），是〔以不厌。是以圣人自知而不自见也，自爱〕而不自贵也。故去被（彼）取此。

第三十八章（今本73章）

勇于敢者〔则杀，勇〕于不敢者则栝（活）。〔此两者或利或害。天之所恶，孰知其故？天之道，不战而善胜〕，不言而善应，不召而自来，弹（繟）而善谋。〔天网恢恢，疏而不失〕。

第三十九章（今本74章）

〔若民恒且不畏死〕，奈何以杀思（惧）之也？若民恒是（畏）死，则而为者吾将得而杀之，夫孰敢矣？若民〔恒且〕必畏死，则恒有司杀者。夫伐司杀者杀，是伐大匠斲也。夫伐大匠斲者，则〔希〕不伤其手矣。

第四十章（今本75章）

人之饥也，以其取食逯（税）之多也，是以饥。百姓之不治也，以其上有以为〔也〕，是以不治。民之巠（轻）死，以其求生之厚也，是以巠（轻）死。夫唯无以生为者，是贤贵生。

第四十一章（今本76章）

人之生也柔弱，其死也榎仞贤（坚）强。万物草木之生也柔脆，其死也榫（枯）槀（槁）。故曰："坚强者，死之徒也；柔弱微细，生之徒也。"兵强则不胜，木强则恒（折）。强大居下，柔弱微细居上。

第四十二章（今本 77 章）

天下〔之道，犹张弓〕者也。高者印（抑）之，下者举之，有余者敚（损）之，不足者补之。故天之道，敚（损）有〔余而益不足；人之道则〕不然，敚（损）〔不足以〕奉有余。孰能有余而有以取奉于天者乎？〔惟有道者乎？是以圣人为而弗有，成功而弗居也。若此，其不欲〕见贤也。

第四十三章（今本 78 章）

天下莫柔〔弱于水，而攻〕坚强者莫之能〔先〕也，以其无〔以〕易〔之也。水之胜刚也，弱之〕胜强〔也〕，天〔下莫弗知也，而莫之能〕行也。故圣人之言云，曰："受邦之詢（诟），是胃（谓）社稷之主；受邦之不祥，是胃（谓）天下之王。"〔正言〕若反。

第四十四章（今本 79 章）

和大怨，必有余怨，焉可以为善？是以圣〔人执〕右介（契）而不以责于人。故有德司介（契），〔无〕德司彻

（彻）。夫天道无亲，恒与善人。

第四十五章（今本1章）

道，可道也，非恒道也。名，可名也，非恒名也。无名，万物之始也；有名，万物之母。〔故〕恒无欲也，以观其眇（妙）；恒有欲也，以观其所噭（徼）。两者同出，异名同胃（谓）。玄之有（又）玄，众眇（妙）之〔门〕。

第四十六章（今本2章）

天下皆知美为美，恶已；皆知善，訾（斯）不善矣。有，无之相生也；难，易之相成也；长，短之相刑（形）也；高，下之相盈也；意（音），声之相和也；先，后之相隋（随），恒也。是以声（圣）人居无为之事，行〔不言之教，万物作而弗始〕也，为而弗志也，成功而弗居也。夫唯〔弗〕居，是以弗去。

第四十七章（今本3章）

不上贤，〔使民不争；不贵难得之货，使〕民不为〔盗〕；不〔见可欲，使〕民不乱。是以声（圣）人之〔治也，虚其心，实其腹，弱其志〕，强其骨。恒使民无知无欲也。使〔夫知不敢弗为而已，则无不治矣〕。

第四十八章(今本4章)

〔道盅,而用之有弗〕盈也。潚(渊)呵,始万物之宗。锉(挫)其〔锐〕,解其纷,和其光,同〔其尘。湛呵!始〕或(域)存。吾不知〔其谁〕子也,象帝之先。

第四十九章(今本5章)

天地不仁,以万物为刍狗;声(圣)人不仁,以百省(姓)〔为刍〕狗。天地〔之〕间,〔其〕犹橐籥舆(与)?虚而不淈(屈),踵(动)而俞(愈)出。多闻数穷,不若守于中。

第五十章(今本6章)

浴(谷)神〔不〕死,是胃(谓)玄牝。玄牝之门,是胃(谓)〔天〕地之根。绵绵呵若存!用之不堇(勤)。

第五十一章(今本7章)

天长地久。天地之所以能〔长〕且久者,以其不自生也,故能长生。是以声(圣)人芮(退)其身而身先,外其身而身存,不以其无〔私〕舆(与)?故能成其私。

第五十二章(今本8章)

上善治(似)水。水善利万物而有静,居众之所恶,故几于道矣。居善地，心善渊（渊），予善〔天，言善〕信，正（政）善治，事善能，蹱（动）善时。夫唯不静，故无尤。

第五十三章（今本9章）

植（持）而盈之，不〔若其已。揣而群〕之〈□之〉，〔不〕可长葆（保）之。金玉盈室，莫之守也。贵富而驕（骄），自遗咎也。功述身芮（退），天〔之道也〕。

【楚简释文】

持而盈之，不〈不〉若〔其〕已。湍（揣）而群之，不可长保也。金玉盈室，莫能兽（守）也。贵福（富）〔而〕乔（骄），自遗咎也。攻（功）述身退，天之道也。

第五十四章（今本10章）

〔戴营魄抱一，能毋离乎？抟气至柔〕，能婴儿乎？修除玄蓝（鉴），能毋疵乎？爱〔民栝国，能毋以知乎？天门启阖，能为雌乎？明白四达，能毋以知乎〕？生之，畜之。生而弗〔有，长而弗宰也，是谓玄〕德。

第五十五章（今本11章）

卅〔辐同一毂，当〕其无，〔有车〕之用〔也〕。然

（埏）埴为器，当其无，有埴器〔之用也。凿户牖〕，当其无，有〔室〕之用也。故有之以为利，无之以为用。

第五十六章（今本 12 章）

五色使人目明，驰骋田腊（猎）使人〔心发狂〕；难得之赁（货）使人之行方（妨），五味使人之口啪（爽），五音使人之耳聋。是以声（圣）人之治也，为腹不〔为目〕。故去罢（彼）耳（取）此。

第五十七章（今本 13 章）

龙（宠）辱若惊，贵大梡（患）若身。苟（何）胃（谓）龙（宠）辱若惊？龙（宠）之为下，得之若惊，失〔之〕若惊，是胃（谓）龙（宠）辱若惊。何胃（谓）贵大梡（患）若身？吾所以有大梡（患）者，为吾有身也。及吾无身，有何梡（患）？故贵为身于为天下，若可以迀（托）天下矣；爱以身为天下，女（若）何（可）以寄天下。

第五十八章（今本 14 章）

视之而弗见，名之曰微。听之而弗闻，名之曰希。捪之而弗得，名之曰夷。三者不可至（致）计（诘），故困（楯）〔而为一〕。一者，其上不攸（悠），其下不忽，寻寻呵不可名也，复归于无物。是胃（谓）无状之状，无物之

〔象，是谓忽恍。随而不见其后，迎〕而不见其首。执今之道，以御今之有。以知古始，是胃（谓）〔道纪〕。

第五十九章（今本 15 章）

〔古之善为道者，微妙玄达〕，深不可志（识）。夫唯不可志（识），故强为之容，曰：与呵，其若冬〔涉水；犹呵，其若〕畏四〔邻；严〕呵，其若客；涣呵，其若凌（凌）泽（释）；〔沌〕呵，其若楃（朴）；湷〔呵，其若浊；湷呵，其〕若浴（谷）。浊而情（静）之，余（徐）清。女（安）以重（动）之，余（徐）生。葆此道不欲盈。夫唯不欲〔盈，是〕以能〔蔽而不〕成。

第六十章（今本 16 章）

至虚，极也，守情，表也。万物旁作，吾以观其复也。天物云（芸）云（芸），各复归于其〔根，曰静〕。情（静），是胃（谓）复命。复命，常也。知常，明也。不知常，帚（妄），帚（妄）作凶。知常容，容乃公，公乃王，王乃天，天乃道，〔道乃久〕，沕（没）身不怠（殆）。

第六十一章（今本 17 章）

大（太）上，下知有之。其次亲誉之，其次畏之，其下母（侮）之。信不足，案有不信。〔犹呵〕，其贵言也。

成功遂事，而百省（姓）胃（谓）我自然。

【楚简释文】

太上下智，又（祐）之其即，新（亲）誉之其既（即），悢（畏）之其即。侮之。信不足，安又（有）不信。猷（犹）乎，其贵言也。成事述功，而百眚（姓）曰我自朕（然）也。

第六十二章（今本 18 章）

故大道废，案有仁义。知（智）快出，案有大伪。六亲不和，案有畜（孝）兹（慈）。邦家閟（昏）乱，案有贞臣。

【楚简释文】

古（故）大道废，安有仁义。〔智快出，安有大伪〕。六新（亲）不和，安有孝慈。邦家緍（昏）〔乱，安〕又（有）正臣。

第六十三章（今本 19 章）

绝声（圣）弃知（智），民利百负（倍）。绝仁弃义，民复畜（孝）兹（慈）。绝巧弃利，盗贼无有。此三言也，以为文未足，故令之有所属。见素抱〔朴，少私而寡欲〕。

第六十四章（今本 20 章）

〔绝学无忧〕。唯与诃，其相去几何？美与恶，其相去何若？人之〔所畏〕，亦不〔可以不畏。望呵，其未央哉〕！众人熙（熙）熙（熙），若乡（飨）于大牢，而春登台。我泊焉未佻（兆），若〔婴儿未咳〕。累呵，如〔无所归。众人〕皆有余，我独遗。我禺（愚）人之心也，惷惷呵。鬻（俗）〔人昭昭，我独若〕胃（昏）呵；鬻（俗）人蔡（察）蔡（察），我独闵（闷）闵（闷）呵。忽呵其若〔海〕，望呵其若无所止。〔众人皆有以，我独顽〕以悝（俚）。吾（我）欲独异于人，而贵食母。

第六十五章（今本 21 章）

孔德之容，唯道是从。道之物，唯望唯忽。〔忽呵望〕呵，中有象呵。望呵忽呵，中有物呵。潫（幽）呵鸣（冥）呵，中有请（情）吔。其请（情）甚真，其中〔有信〕。自今及古，其名不去，以顺众仪（父）。吾何以知众仪（父）之然？以此。

第六十六章（今本 24 章）

炊者不立，自视不章（彰），〔自〕见者不明，自伐者无功，自矜者不长。其在道，曰："粽（余）食、赘行。"物或恶之，故有欲者〔弗〕居。

第六十七章（今本 22 章）

曲则金（全），枉则定（正），洼则盈，敝则新，少则得，多则惑。是以声（圣）人执一，以为天下牧。不〔自〕视故明（彰），不自见故章（明），不自伐故有功，弗矜故能长。夫唯不争，故莫能与之争。古〔之所谓曲全者，几〕语才（哉）！诚金（全）归之。

第六十八章（今本 23 章）

希言自然。飘风不冬（终）朝，暴雨不冬（终）日。孰为此？天地，〔而弗能久，又况〕于〔人乎〕？故从事而道者同于道，德者同于德，者（失）者同于失。同〔于〕德〔者〕，道亦德之。同于失者，道亦失之。

第六十九章（今本 25 章）

有物昆（混）成，先天地生。绣（萧）呵缪（穆）呵，独立〔而不垓〕，可以为天地母。吾未知其名，字之曰道，吾强为之名曰大。〔大〕曰筮（逝），筮（逝）曰〔远，远曰反。道大〕，天大，地大，王亦大。国中有四大〔安〕，而王居一〔安〕焉。人法地，〔地〕法〔天〕，天法〔道，道〕法〔自然〕。

第七十章（今本 26 章）

〔重〕为巠（轻）根，清（静）为趮（躁）君。是以君子众（终）日行，不离其甾（辎）重，唯有环官，燕处〔则昭〕若。若何万乘之王而以身巠（轻）于天下？巠（轻）则失本，趮（躁）则失君。

第七十一章（今本 27 章）

善行者无勶（辙）迹，〔善〕言者无瑕适（谪），善数者不以梼（筹）筴（策）。善闭者无闢（关）籥而不可启也；善结者〔无缪〕约而不可解也。是以声（圣）人恒善怵（救）人，而无弃人，物无弃财，是胃（谓）伸明。故善〔人，善人〕之师；不善人，善人之齎（资）也。不贵其师，不爱其齎（资），唯（虽）知（智）乎大眯（迷），是胃（谓）眇（妙）要。

第七十二章（今本 28 章）

知其雄，守其雌，为天下溪。为天下溪，恒德不鸡（离）。恒〔德〕不鸡（离），复归婴儿。知其白，守其辱，为天下浴（谷）。为天下〔谷〕，恒德乃〔足〕。德乃〔足，复归于朴〕。知其〔白〕，守其黑，为天下式。为天下式，恒德不贷（忒）。德不贷（忒），复归于无极。楃（朴）散〔则为器，圣〕人用则为官长，夫大制无割。

第七十三章（今本 29 章）

将欲取天下而为之，吾见其弗〔得已。夫天下，神〕器也，非可为者也。为者败之，执者失之。物或行或随，或炅（热）或〔吹，或强或挫〕，或坏（培）或撱（堕）。是以声（圣）人去甚、去大、去楮（奢）。

第七十四章（今本 30 章）

以道佐人主，不以兵强〔于〕天下，〔其事好还。师之〕所居，楚朸（棘）生之。善者果而已矣，毋以取强焉。果而毋骄（骄），果而勿矜，果而〔勿伐〕，果而毋得已居，是胃（谓）〔果〕而不强。物壮而老，是胃（谓）之不道，不道蚤（早）已。

第七十五章（今本 31 章）

夫兵者，不祥之器〔也〕。物或恶之，故有欲者弗居。君子居则贵左，用兵则贵右，故兵者非君子之器也。〔兵者〕不祥之器也，不得已而用之，铦袭为上，勿美也！若美之，是乐杀人也。夫乐杀人，不可以得志于天下矣。是以吉事上左，丧事上右；是以便（偏）将军居左，上将军居右。言以丧礼居之也。杀人众，以悲依（哀）立（莅）之；战胜，以丧礼处之。

第七十六章（今本 32 章）

道恒无名，楃（朴）唯（虽）〔小而天地弗敢臣，侯〕王若能守之，万物将自宾。天地相谷（合），以俞甘洛（露），民莫之〔令而自〕均焉。始制有〔名。名亦既〕有，夫〔亦将知止，知止〕所以不〔殆〕。俾（譬）道之在天〔下也，犹小〕浴（谷）之与江海也。

第七十七章（今本 33 章）

知人者，知（智）也。自知〔者，明也。胜人〕者，有力也。自胜者，〔强也。知足者，富〕也。强行者，有志也。不失其所者，久也。死〔而〕不忘者，寿也。

第七十八章（今本 34 章）

道，汎（泛）〔呵，其可左右也。成功〕遂事而弗名有也。万物归焉而弗为主，则恒无欲也，可名于小；万物归焉〔而弗〕为主，可名于大。是〔以〕声（圣）人之能成大也，以其不为大也，故能成大。

第七十九章（今本 35 章）

执（势）大象，〔天下〕往。往而不害，安平大。乐与饵，过格止。故（古）道之出言也，曰："谈（淡）呵，其无味也，〔视之〕，不足见也。听之，不足闻也。用之，不可既也。"

第八十章（今本 36 章）

将欲拾之,必古（姑）张之。将欲弱之,〔必姑〕强之。将欲去之,必古（姑）与之。将欲夺之,必古（姑）予之。是胃（谓）微明,友（柔）弱胜强。鱼不脱于潚（渊）,邦利器不可以视（示）人。

第八十一章（今本 37 章）

道恒无名,侯王若守之,万物将自愳（化）。愳（化）而欲〔作,吾将阗之以无〕名之楃（朴）,〔阗之以〕无名之楃（朴）,夫将不辱。不辱以情,天地将自正。

参考文献

1. 景龙本：唐景龙二年（708年）河北易州龙兴观道德经碑，石刻本。
2. 易玄本：唐开元二十六年（738年）河北易州龙兴观道德经幢，石刻本。
3. 邢玄本：唐开元二十七年（739年）河北邢州龙兴观道德经幢，石刻本。
4. 庆阳本：宋景祐四年（1037年）甘肃庆阳县天真观道德经幢，石刻本。
5. 磻溪本：元大德三年（1299年）陕西宝鸡磻溪宫道德经幢，石刻本。
6. 赵孟頫本：元延祐三年（1316年）赵孟頫书道德经，石刻本。
7. 楼正本：元陕西盩厔县楼观台道德经碑，石刻本。
8. 遂州本：遂州道德经碑，石刻本。
9. 敦煌本：敦煌唐人写本老子道德经残卷（含甲本、乙本、丙本、丁本、戊本、己本、庚本、辛本、壬本、英本）。
10. 《宋刊老子道德经》，〔汉〕河上公章句，福建人民出版社，2008年8月第1版。

11.〔汉〕严遵:《老子指归》，王德有点校，中华书局，1994年3月第1版。

12.《道德真经注》，〔魏〕王弼注，明《正统道藏》本。

13.《老子道德经注》，〔魏〕王弼注，清光绪元年（1875年）重刻明张之象本，浙江书局。

14.《老子道德经注校释》，〔魏〕王弼注，楼宇烈校释，中华书局，2008年12月第1版。

15.《道德经古本篇》，〔唐〕傅奕校，上海涵芬楼影印本。

16.〔宋〕司马光:《道德真经论》，上海涵芬楼影印本。

17.〔宋〕范应元:《老子道德经古本集注》，黄曙辉点校，华东师范大学出版社，2010年3月第1版。

18.〔宋〕苏辙:《道德真经注》，黄曙辉点校，华东师范大学出版社，2010年5月第1版。

19.〔宋〕王安石:《王安石老子注辑本》，容肇祖辑，中华书局，1979年5月第1版。

20.〔元〕吴澄:《道德真经吴澄注》，黄曙辉点校，华东师范大学出版社，2010年8月第1版。

21.〔明〕危大有:《道德真经集义》，上海涵芬楼影印本。

22.〔清〕魏源:《老子本义》，商务印书馆，1934年11

月第 1 版。

23. 蒋锡昌:《老子校诂》,商务印书馆,1937 年 6 月第 1 版。

24. 张默生:《老子章句新释》,东方书社,1943 年 11 月第 1 版。

25. 张默生:《老子》,胜利出版社,1944 年版。

26. 杨兴顺:《中国古代哲学家老子及其学说》,科学出版社,1957 年 5 月第 1 版。

27. 车载:《论老子》,上海人民出版社,1959 年 6 月第 1 版。

28. 哲学研究编辑部编《老子哲学讨论集》,中华书局,1959 年 12 月第 1 版。

29. 马王堆汉墓帛书整理小组编《马王堆汉墓帛书〔壹〕》,文物出版社,1974 年 9 月第 1 版。

30. 马叙伦:《老子校诂》,中华书局,1974 年 12 月第 1 版。

31. 马王堆汉墓帛书整理小组编《马王堆汉墓帛书老子》,文物出版社,1976 年 3 月第 1 版。

32. 国家文物局古文献研究室编《马王堆汉墓帛书〔壹〕》,文物出版社,1980 年 3 月第 1 版。

33. 高亨:《老子注译》,华钟彦校,河南人民出版社,1980 年 3 月第 1 版。

34. 张松如：《老子校读》，吉林人民出版社，1981 年 5 月第 1 版。

35. 陈鼓应：《老子注译及评介》，中华书局，1984 年 5 月第 1 版。

36. 朱谦之：《老子校释》，中华书局，1984 年 11 月第 1 版。

37. 许抗生：《帛书老子注译与研究》（增订本），浙江人民出版社，1985 年 3 月第 2 版。

38. 任继愈：《老子新译》（修订本），上海古籍出版社，1985 年 5 月第 2 版。

39. 张松如：《老子说解》，齐鲁书社，1987 年 4 月第 1 版。

40. 〔唐〕张君相：《道德真经集解》，江苏古籍出版社，1988 年 2 月第 1 版。

41. 徐梵澄：《老子臆解》，中华书局，1988 年 3 月第 1 版。

42. 《庄子》，郭象注，上海古籍出版社，1989 年 3 月第 1 版。

43. 〔清〕王夫之：《老子衍今译》，李申译注，巴蜀书社，1990 年 6 月第 1 版。

44. 杨树达：《周易古义·老子古义》，上海古籍出版社，1991 年 3 月第 1 版。

45. 南怀瑾：《老子他说》，国际文化出版公司，1991 年 12 月第 1 版。

46. 高明:《帛书老子校注》,中华书局,1996年5月第1版。

47. 荆门市博物馆编《郭店楚墓竹简》,文物出版社,1998年5月第1版。

48. 丁原植:《郭店竹简老子释析与研究》,万卷楼图书有限公司,1998年9月第1版。

49. 刘信芳:《荆门郭店竹简老子解诂》,艺文出版社,1999年版。

50. 彭浩校编:《郭店楚简〈老子〉校读》,湖北人民出版社,2000年1月第1版。

51. 丁四新:《郭店楚墓竹简思想研究》,东方出版社,2000年10月第1版。

52. 陈松长:《汉帛书老子甲本》,上海书画出版社,2001年7月第1版。

53. 陈松长:《汉帛书老子乙本》,上海书画出版社,2001年7月第1版。

54. 尹振环:《楚简老子辨析——楚简与帛书〈老子〉的比较研究》,中华书局,2001年11月第1版。

55.《老子帛书校注》,徐志钧校注,学林出版社,2002年5月第1版。

56. 荆门市博物馆编《郭店楚墓竹简·老子甲》,文物出版社,2002年10月第1版。

57. 荆门市博物馆编《郭店楚墓竹简·老子乙、丙》，文物出版社，2002年10月第1版。

58. 廖名春：《郭店楚简老子校释》，清华大学出版社，2003年6月第1版。

59. 聂中庆：《郭店楚简〈老子〉研究》，中华书局，2004年2月第1版。

60. 李若晖：《郭店竹书〈老子〉论考》，齐鲁书社，2004年2月第1版。

61. 尹志华：《北宋〈老子〉注研究》，巴蜀书社，2004年11月第1版。

62. 刘钊：《郭店楚简校释》，福建人民出版社，2005年1月第1版。

63. 文选德：《〈道德经〉诠释》，湖南人民出版社，2005年5月第2版。

64. 陈锡勇：《郭店楚简老子论证》，里仁书局，2005年9月第1版。

65. 刘笑敢：《老子古今：五种对勘与析评引论》，中国社会科学出版社，2006年5月第1版。

66. 宁镇疆：《〈老子〉"早期传本"结构及其流变研究》，学林出版社，2006年5月第1版。

67. 《老子·德道经》，熊春锦校注，中央编译出版社，2006年10月第1版。

68. 汤一介:《魏晋玄学论讲义》,鹭江出版社,2006年12月第1版。

69.《老子:汉韩对照》(大中华文库),陈鼓应译,傅惠生校注,金得顺韩译,湖南人民出版社、延边人民出版社,2007年第1版。

70. 尹振环:《帛书老子再疏义》,商务印书馆,2007年5月第1版。

71. 黄河选编《道家二十讲》,华夏出版社,2007年11月第1版。

72. 丁四新:《郭店楚竹书〈老子〉校注》,武汉大学出版社,2010年3月第1版。

73. 武汉大学简帛研究中心、荆门市博物馆编著:《楚地出土战国简册合集(一)郭店楚墓竹书》,文物出版社,2011年11月第1版。

74. 郑良树:《老子新论》,上海古籍出版社,2011年11月第1版。

75. 李培志:《〈黄帝书〉与帛书〈老子〉君道思想渊源研究》,齐鲁书社,2012年7月第1版。

76.〔清〕黄元吉:《道德经讲义》,九州出版社,2014年1月第1版。

77. 裘锡圭主编《长沙马王堆汉墓简帛集成》,湖南省博物馆、复旦大学出土文献与古文字研究中心编纂,中华书局，2014年6月第1版。

78. 肖钢：《〈道〉论：帛书〈老子〉破译报告》，上海三联书店，2014年12月第1版。

79. 陆永品：《老子通解》，中央编译出版社，2015年1月第1版。

80. 韩非编著：《道德经全解》，中国华侨出版社，2016年3月第1版。

81.《老子今注今译》，陈鼓应注译，商务印书馆，2016年5月第1版。

82.《韩非子译注》，张觉等译注，上海古籍出版社，2016年7月第1版。

83.《姬氏道德经》（珍藏版），姬英明译注，朝华出版社，2019年12月第1版。

84.《道德经》，张景、张松辉译注，中华书局，2021年5月第1版。

85.〔德〕瓦格纳：《王弼〈老子注〉研究》，杨立华译，江苏人民出版社，2009年5月第1版。

86.〔法〕米卡埃尔·洛奈：《万物皆数：从史前时期到人工智能，跨越千年的数学之旅》，孙佳雯译，北京联合出版公司，2018年8月第1版。

87.〔英〕比尔·布莱森：《人体简史》，闾佳译，文汇出版社，2020年6月第1版。

88. 赵建伟:《郭店竹简〈老子〉校释》,载陈鼓应主编《道家文化研究》第十七辑,生活·读书·新知三联书店,1999年8月第1版。

89. 刘玉环:《利用帛书〈老子〉校正通行本〈老子〉四则》,载四川大学中国俗文化研究所、四川大学汉语史研究所编《汉语史研究集刊》第十六辑,巴蜀书社,2013年12月第1版。

90. 王恩御:《谈谈老子的"为学日益,为道日损"》,《淮北煤师院学报(社会科学版)》1991年第1期。

91. 尹振环:《老子的"无为"哲学——析老子的以无为为、以不争争等思想》,《复旦学报(社会科学版)》1991年第1期。

92. 赵馥洁:《〈老子〉研究的新成果——评〈老子《道德经》楚语考论〉》,《人文杂志》1991年第1期。

93. 李远国:《谈老子"归根复命"学说及其影响》,《中国气功》1991年第5期。

94. 韩冬:《中西哲学史上的两个圆圈体系——老子与黑格尔哲学逻辑结构的比较》,《华侨大学学报(哲学社会科学版)》,1992年第Z1期。

95. 黄瑞云:《说老子的"静为躁君"》,《衡阳师专学报》1992年第4期。

96. 钱耕森、张增田:《老子的"三宝"初探》,《贵州社会科学》1993年第3期。

97. 梁作檞:《老子思想研究的卓越成果——评老学近著〈老子通解〉》,《广东社会科学》1993年第6期。

98. 张学方:《〈老子〉古本道德顺序试探》,《北京社会科学》1994年第2期。

99. 尹振环:《"使夫智者不敢弗为,则无不治矣"——论老子对待智者的方略》,《中州学刊》1994年第3期。

100. 王雁冰:《试论老子〈道德经〉在文学上的成就》,《北方论丛》1994年第6期。

101. 徐艳芳:《评析老子的"贵柔守雌"思想》,《华中师范大学学报(哲学社会科学版)》1996年第6期。

102. 任继愈:《中国哲学史的里程碑——老子的"无"》,《中国哲学史》1997年第1期。

103. 刘蕴之:《司马迁列孔子于〈世家〉而列老子于〈列传〉思想抉微》,《人文杂志》1997年第1期。

104. 李水海:《"三十辐同一毂"·车制·〈老子〉成书时代》,《无锡教育学院学报》1998年第1期。

105. 谢祥荣:《"玄之又玄"与老子认知模式刍议》,《中华文化论坛》1998年第3期。

106. 王立家:《论老子的"朴"治思想》,《管子学刊》1998年第3期。

107. 许抗生:《老子的逆向式思维与道论》,《中国哲学史》1998年第4期。

108. 宋启发:《帛书〈老子〉异文商榷》,《文献》1998年第4期。

109. 马杰斯:《自然伦理与人文伦理:老子与孔子思想的比较》,《江苏社会科学》1998年第4期。

110. 陈文杰:《睡虎地秦墓竹简通假字略论》,《山东教育学院学报》1999年第1期。

111. 周广庆、江尚权:《〈老子〉成书新论——〈道经〉为经,〈德经〉为新的阐发》,《郧阳师范高等专科学校学报》1999年第1期。

112. 韩忍之:《韩非著〈解老〉〈喻老〉时"五千言"是否已名为〈老子〉——兼论司马迁判断的实在性》,《东北师大学报(哲学社会科学版)》1999年第2期。

113. 杨俊彩:《老子泛道思想研究》,《天津大学学报(社会科学版)》1999年第2期。

114. 韩东育:《〈郭店楚墓竹简·太一生水〉与〈老子〉的几个问题》,《社会科学》1999年第2期。

115. 丁四新:《略论郭店简本〈老子〉甲乙丙三组的历时性差异》,《湖北大学学报(哲学社会科学版)》1999年第2期。

116. 庞朴:《存世最早的〈道德经〉——漫说郭店楚简之三》,《寻根》1999年第3期。

117. 尹振环:《楚简〈老子〉"绝智弃辩"思想及其发展演变》,《中国文化研究》1999年第4期。

118. 蒋瑞:《说郭店简本〈老子〉"大器曼成"》,《中国哲学史》2000年第1期。

119. 黄静:《老子、庄子"天人合一"与现代可持续发展思想》,《云南社会科学》2001年第S1期。

120. 周建姣:《楚简、帛书、今本三种〈老子〉校读札记》,《中文自学指导》2002年第1期。

121. 韩同兰:《郭店楚简〈老子〉新札》,《古汉语研究》2002年第2期。

122. 尹振环:《埋没千古的老子重农思想》,《中州学刊》2002年第4期。

123. 张震:《"象"的境界与"数"的真理——老子"象论"与毕达哥拉斯学派的"数论"之比较》,《玉溪师范学院学报》2002年第6期。

124. 武锋:《矛盾的突显与矛盾的消解——浅谈〈老子〉的矛盾哲学》,《上海道教》2003年第3期。

125. 谢君直:《冯友兰先生对老子哲学的理解与转化——从哲学诠释学提出的反省》,《山东大学学报(哲学社会科学版)》2003年第4期。

126. 韩东育:《〈老子〉17、18章中"焉"、"案"、"安"字究作何解?——兼谈〈郭店楚墓竹简〉的定论意义》,

《东北师大学报（哲学社会科学版）》2003年第4期。

127. 宁赫、孙琳：《楚简〈老子〉否定副词"不"与"弗"的比较》，《长春工程学院学报（社会科学版）》2004年第1期。

128. 任建红：《老子哲学与尼采哲学之比较》，《广西社会科学》2004年第6期。

129. 赵金柏：《玄象之道——新解〈老子〉首章》，《社会科学论坛》2004年第9期。

130. 杨溯：《从马王堆帛书〈老子〉看老子理想王国的社会属性》，《华侨大学学报（哲学社会科学版）》2005年第1期。

131. 戎辉兵：《马王堆汉墓帛书·〈老子〉乙本卷前古佚书〉校读札记》，《东南文化》2005年第2期。

132. 涂宗流：《郭店〈老子乙〉的"日损"与"清静"》，《沙洋师范高等专科学校学报》2005年第2期。

133. 孙进、江林昌：《"有物混成"与中国古代宇宙本体论》，《寻根》2006年第2期。

134. 李晓虹：《〈老子〉"是以圣人执左契而不责于人"注、文考》，《郑州轻工业学院学报（社会科学版）》2006年第5期。

135. 李华、耿立卿：《以德配天与道法自然——孔子与老子"天人合一"观的主旨及其现实意义》，《沈阳师范大学学报（社会科学版）》2006 年第 5 期。

136. 张敬梅：《道：无名还是有名——论〈老子〉对道的独特诠释》，《济南大学学报（社会科学版）》2006 年第 6 期。

137. 倪胜：《郭店老子"临事之纪"试释》，《兰州学刊》2006 年第 11 期。

138. 任鹏：《〈老子〉"绝学无忧"句位置浅探》，《北京大学学报（哲学社会科学版）》2007 年第 4 期。

139. 吴建伟：《略述章太炎老子研究的学术特点》，《船山学刊》2008 年第 3 期。

140. 沈晓武：《老子哲学心性论及当代意义》，《兰州学刊》2008 年第 5 期。

141. 万丽丽：《简论巴哈伊之上帝创物与老子之道生万物的异同》，《学术论坛》2009 年第 3 期。

142. 秦晓慧：《水几于道——浅论水与老子道的关系》，《科技信息》2009 年第 5 期。

143. 李红霞：《老子与海德格尔思想比较研究综述》，《湖北社会科学》2009 年第 9 期。

144. 张念：《老子"小国寡民"思想的双重阐释》，《湖北第二师范学院学报》2009 年第 12 期。

145. 张祥龙：《有无之辨和对老子道的偏斜——从郭店楚简〈老子〉甲本"天下之物生于有／无"章谈起》，《中国哲学史》2010年第3期。

146. 崔海东:《栖居自然如何可能——〈老子〉哲学的存在论解读》,《船山学刊》2010年第4期。

147. 朱明贤:《老子反对"为学"么》,《唯实》2010年第4期。

148. 姜超:《老子的"自然之道"以及与自然保持和谐的理念》,《邵阳学院学报(社会科学版)》2010年第6期。

149. 张袁:《老子与柏拉图对理想世界的诉求——〈道德经〉与〈理想国〉之比较》,《重庆电子工程职业学院学报》2011年第1期。

150. 朱艳芸:《从"绝伪弃作"到"绝仁弃义"——浅析郭店竹简本〈老子〉反儒思想的强化》,《湖南省社会主义学院学报》2011年第2期。

151. 荒忽:《〈老子〉中的"混"》,《文史杂志》2011年第6期。

152. 张轶:《从"混沌"的角度看老子的"道"和黑格尔的"绝对精神"》,《经济师》2011年第9期。

153. 张艳:《帛书〈老子〉研究综述》,《语文知识》2012年第2期。

154. 邬可晶:《以〈五行〉为例谈谈马王堆帛书〈老子〉甲本卷后古佚书重新整理的情况》,《文史》2012年第2期。

155. 黄克剑:《"有"、"无"之辨——〈老子〉第一章再读解》,《哲学研究》2012年第7期。

156. 吕全义:《〈老子〉"却走马以粪"本义试探》,《古今农业》2013年第2期。

157. 段萍萍:《〈老子〉的反战思想浅析》,《现代语文(学术综合版)》2013年第5期。

158. 王中江:《北大藏汉简〈老子〉的某些特征》,《哲学研究》2013年第5期。

159. 夏先培:《韩愈〈原道〉"老子之小仁义,非毁之也"正诂——兼论训诂学研究和古籍译注的几条原则》,《长沙理工大学学报(社会科学版)》2014年第1期。

160. 姚文俊:《论老子"公"、"契"治世思想及其意义》,《汕头大学学报(人文社会科学版)》2014年第3期。

161. 金珍根:《老子的宇宙生成论典范与周敦颐的〈太极图说〉》,《船山学刊》2014年第4期。

162. 徐示奥:《〈老子〉中"仁"的思想内涵探究》,《吉林省教育学院学报(中旬)》2014年第11期。

163. 杨漪雪:《化学"元素"与〈老子〉"道"的比较》,《学习月刊》2014年第14期。

164. 丁丹:《"水性"与"人性"——〈《老子》中水的四种美德〉有感》,《华夏国学》2015年第1期。

165. 张杰华、戴传利:《老子的社会治理思想研究》,

《安徽行政学院学报》2015年第1期。

166. 陈建美:《"知常曰明"——探析〈老子〉中"明"的意涵》,《平顶山学院学报》2015年第3期。

167. 刘洋:《本原、本体、本质、辩证与有无——论老子"道"论意涵的五个维度》,《鸡西大学学报(综合版)》2015年第4期。

168. 汪斌:《老子的智慧——兼谈〈超越时空的大智慧——新解《道德经》〉》,《重庆交通大学学报(社会科学版)》2015年第6期。

169. 江楚池:《"型"与"道"——柏拉图与老子形而上存在论思想比较》,《海外英语》2015年第9期。

170. 高鑫、楼本聪、张锦洲:《湖南长沙马王堆汉墓帛书〈老子〉研究述论》,《文教资料》2015年第20期。

171. 王西平:《论老子所说的"无"和"有"》,《陕西广播电视大学学报》2016年第1期。

172. 黄子洵:《大仁不"仁"——〈老子〉对人为之"仁"的反思》,《哲学分析》2016年第2期。

173. 徐莹:《从楚简本、帛书本、北大汉简本及今本看〈老子〉的编纂》,《文史哲》2016年第2期。

174. 张艳艳:《〈老子〉之"身"辨:"有身""无身"与"为身"》,《汕头大学学报(人文社会科学版)》2016年第3期。

175. 赵承凤:《道中有兵 兵中有道——谈谈〈孙子〉与〈老子〉兵学思想的一致性》,《孙子研究》2016年第3期。

176. 才清华:《教化与自化在王弼〈老子注〉中的展开》,《云南大学学报(社会科学版)》2016年第4期。

177. 王岩、闫小斌:《老子主阴哲学中的女性隐喻及其英译——以辜正坤〈道德经〉英译本为例》,《长春大学学报》2016年第5期。

178. 王硕:《"虚"之精要乃在"极"——对〈老子〉〈孙子〉〈淮南子〉的"虚"观念进行梳理》,《白城师范学院学报》2017年第1期。

179. 邬可晶:《郭店〈老子〉甲组21号简有关异文的解释》,《人文中国学报》2017年第2期。

180. 邱太昌:《老子"反者道之动"与黑格尔"否定之否定规律"比较》,《内蒙古电大学刊》2017年第3期。

181. 张宁:《〈老子〉与〈周易〉对立转化思想的比较》,《邯郸职业技术学院学报》2017年第4期。

182. 张艳:《帛书〈老子〉甲乙本性质试探》,《语言研究》2017年第4期。

183. 刘九勇:《理想人格下的"正""反"原旨与误用——〈老子〉"阴谋说"的辩证逻辑溯源》,《兰州学刊》2017年第4期。

184. 夏福英：《论〈老子〉中的帝王治道思想》，《湖南大学学报（社会科学版）》2017年第5期。

185. 王鲁辛：《〈老子指归〉摄生、修身与治国思想探析》，《周口师范学院学报》2017年第6期。

186. 毕园园：《〈老子〉与〈论语〉的义利观比较》，《产业与科技论坛》2017年第15期。

187. 王忠杰：《〈老子〉"涤除玄览"隐喻思维的生成》，《西安石油大学学报（社会科学版）》2018年第1期。

188. 张丽静：《郭店本与帛书本〈老子〉内容的对比研究》，《语文教学通讯·D刊（学术刊）》2018年第4期。

189. 刘固盛：《论老子的"以德报怨"》，《华夏文化》2018年第4期。

190. 宋德刚：《从"情"的向度看〈老子〉》，《阜阳师范学院学报（社会科学版）》2018年第4期。

191. 王新辰：《试论〈老子〉"道论"到"主术"的转化》，《兰州教育学院学报》2018年第8期。

192. 宋德刚：《辨析〈老子〉之"物"》，《中州学刊》2018年第12期。

193. 李厅：《〈老子〉——"玄牝"浅析》，《神州》2018年第26期。

194. 宋德刚：《〈老子〉"独"观念探微》，《云梦学刊》2019年第1期。

195. 崔严之:《老子与海德格尔"有""无"观的跨时空对话》,《兰州教育学院学报》2019 年第 11 期。

196. 江声皖:《老子的"战争论"》,《孙子研究》2020 年第 1 期。

197. 张祎昀:《"复归于婴儿"——〈老子〉与〈庄子〉中的婴儿意象》,《团结》2020 年第 5 期。

198. 魏萌、魏宏灿:《治人事天,莫若啬——略论老子的农耕意识》,《阜阳师范大学学报(社会科学版)》2020 年第 5 期。

199. 崔基勋:《论"非对象化"之观的涵义——以老子与邵雍的"以物观物"为例》,《上饶师范学院学报》,2020 年第 5 期。

200. 王孝明:《老子、庄子思想中"道"的异质性研究》,《开封文化艺术职业学院学报》2020 年第 12 期。

201. 董宽志:《〈老子〉绝学与弦理论即一个面的环》,《时代人物》2020 年第 32 期。

202. 肖园园、赵英波:《从"弱者道之用"到"柔弱胜刚强"——浅析老子视域中的女性观》,《今古文创》2020 年第 46 期。

203. 吕箐雯:《浅析〈老子〉经典化过程中的部分变化及其哲学义理——以帛书本与王弼注本的比较为例》,《商丘师范学院学报》2021 年第 5 期。

204. 艾习角:《老子附会:〈道德经〉八种对勘、拼贴与臆解》,2014年11月,http://pan.baidu.com/s/1bnxqOZP。

说明:上述历代版本(含刻本、刊本)内容,皆或多或少地用于本书对《老子》(即《道德经》)字词、文句的校勘;上述期刊论文,对本书的文献考校、观点提炼、思路阐释等均有直接或潜移默化的影响。另,笔者读过大量非专业性报刊、网络上的文章及讨论文字,也对本书的成型产生了影响,因年代久远或出处难寻,故不能一一列示。

图书在版编目（CIP）数据

道德经，古今有何不同 / 王骥撰. —— 北京：华文出版社，2023.1（2025.7 重印）
ISBN 978-7-5075-5729-9

Ⅰ.①道… Ⅱ.①王… Ⅲ.①道家②《道德经》-研究 Ⅳ.①B223.15

中国版本图书馆CIP数据核字(2022)第210705号

道德经，古今有何不同

作　　者：	王　骥
策划编辑：	杨艳丽
责任编辑：	戴明敏　袁　博
出版发行：	华文出版社
	（北京市丰台区右外西路 2 号院　100069）
电　　话：	总编室 010-59900723　编辑部 010-59900727
	发行部 010-59900799
经　　销：	新华书店
印　　刷：	三河市航远印刷有限公司
开　　本：	880mm×1230mm　1/32
印　　张：	14.25
字　　数：	280 千字
版　　次：	2023 年 1 月第 1 版
印　　次：	2025 年 7 月第 7 次印刷
标准书号：	ISBN 978-7-5075-5729-9
定　　价：	68.00 元

版权所有，侵权必究